Étapes Formations Santé

CAP
Petite enfance

Préparation complète

Épreuves professionnelles EP1, EP2, EP3

Louisa Rebih-Jouhet

Nathan

Crédits photographiques
Couverture : ©Isabelle Limbach/Istockphoto
12 : Hallgerd/Stockxpert
106 : Photononstop/Onoky/Eric Audras

Édition : Florence Guichard
Conception intérieure : Frédéric Jély
Coordination artistique : Isabelle Jalfre
Mise en pages : Lo Yenne – Nicole Sicre
Ilustrations : Vincent Landrin – Christophe Vallée – Hubert Blatz
Conception couverture : Marie-Astrid Bailly-Maître
Fabrication : Pascal Mégret

Édition précédente : ISBN 978-2-09-160901-0
Présente édition : ISBN 978-2-09-163622-1

Sommaire

Sommaire

Sommaire

Présentation de l'examen du CAP petite enfance

Cet ouvrage vous propose une préparation aux épreuves professionnelles ponctuelles du CAP Petite enfance (pour les candidats non scolaires qui s'inscrivent en candidats libres).

1 Les conditions d'inscription à l'examen

Lorsque vous vous inscrivez en candidat libre auprès de votre inspection académique (de votre Département), vous êtes convoqué pour passer l'ensemble des épreuves du CAP Petite enfance lors des sessions d'examens.

Vous allez ainsi passer les épreuves **d'enseignement général** (sauf si vous êtes dispensés) et les épreuves d'**enseignement professionnel**.

- **Si vous possédez déjà un diplôme de niveau V** (comme un CAP), vous êtes dispensé des épreuves d'enseignement général (français/ histoire géographie et mathématiques/ sciences). Vous devez en revanche passer les épreuves d'enseignement professionnel EP1, EP2 (dont la Prévention Santé Environnement) et EP3.
- **Si vous vous présentez pour la seconde fois à l'examen** (vous vous êtes déjà présenté, mais n'avez pas obtenu le diplôme), vous pouvez garder le bénéfice de vos notes qui dépassent la moyenne et ne présenter que les autres épreuves (celles que vous n'avez pas pu valider, aussi bien les épreuves d'enseignement général que professionnel).

2 L'organisation et le contenu des épreuves

L'examen du CAP Petite enfance se compose de 2 types d'épreuves : des épreuves d'enseignement général (français, histoire géographie, mathématiques, sciences) et des épreuves d'enseignement professionnel (propres à la spécialité : les techniques professionnelles de soins de l'enfant, par exemple).

Les épreuves d'enseignement professionnel se basent sur des connaissances théoriques appelées « **savoirs associés** » (sciences médico-sociales, biologie, nutrition et technologie) qui permettent de pratiquer des « **techniques professionnelles** ».

Les épreuves d'enseignement général

L'épreuve de français/histoire-géographie

Coefficient : 3

Cette épreuve permet d'apprécier :
– les qualités de lecture et d'analyse de textes documentaires ou fictionnels, de documents iconographiques et de documents de nature historique ou géographique ;
– les qualités d'organisation des informations et d'argumentation dans la justification des informations sélectionnées ;
– les qualités d'expression et de communication à l'oral et à l'écrit, en particulier la maîtrise de la langue.

Cette épreuve est **écrite et orale**, d'une durée de **2 heures 15 minutes.**
Les deux parties de l'épreuve (français et histoire-géographie), qui évaluent des compétences complémentaires, sont notées à part égale, **sur 10 points.**

Première partie : français

Le candidat répond par écrit à des questions de vocabulaire et de compréhension portant sur un texte fictionnel. Il rédige ensuite, dans une situation de communication définie par un type de discours, soit un récit, un dialogue, une description, un portrait ou une opinion argumentée (15 à 20 lignes), soit une courte production écrite répondant à une consigne en lien avec l'expérience professionnelle (15 à 20 lignes).

Deuxième partie : histoire-géographie

Le candidat se présente à l'épreuve avec 2 dossiers qu'il a préalablement constitué : l'un à dominante histoire, l'autre à dominante géographie.
Ces dossiers, composés chacun d'au maximum 3 pages, se réfèrent aux thèmes généraux du programme. Ils comprennent chacun 3 ou 4 documents de nature variée (textes, images, tableaux de chiffres, cartes…). Les documents sont accompagnés d'une brève analyse en réponse à une problématique liée à la situation historique et géographique étudiée dans le dossier.
L'examinateur choisit l'un des 2 dossiers. Le candidat présente oralement, pendant 5 minutes, le dossier retenu. La présentation est suivie d'un entretien (10 minutes maximum) au cours duquel le candidat justifie ses choix et répond aux questions.
En l'absence de dossier, le candidat peut néanmoins passer l'épreuve.

L'épreuve de mathématiques/sciences

Coefficient : 2

L'évaluation en mathématiques/sciences a pour objectifs :
- d'apprécier les savoirs et compétences des candidats ;
- d'apprécier leur aptitude à les mobiliser dans des situations liées à la profession ou à la vie courante ;
- de vérifier leur aptitude à résoudre correctement un problème, à justifier les résultats obtenus et à vérifier leur cohérence ;
- d'apprécier leur aptitude à rendre compte par écrit ou oralement.

Cette épreuve est **écrite**, d'une durée de **2 heures**. Elle comporte 2 parties écrites d'égale importance concernant l'une les mathématiques, l'autre la physique-chimie. Chaque partie écrite, d'une durée d'1 heure est notée sur 10 points).

Première partie : mathématiques

Le sujet se compose de plusieurs exercices avec des questions de difficulté progressive, recouvrant une part aussi large que possible des connaissances mentionnées dans le programme.
Les thèmes mathématiques concernés portent principalement sur les domaines de connaissances les plus utiles pour résoudre un problème en liaison avec la physique, la chimie, la technologie, l'économie, la vie courante…
Lorsque la situation s'appuie sur d'autres disciplines, aucune connaissance relative à ces disciplines n'est exigible des candidats et toutes les indications utiles sont fournies dans l'énoncé.

Deuxième partie : physique-chimie

Le sujet porte sur des champs différents. Il se compose de 2 blocs d'exercices.
Un ou deux exercices restituent, à partir d'un texte (d'une dizaine de lignes au maximum) et éventuellement d'un schéma, une expérience ou un protocole opératoire. Quelques questions portant sur cette expérience décrite conduisent le candidat, par exemple :
- à montrer ses connaissances ;
- à organiser les observations fournies ;
- à en déduire une interprétation et, plus généralement, à exploiter les résultats.

Un exercice met ensuite en œuvre, dans un contexte donné, une ou plusieurs grandeurs et leurs relations entre elles. Les questions posées doivent permettre de vérifier que le candidat est capable :
- de montrer qu'il connaît le vocabulaire, les symboles, les grandeurs et les unités mises en œuvre ;
- d'indiquer l'ordre de grandeur d'une valeur, compte tenu des mesures fournies et du contexte envisagé ;
- d'utiliser des définitions, des lois et des modèles pour résoudre le problème posé.

Les épreuves d'enseignement professionnel

Ces épreuves permettent aux jurys d'évaluer vos compétences pour l'accueil et la garde des jeunes enfants, dans le cadre du milieu familial

et de structures collectives. Ces compétences découlent directement des quatre grandes fonctions que vous assurerez en tant que titulaire du CAP Petite enfance :
– l'accueil et la communication ;
– l'organisation ;
– les réalisations liées aux besoins fondamentaux de l'enfant ;
– l'accompagnement de l'enfant dans les actes de la vie quotidienne et dans son éducation.

L'épreuve EP1 : prise en charge de l'enfant à domicile

Coefficient : 4

Lors de cette épreuve, vous êtes évalué sur vos compétences professionnelles et vos connaissances liées aux activités professionnelles d'accueil et de prise en charge de jeunes enfants, **dans le contexte du domicile privé**.
Cette épreuve comporte 2 parties :
– une première **partie écrite** d'une durée d'1 heure 30, notée sur 20 points ;
– une seconde **partie pratique** d'une durée de 45 minutes maximum, notée sur 60 points.

L'ensemble de cette épreuve dure 2 heures 15 minutes maximum et est notée sur 80 points.

Partie écrite de l'épreuve EP1

À partir d'une situation professionnelle au domicile dans un contexte professionnel simple, vous devez **répondre à des questions** (indépendantes ou liées entre elles) qui permettent de vérifier vos connaissances et certaines de vos compétences. Les connaissances que vous devrez maîtriser dans chacun des thèmes de savoirs associés sont :
– en sciences médico-sociales : les besoins de l'enfant et les facteurs de développement (→ Fiche 1 p. 16), les troubles et maladies courants de l'enfant (→ Fiche 5 p. 24), le cadre politique et administratif de la France (→ Fiche 7 p. 28), le statut juridique de l'enfant et de la famille (→ Fiche 8 p. 30), la protection sanitaire de l'enfant (de 0 à 6 ans) et de la famille (→ Fiche 9 p. 32), l'accueil individuel de l'enfant (→ Fiche 13 p. 40) et la communication appliquée au secteur professionnel (→ Fiche 15 p. 44) ;
– en biologie générale et appliquée : l'organisation générale du corps humain et ses fonctions (→ Fiche 1 p. 48), la peau (→ Fiche 2 p. 50), les fonctions de nutrition (→ Fiches 7 à 9 p. 60 à 65) et le maintien de l'intégrité de l'organisme (→ Fiches 10 et 11 et p. 66 et 68) ;
– en nutrition-alimentation : les besoins nutritionnels de l'enfant et les apports conseillés en nutriments (→ Fiche 2 p. 74), les sources nutritionnelles (classification nutritionnelle par groupes) (→ Fiche 1 p. 72) et l'alimentation de l'enfant de 0 à 6 ans (→ Fiche 4 p. 78) ;
– en technologie : la qualité de vie dans le logement (→ Fiche 1 p.88) et la prévention des accidents domestiques chez l'enfant (→ Fiche 2 p. 90).

Ces connaissances permettront au jury d'évaluer vos compétences pour :
– identifier les besoins de l'enfant (dans le contexte professionnel du domicile) ;
– mettre en place une activité ludique pour un enfant ;
– contribuer à l'acquisition du langage, de la motricité et à la construction des relations sociales ;
– contribuer au développement psychoaffectif de l'enfant.

Partie pratique de l'épreuve EP1

À partir d'une situation professionnelle de prise en charge d'enfant(s) au domicile privé, vous devez **réaliser une (ou des) technique(s) de soins d'hygiène corporelle et/ou de confort, et assurer la prévention et la sécurité.**
Cette partie de l'épreuve permet de vérifier vos compétences pour :
– identifier les besoins de l'enfant (dans le contexte professionnel du domicile) ;
– vous adapter à une situation non prévue ;
– assurer les soins d'hygiène corporelle, le confort de l'enfant ;
– assurer la prévention et la sécurité.

L'épreuve EP2 : accompagnement éducatif de l'enfant

Coefficients : exposé = 4, PSE = 1

Exposé à partir de votre dossier et entretien

Cette épreuve se déroule **à l'oral durant 30 minutes maximum**. Elle est notée sur 80 points.
Elle permet de vérifier vos compétences professionnelles et vos connaissances liées aux activités professionnelles d'accueil et de prise en charge de jeunes enfants.
Il s'agit d'**un entretien conduit par le jury à**

partir de votre dossier professionnel (→ La construction du dossier p. 203).

Ce dossier est établi à partir de vos stages en école maternelle, crèche, pouponnière, halte-garderie, centre de loisirs sans hébergement, centre de vacances et tout établissement accueillant de jeunes enfants ou de votre expérience professionnelle dans ces mêmes milieux auxquels s'ajoute le domicile privé d'exercice.

Cet entretien se déroule en deux temps :
– **un exposé** d'une durée de 5 à 10 minutes au maximum au cours duquel vous présentez et justifiez le choix des situations analysées dans votre dossier ;
– **un entretien** d'une durée de 20 minutes qui permet au jury d'approfondir certains éléments de votre dossier, sa présentation et de vérifier vos connaissances.

Les **connaissances** que vous devrez maîtriser pour cette épreuve sont :
– **en sciences médico-sociales** : les différents aspects du développement de l'enfant (→ Fiches 1 à 4 p. 16 à 23), les maladies chroniques et les handicaps de l'enfant (→ Fiche 5 p. 24), la protection sociale de l'enfant (de 0 à 6 ans) et de la famille (→ Fiche 10 p. 34), les établissements d'accueil collectif (→ Fiche 13 p. 40), l'école maternelle (→ Fiche 14 p. 42), la communication appliquée au secteur professionnel (→ Fiche 15 p. 44) ;
– **en biologie générale et appliquée** : les fonctions de relation (→ Fiches ; 3 à 6 p. 52 à 59) ;
– **en technologie** : l'environnement de l'enfant en collectivités (→ Fiche 3 p. 92).

Ces connaissances permettront au jury d'évaluer **vos compétences** pour :
– traiter des informations à caractère professionnel ;
– identifier les besoins de l'enfant (dans un contexte professionnel) ;
– organiser les activités des enfants ;
– organiser un programme de travail ;
– installer et sécuriser les espaces de vie de l'enfant (jeu, repas, repos) ;
– aménager des espaces d'activités collectives ;
– contribuer au développement et à la socialisation de l'enfant ;
– établir des relations professionnelles ;
– vous intégrer dans une équipe.

L'absence de dossier ou d'attestation d'expérience professionnelle de 12 semaines vous interdit de vous présenter à cette épreuve à laquelle vous aurez par défaut la note **de 0 point**.
Si vous avez échoué à l'examen et **représentez l'année suivante l'épreuve EP2, vous pouvez réutiliser votre dossier pour 5 sessions** consécutives et dans ce cas, vous êtes dispensé de justifier d'une nouvelle formation en milieu professionnel ou d'une autre activité professionnelle. Vous pouvez cependant faire évoluer votre dossier d'une session à l'autre.

Évaluation de la Prévention Santé Environnement (PSE)

Cette épreuve est écrite et dure 1 heure. Elle est intégrée à l'épreuve EP2 et est notée sur 20 points.

L'épreuve a pour objectif d'évaluer les compétences du candidat :
– à conduire une démarche d'analyse de situations en appliquant la démarche de résolution de problème et/ou l'approche par le risque ;
– à mobiliser des connaissances scientifiques, juridiques et économiques ;
– à proposer des mesures de prévention adaptées ;
– à agir de façon efficace face à une situation d'urgence.

L'évaluation porte notamment sur :
– le respect des étapes de la démarche mise en oeuvre ;
– l'exactitude des connaissances ;
– la pertinence des mesures de prévention proposées ;
– l'efficacité de l'action face à une situation d'urgence.

Le sujet se compose de deux parties indépendantes, correspondant l'une aux modules 1 à 3, l'autre au module 4. Chaque partie comporte plusieurs questions sur chacun des modules.
Première partie :
Le sujet sur 10 points comporte plusieurs questions indépendantes ou liées sur les modules correspondants. Il permet d'évaluer des capacités et des connaissances. À partir d'une situation de la vie professionnelle ou quotidienne, le candidat doit notamment appliquer une démarche d'analyse.

Deuxième partie :
Le sujet comporte lui-même deux parties :
– l'une, notée sur 8 points, prend appui sur une situation professionnelle accompagnée d'une

documentation. Elle permet d'évaluer l'application de la démarche d'approche par le risque et les connaissances relatives à l'environnement professionnel ;
– l'autre, notée sur 2 points, permet d'expliquer la conduite à tenir dans une situation d'urgence.

En ce qui concerne l'évaluation d'un risque professionnel, elle pourra porter sur un risque dont l'étude n'est pas obligatoire. Dans ce cas, le candidat disposera de documents ressources lui permettant de proposer une démarche de prévention.

La nécessité des Périodes de Formation en Entreprise (PFE)

Vous êtes tenues, pour vous présenter à l'épreuve EP2, de justifier **d'une expérience professionnelle de 12 semaines dans le domaine de la petite enfance** (de 0 à 6 ans), sur une ou plusieurs périodes et dans une ou plusieurs structures.

Vous devrez fournir des justificatifs de votre expérience professionnelle (attestation de stage, attestation d'activité professionnelle) avec votre dossier servant de support à l'épreuve EP2, à la date fixée par le Recteur.

Si vous ne présentez pas votre dossier ou vos justificatifs d'expérience professionnelle de 12 semaines, vous ne pourrez pas vous présenter à l'épreuve EP2 et **vous aurez la note de 0/20 à cette épreuve (soit 0/80).**

Si vous êtes dispensé de l'épreuve EP2, vous n'êtes pas tenu de justifier de l'expérience professionnelle de 12 semaines (sont dispensés de l'épreuve EP2 les candidats ayant validé cette épreuve : soit en ayant obtenu plus de 10/20 à la session précédente, soit en ayant validé leurs acquis par la validation des acquis de l'expérience, VAE).

L'épreuve EP3 : techniques de services à l'usager

Coefficient : 4

L'ensemble de cette épreuve dure au maximum 2 heures 30 minutes et est noté sur 80 points. Elle se compose d'une épreuve écrite et de deux épreuves pratiques. Vous devez gérer seule l'organisation de votre travail pendant l'épreuve.

Cette épreuve comporte **3 parties** :
– **3 questions écrites** portant sur vos connaissances, liées ou non à la partie pratique ;
– **la réalisation et la présentation d'une préparation culinaire** destinée à un repas ou éventuellement **associée à une collation** ; le service de repas et/ou de collations ;
– **l'exécution de techniques d'entretien des locaux et des équipements.**

Cette épreuve permet de vérifier que vous êtes capable de mettre en œuvre des techniques de services à l'usager en respectant l'hygiène, la sécurité, les principes d'ergonomie et d'économie, de justifier vos choix technologiques, de gérer et de remettre en état votre poste de travail, de contrôler la qualité du travail que vous avez réalisé.

Les **connaissances** que vous devrez maîtriser sont :
– **en nutrition/alimentation** : les caractéristiques de l'appareil digestif du nourrisson et du jeune enfant (→ Fiche 3 p. 76), les sources nutritionnelles (les aliments) et les principales propriétés des constituants alimentaires (→ Fiche 1 p. 72), les régimes alimentaires de l'enfant (→ Fiche 5 p. 80), l'éducation alimentaire de l'enfant (→ Fiche 6 p. 82), les contaminations alimentaires (→ Fiche 7 p. 84) ;
– **en technologie** : la technologie de services à l'usager (→ Fiche 4 p. 94, Fiche 6 p. 98, Fiche 7 p. 100).

Ces connaissances permettront au jury d'évaluer vos **compétences** pour :
– gérer un poste de travail ;
– entretenir les locaux et les équipements ;
– préparer et servir des collations et des repas ;
– contrôler la qualité du travail effectué ;
et éventuellement pour :
– gérer les stocks de produits et de matériels.

3 L'ouvrage comme outil de préparation à l'épreuve

Cet ouvrage vous propose une préparation axée uniquement sur l'**enseignement professionnel**, c'est-à-dire pour les 3 épreuves professionnelles : EP1, EP2 et EP3.

Pour vous préparer au mieux aux trois épreuves professionnelles, il vous propose :
– **des fiches de révision sur les savoirs associés** ;
– **des fiches de révisions des techniques professionnelles** (utiles pour la pratique) ;
– **des entraînements à la fin de chaque thème** ;
– **des exemples de sujets corrigés pour les épreuves EP1 et EP3** ;
– **une aide à la construction de votre dossier** qui servira de support à l'épreuve EP2.

Les fiches de révision des savoirs associés

Les fiches de révision dédiées aux savoirs associés reprennent les grands thèmes du programme du CAP Petite enfance qui repose sur quatre parties :
– **les sciences médico-sociales** (→ Fiches 1 à 15 p. 16 à 45) ;
– **la biologie générale et appliquée** (→ Fiches 1 à 11 p. 48 à 69) ;
– **la nutrition/l'alimentation** (→ Fiches 1 à 7 p. 72 à 85) ;
– **la technologie** (→ Fiches 1 à 7 p. 88 à 101).

Pour chaque thème, nous vous proposons 7 à 15 fiches de révision.
À chaque fiche correspond une épreuve particulière (soit EP1, soit EP2, soit EP3) : nous vous l'indiquons dans la définition des épreuves.

Ces fiches vous permettent de **répondre aux questions écrites et orales** et vous aideront à la construction du dossier professionnel.

Les fiches de révision des techniques professionnelles

Les fiches de révision dédiées aux techniques sont non-exhaustives et vous permettent d'affronter les 5 parties pratiques des épreuves :
– **les techniques professionnelles sanitaires** (→ Fiches 1 à 8 p. 110 à 129) ;
– **la prévention et la sécurité :** ces fiches vous seront utiles pour vous préparer à l'épreuve EP1 (→ Fiches 1 à 3 p. 132 à 139) ;
– **les techniques professionnelles socio-éducatives :** un support pour construire ou proposer vos propres fiches techniques qui vous serviront pour votre dossier (→ Fiches 1 à 10 p. 142 à 163) ;
– **les techniques professionnelles culinaires** (→ Fiches 1 à 8 p. 166 à 183) ;
– **l'entretien des locaux et des équipements :** ces fiches vous seront utiles pour vous préparer à l'épreuve EP3 (→ Fiches 1 à 5 p. 186 à 197).
Bien que certains de ces thèmes soient rattachés à une épreuve particulière (EP1, EP2 ou EP3), la maîtrise de ces techniques vous sera malgré tout utile lors des autres épreuves (par exemple : le lavage des mains, le nettoyage d'un plan de travail, la tenue professionnelle…).
Ces fiches vous permettront **de mieux appréhender la pratique pour les épreuves EP1 et EP3** et de développer, pour **votre dossier professionnel, une activité socio-éducative.**

Les entraînements

Pour chaque thème, nous vous proposons une liste de questions auxquelles vous devez répondre par une phrase. Leurs corrigés se trouvent en fin de partie. Ces entraînements vous préparent :
– aux questions écrites de l'épreuve EP1 ;
– à justifier vos choix pour l'épreuve pratique d'EP1 ;
– aux questions orales de l'épreuve EP2 à partir du contenu de votre dossier (connaissances des structures, de l'enfant, des activités proposées et leur intérêt…) ;
– aux trois questions de l'épreuve EP3 ;
– à justifier vos choix pour l'épreuve pratique d'EP3.

Les sujets corrigés d'EP1 et d'EP3

Des exemples de sujets corrigés vous sont proposés en fin d'ouvrage. Ils vous permettront de mieux comprendre le déroulement des épreuves, de visualiser leur contenu et de mieux cibler les attentes du jury et leur niveau d'exigence.

Une aide à la construction de votre dossier

L'épreuve EP2 consiste en l'élaboration d'un dossier professionnel. Vous trouverez en fin d'ouvrage :
– un rappel des textes réglementaires relatifs à l'expérience professionnelle et à la construction de votre dossier pour vous présenter à l'épreuve EP2 ;
– une aide à la construction de votre dossier professionnel, sous forme d'un plan détaillé, avec des conseils pour votre exposé oral.

FICHES DE RÉVISION

Savoirs

associés

1

Sciences médico-sociales

FICHE 1

Les facteurs de développement et les besoins de l'enfant

A Les facteurs de développement

Le développement de l'enfant est guidé par l'intervention de nombreux facteurs : des facteurs propres à l'individu et des facteurs liés à l'environnement social ou physique de l'enfant.

Définition

- **facteur endogène** : qui est dû à une cause interne au corps, aux caractéristiques biologiques, morphologiques et génétiques du sujet et aux agents stimulants qu'il secrète.
- **facteur exogène** : qui est dû à des causes externes (sociales ou physiques).

Facteur	Exemples
Génétique	– Le sexe de l'enfant détermine son développement. – L'enfant peut être atteint d'une maladie génétique (exemple : la trisomie 21).
Sanitaire	– L'enfant peut être atteint d'un handicap moteur.
Alimentaire	– Une alimentation riche en sucres et en lipides favorise l'obésité ; certains régimes favoriseraient quant à eux des cancers.
Lié au mode de vie	– La consommation de tabac favorise les infections respiratoires.
Lié aux rythmes de vie	– La fatigue a une influence sur le fonctionnement de l'organisme.
Lié au cadre de vie	– L'humidité ou les problèmes de canalisations (plomb) peuvent favoriser les maladies. – Les pollutions (sonore, atmosphérique).
Relationnel	– Le stress ou le surmenage. – Les relations sociales permettent de « décompresser », de s'épanouir.

B Les rythmes de vie de l'enfant

1 Le rythme de sommeil

Le fonctionnement de l'organisme est influencé par une alternance de temps de veille et de temps de sommeil sur une durée de 24 heures : on appelle ce phénomène le rythme circadien. Une nuit de sommeil d'un enfant est constituée de plusieurs cycles de sommeil, qui durent chacun en moyenne 1 heure 30 à 2 heures.

■ Les 5 phases d'un cycle de sommeil

① Endormissement	Sommeil lent			⑤ Sommeil paradoxal
	② lent très léger	③ lent léger	④ profond	

■ Les fonctions du sommeil

Une période de sommeil permet à chaque cycle :

– **la récupération**, qui efface la fatigue physique : elle s'effectue au cours du sommeil lent et sa durée augmente selon le degré de fatigue de l'enfant ;

– **la fabrication d'une hormone de croissance** durant le sommeil lent profond (l'hormone somatotrope fabriquée par l'hypophyse) ;

– **la maturation du système nerveux, l'élaboration de la mémoire et la récupération de la fatigue psychique** durant le sommeil paradoxal.

■ **Les signes de l'endormissement**
Certains signes ne trompent pas : ses yeux le picotent, il semble avoir froid, il bâille, son regard est immobile, ses paupières tombantes, sa tête oscille en quête d'un appui et son corps recherche une position confortable.

■ **Le besoin de récupération**
Ce besoin diminue avec l'âge : un nouveau-né dort 18 à 20 heures par jour ; un enfant de 1 à 3 ans dort 13 à 15 heures (10 à 12 heures par nuit et 3 heures de sieste) et un enfant de 3 à 6 ans dort de 11 à 12 heures par jour.

■ **Les éléments favorables au sommeil**
Pour s'endormir sans difficulté, l'enfant a besoin : de silence, de pénombre, de s'endormir à des heures régulières, d'une température de 18 °C à 20 °C, de jeux calmes avant le coucher, de câlins, d'une berceuse, d'une histoire et d'un objet favori près de lui.

■ **Les conséquences d'une insuffisance de sommeil**
Le manque de sommeil a des incidences sur tout l'organisme. Il engendre un état de fatigue, un déséquilibre nerveux avec des troubles du comportement (agressivité, irritabilité…) ainsi que des troubles de la croissance.

2 Le rythme alimentaire

Un intervalle d'environ 4 heures entre deux repas semble répondre aux besoins de l'enfant. Si cet intervalle est dépassé, il est recommandé d'offrir à l'enfant une collation légère pour le faire patienter en attendant le repas.

C Les besoins fondamentaux

1 La classification des besoins selon Virginia Henderson

① Respirer – ② Boire et manger – ③ Éliminer – ④ Se mouvoir, maintenir une bonne posture – ⑤ Dormir et se reposer – ⑥ Se vêtir et se dévêtir – ⑦ Maintenir la température de son corps dans des limites normales – ⑧ Être propre, soigné et protéger ses téguments – ⑨ Éviter les dangers – ⑩ Communiquer avec ses semblables – ⑪ Agir selon ses croyances et ses valeurs – ⑫ S'occuper en vue de se réaliser – ⑬ Se récréer – ⑭ Apprendre.

2 Les besoins affectifs de l'enfant

Les relations avec l'adulte et les autres enfants influent sur le comportement de l'enfant. Pour qu'il exploite au maximum les temps de jeux et de sortie durant lesquels le cerveau est en éveil, il est indispensable que l'adulte ait satisfait ses besoins affectifs et son rythme de base sommeil/alimentation. Les principaux besoins sont :

■ **le besoin de jeu et de plaisir, de manipulation, de découverte, de création et d'imagination** (→ Fiche 5 page 96) ;

■ **le besoin d'être en mouvement** (faire des rondes, des jeux dansés, travailler le rythme, participer à des activités motrices avec ou sans accessoire, d'expression corporelle, de récréation) ; **de se connaître et de se situer dans l'espace** ;

■ **le besoin de calme** (prévoir un coin repos, un coin bibliothèque, de relaxation) (→ Fiche 1 page 88) ;

■ **le besoin de socialisation** (établir des règles, faire des « jeux de société » par groupes…) ; **d'expression et de communication** ;

■ **le besoin d'autonomie** (laisser à l'enfant le choix des activités et du matériel, s'habiller, manger…).

FICHE

2 Le développement somatique de l'enfant

Le développement somatique (du corps) comprend la croissance en poids et en taille, l'évolution des proportions des segments du corps et la maturation des os et des dents.

A L'appréciation de l'état du nouveau-né

Le **nouveau-né** est un enfant né à terme (entre 37 et 42 semaines de grossesse). Il est appelé ainsi pendant les 15 premiers jours de sa vie ; ensuite c'est un **nourrisson**.

■ **Le nourrisson présente plusieurs caractéristiques :**
– il possède des espaces membraneux à la surface du crâne : les **fontanelles**. La fontanelle postérieure se ferme vers l'âge de 4 mois et la fontanelle antérieure se ferme vers les 18 mois de l'enfant.
– son **système de thermorégulation** (régulation thermique du corps pour le maintenir à une température d'environ 37 °C) est immature jusqu'à l'âge de 6 à 7 mois, d'où les risques **coup de chaleur ou d'hypothermie** ;
– il réagit de manière automatique à des stimulations : on appelle ces mouvements des **réflexes archaïques**. Ils disparaissent pour la plupart au 2e mois de la vie. Leur présence puis leur disparition traduisent le bon développement du cerveau.

Définition

Fontanelle : tissu entre les os du crâne, dont l'ossification progressive permet la croissance du cerveau et facilite l'accouchement (→ Fiche 6 page 58).

■ **L'examen médical** du nouveau-né, dans les 8 jours qui suivent la naissance, est systématique et obligatoire (→ Fiche 9 page 32). Il comprend : un examen clinique, des tests de dépistage et la recherche des réflexes archaïques (réflexe de succion, de marche automatique). Les résultats doivent être consignés dans le carnet de santé de l'enfant.

Test de dépistage	Maladie dépistée	Caractéristiques de la maladie
Test de Guthrie	Phénylcétonurie	Maladie congénitale, héréditaire, entraînant une arriération mentale.
Dosage de la TSH	Hypothyroïdie	Maladie entraînant une arriération mentale irréversible, si elle n'est pas traitée.
BMtest	Mucoviscidose	Anomalies des sécrétions des voies respiratoires, du pancréas, du tube digestif et des glandes sudoripares.

Tests de dépistage lors de l'examen médical du nouveau-né.

B La croissance staturo-pondérale

Le nouveau-né perd 1/10 de son poids de naissance pendant les 4 premiers jours de sa vie. Cette perte de poids est due à l'élimination du méconium (premières selles du nouveau-né composées de bile, de sécrétions digestives et de cellules intestinales desquamées, accumulées dans l'intestin pendant la vie intra-utérine) et à l'adaptation à son nouveau mode d'alimentation. Au 10e jour, le nouveau-né a récupéré son poids de naissance.

Les courbes établies suite à la mensuration et la pesée de l'enfant permettent de visualiser sa croissance staturale (de la taille) et pondérale (du poids) et donc de déceler les éventuels troubles de la croissance.

Âge	Taille	Poids
naissance	50 cm	3,3 kg = PN
5 mois	62 cm	5 kg = PN x 2
1 an	75 cm	10 kg = PN x 3
2 ans	84 cm	13 kg = PN x 4
3 ans	95 cm	14,5 kg
4 ans	102 cm	16 kg
6 ans	114 cm	20 kg

Évolution de la taille et du poids de l'enfant (PN = poids de naissance).

C L'évolution de la morphologie

Les proportions du corps

À la naissance, la tête représente 1/4 de la hauteur totale du nouveau-né (chez l'adulte, la tête représente 1/8 du corps).

Le segment inférieur équivaut au tiers de la taille du nouveau-né, le rapport est de ½ (à l'âge adulte, les 2 segments du corps sont égaux, le rapport est de 1).

Définition

Le **segment inférieur** correspond à la distance allant du bord supérieur de la symphyse pubienne au sol (→ Fiche 5 page 56).

Le segment supérieur se calcule en soustrayant le segment inférieur à la taille de l'enfant.

La posture (→ Fiche 6 page 58)

La posture se modifie avec l'âge. Elle dépend des changements de la courbure de la colonne vertébrale, de la position des jambes, de la musculature et du squelette.

D Le développement osseux

Le développement des points d'ossification

À la naissance, les os des membres sont mous et déformables. L'ossification ne se terminera qu'à la fin de l'adolescence.

La dentition de l'enfant (→ Fiche 3 page 76)

Cette dentition temporaire (dents de lait) comprend **20 dents** ; l'ordre chronologique d'éruption des dents est fixe, l'âge peut varier.

	Leur nombre	L'âge d'apparition	L'âge de chute et de remplacement
Incisive médiane inférieure	2	6 mois	6 ans
Incisive médiane supérieure	2	8 mois	6 ans 1/2
Incisive latérale supérieure	2	10 mois	7 ans
Incisive latérale inférieure	2	12 mois	7 ans 1/2
1ères molaires inférieure et supérieure	2 + 2	12-18 mois	12 ans
Canines inférieure et supérieure	2 + 2	18-24 mois	11 ans
2e molaires inférieure et supérieure	2 + 2	24-30 mois	13 ans

FICHE 3

Le développement sensori-moteur de l'enfant

A Le développement sensoriel

Le toucher

C'est le sens le plus développé à la naissance. Le contact avec la paume est une sensation forte.

→ La **manipulation** des objets permet de développer ce sens et de découvrir les objets.

L'odorat

C'est un sens développé à la naissance. L'enfant reconnaît très tôt l'odeur de sa mère, puis les odeurs familières.

→ Il est important de laisser un **objet familier** (odeur de la mère) lors des 1res séparations.

Le goût

C'est un sens développé à la naissance. L'éducation du goût se fait progressivement avec une alimentation diversifiée.

→ Le nouveau-né préfère les **saveurs sucrées**. L'amer, l'acide ou le salé déclenchent des grimaces et des pleurs.

La vue

Le nouveau-né ouvre les yeux, est sensible à la lumière, mais son acuité visuelle est faible.
À 10 jours : il fixe un visage.
À 1 mois : il suit un objet près de lui sur 90°.
À 2 mois : il suit un objet sur 180° ; il est attiré par les couleurs vives.
À 3 mois : il tourne complètement la tête pour voir un objet ; il observe ses mains.

→ – La coordination avec l'appareil moteur est rudimentaire (léger strabisme quand il fixe un visage).
– La vision binoculaire commence à 6 semaines (elle est établie à 4 mois).
– L'acuité visuelle est progressive.

Anomalies possibles

Chez le nourrisson :
– ne suit pas un objet ;
– est gêné par la lumière ;
– strabisme permanent.
Vers 9 mois : lent et maladroit
Vers 2-3 ans :
– nez penché sur la feuille quand il dessine
– plisse les yeux pour regarder loin

L'ouïe

Le nouveau-né réagit aux bruits.
À 10 jours, il reconnaît la voix de sa mère.
Vers 2 mois : il localise un bruit.
Vers 3-4 mois : il identifie les bruits ; il est sensible aux voix familières.
Vers 6-8 mois : il tourne la tête directement vers un bruit.

→ Il est perturbé par les bruits forts ; les sons doux le calment et le rassurent.

Anomalies possibles

Chez le nourrisson :
– ne réagit pas aux bruits.
Chez l'enfant :
– retard du langage ;
– les mots sont déformés ;
– semble inattentif, désobéissant.

B Le développement moteur

1 Le développement du contrôle de la musculature

Ce développement se fait de la tête vers les pieds et du centre du corps vers la périphérie.

Aspects de la motricité	Âges approximatifs et évolutions
L'évolution des postures (= maintien de la tête, du tronc et des membres)	**3 mois** : l'enfant est en position horizontale ; il se met sur les avant-bras et rehausse la tête. **6 mois** : il relève complètement le buste en se tenant sur les mains. Il tire sa tête en arrière (il fait le « phoque »). **8 mois** : il acquiert la position assise sans soutien. Il est capable de rouler du dos sur le ventre et du ventre sur le dos quand il est allongé.
Le déplacement (= acquisition de la marche)	**10 mois** : l'enfant marche à 4 pattes, en se tenant sur les mains et sur les genoux. **11 mois** : il se met debout seul en se tenant à un support fixe. **12 mois** : il marche tenu par les deux mains de l'adulte, puis par une seule main. **14-15 mois** : il marche seul.
La préhension manuelle (= prise des objets avec la main)	**1-2 mois** : l'enfant agrippe de manière réflexe un objet (réflexe grasping). **3-4 mois** : il prend de façon involontaire avec la paume un objet placé dans sa main. **5-6 mois** : il prend l'objet avec la paume de manière volontaire et imprécise. **7-8 mois** : il saisit l'objet entre le pouce et le petit doigt (= pince inférieure) et le relâche de façon volontaire. **9-10 mois** : il saisit l'objet entre le pouce et l'index (= pince supérieure). **15-18 mois** : il relâche l'objet de manière fine et précise. **2 ans** : l'enfant peut manipuler avec une grande précision (il tient bien sa cuillère).

2 L'acquisition de la propreté

Chaque enfant a son propre rythme : certains sont propres tôt et d'autres plus tard.

L'âge	Les acquisitions de l'enfant	Les conditions et les justifications
De 18 à 21 mois	L'enfant peut maîtriser le sphincter anal.	**Une maturation physiologique** des nerfs moteurs, pour ouvrir ou fermer les sphincters, et des nerfs sensitifs, pour ressentir que la vessie est pleine ou que l'intestin contient des selles. **Une maturation intellectuelle** : l'enfant doit avoir conscience de ce besoin d'évacuation et doit pouvoir communiquer avec l'adulte pour demander le pot. **Une maturation affective** : l'enfant doit avoir le désir de « devenir grand ». Il peut vouloir freiner cet apprentissage.
Vers 2 ans	L'enfant peut maîtriser le sphincter vésical. La propreté est diurne (de jour).	
Vers 3-4 ans	La propreté devient aussi nocturne (de nuit).	

■ **Les attitudes positives à avoir envers l'enfant :** respecter son rythme (proposer le pot après le biberon), l'aider à ôter sa couche, lui demander de collaborer, susciter ses initiatives, dédramatiser « les petits accidents » du début, valoriser la propreté et le féliciter.

■ **Les attitudes à éviter :** ne pas utiliser la force ou des menaces, éviter les moqueries et les comparaisons, les réveils nocturnes, le rationnement de l'eau le soir…

3 Les facteurs de régression

Des « retours en arrière » (propreté, langage…) peuvent survenir et être liés par exemple : à la naissance d'un petit frère, à un déménagement ou à un changement de mode de garde.

FICHE

4 Le développement affectif, social et intellectuel de l'enfant

A Les modes d'expression et de communication

1 La communication non verbale

Cette communication désigne tout mode de communication qui n'a pas recours au verbe, c'est-à-dire aux mots.

Les moyens	Des exemples
Le regard	Le nouveau-né fixe une personne placée devant lui. Plus tard, le nourrisson suit du regard les objets et les personnes qui se déplacent devant lui.
Le sourire	Le sourire est réflexe chez le nouveau-né. Vers 6 semaines, il est déclenché par la vue d'un visage. Vers 3 mois, c'est un sourire social en réponse aux sourires de l'entourage.
Les expressions vocales	À la naissance, ce sont des cris. À partir de 2 mois, ce sont des vocalises variées.
Les pleurs	Dès la naissance, ils informent sur un mal être (faim, douleur…).
Les mimiques	Ce sont les expressions du visage.
Les gestes et les postures	Ils permettent de signifier les sentiments et les désirs de l'enfant (tendre les bras, tourner la tête, taper des pieds…).

2 Le développement du langage

La communication verbale concerne l'apprentissage du langage, des mots.

Âge	Évolution du langage
1 mois	Le nouveau-né fait des sons gutturaux (sons rauques qui sortent de la gorge).
2 mois	Il vocalise (il émet des sons variés en voyelles).
3-4 mois	Il prononce des consonnes. Il fait des gazouillis : a… ree, a.. gree.
5-6 mois	Il prend conscience des sons qu'il émet.
7-8 mois	Il émet des monosyllabes : ba, da, pa.
9-10 mois	Il double les syllabes (papa, dada) ; ça n'a pas de signification pour lui. Il comprend ce qu'on lui dit.
11 -12 mois	Il dit des mots-phrases (un mot constitue une phrase ; exemple : « pipi »).
15-18 mois	Il associe 2 mots pour faire une phrase (« kiki dodo »).
2-3 ans	Il utilise les verbes et fait des phrases explicites.

3 Le développement du graphisme

- **À partir de 18 mois**, l'enfant fait des gribouillis sur une feuille (tourbillons).
- **À 2 ans ½**, il représente l'homme sous la forme d'un « bonhomme têtard » (visage avec les yeux et 2 traits pour les jambes).
- **À 3 ans**, il dessine la bonhomme avec des bras, des mains, des cheveux et des cils.
- **À 4 ans**, il perfectionne son dessin. Le bonhomme peut avoir un tronc, des mains, des pieds ou des cheveux suivant l'image qu'il a de son corps (selon son stade du schéma corporel).
- **À 5 ans**, il sait utiliser le rectangle et le carré.

B Schéma corporel et notions de temps et d'espace

1 L'acquisition du schéma corporel

Le schéma corporel est **la perception que l'on a de notre propre corps**.

- **Le nouveau-né** confond son corps avec celui de sa mère. **Vers 7-8 mois**, il voit son image dans le miroir, mais il ne le reconnaît pas. **Entre 12-15 mois**, la marche améliore sa perception de son corps. **Entre 18 et 24 mois**, il reconnaît son image dans le miroir. **Entre 2 et 4 ans**, l'enfant est capable de nommer et de localiser les différentes parties du corps, il découvre la différence des sexes.

- **La latéralisation** est le côté du corps humain qui domine certaines fonctions (gaucher ou droitier). Elle est importante dans l'évolution de la personnalité de l'enfant.

2 Les notions de temps et d'espace

- **La notion d'espace** (devant/derrière, droite/gauche, loin/près) évolue avec l'âge. **À 7 mois**, le nourrisson découvre la bilatéralité : il passe un objet d'une main à l'autre. **À partir de 18 mois**, la marche lui permet de découvrir l'espace. **Vers 3 ans**, les jeux lui permettent d'explorer l'espace et d'acquérir des notions spatiales.

- **La notion de temps** (aujourd'hui, demain, matin, après-midi) évolue à partir de l'âge de **4 ans** : auparavant, elle n'a pas de sens pour l'enfant. **À 4 ans**, il reconnaît un jour particulier de la semaine. **À 6 ans,** il indique le jour de la semaine.

C Le développement intellectuel (cognitif) de l'enfant

- **De 0 à 18 mois, l'intelligence est dite sensori-motrice :** le 1er **mois**, le nourrisson a des actions réflexes ; **de 2 à 8 mois**, il découvre par hasard son corps, puis les objets ; de **8 à 12 mois**, ses actions deviennent volontaires ; **de 12 à 18 mois**, l'intelligence sensori-motrice se perfectionne.

- **Entre 18 mois et 2 ans, l'intelligence est symbolique :** l'enfant réfléchit pour trouver une solution. Son imagination se développe.

- **À partir de 3 ans et jusqu'à 6 ans, c'est le stade de la pensée intuitive ou prélogique :** l'enfant ne raisonne pas encore logiquement. Il pose beaucoup de questions pour connaître la réalité.

D Le comportement social de l'enfant

Âge	La relation affective et sociale
0-2 mois	Il vit en symbiose avec sa mère (**relation fusionnelle**) ; les voix douces ou les bras l'apaisent.
3-4 mois	Il observe son environnement et sourit volontairement (**premier sourire social**).
7-8 mois	C'est **une période d'anxiété** : il différencie le visage de sa mère de celui des étrangers ; quand sa mère le quitte, il a le sentiment d'être abandonné. **Un objet transitionnel** le sécurise (odeur familiale).
9-10 mois	Il est **très actif**, il veut toucher à tout et se heurte aux interdits de l'adulte.
15-18 mois	Il a est **partagé entre le désir d'autonomie, de s'éloigner de sa mère et la peur** lorsqu'elle n'est plus là.
18-24 mois	Il est **égocentrique**, joue seul, mais en présence de l'adulte. Il observe beaucoup les autres enfants.
2 à 3 ans	**Il s'affirme** : il emploie le « **je** » et le « **moi** » ; il s'oppose aux autres par le « **non** ». **Il devient plus sociable** : il commence à jouer avec les autres enfants.
3 à 6 ans	**Son intégration à l'école maternelle permet** la socialisation. À partir de 4 ans, il a besoin du groupe pour développer sa personnalité.

FICHE

5 Les principaux troubles et maladies infectieuses de l'enfant

A Les principaux troubles

Déterminer la cause du trouble de l'enfant permet d'avoir une conduite adaptée.

1 Les troubles de la motricité

Lorsqu'un enfant ne marche pas ou marche mal, alors qu'il est en âge de marcher et que toute cause médicale est écartée, il est considéré comme atteint d'un trouble de la motricité.

2 Les réactions anxieuses

L'enfant a peur de l'échec (liée au jugement de l'adulte) et a besoin de l'approbation d'autrui (de sa mère, en particulier).

3 Le besoin affectif accru

L'enfant demande à être pris dans les bras, à être « porté » (par exemple vers l'âge de 2/3 ans). Il a un « comportement puéril ».

4 Les troubles du langage

Ils concernent l'enfant en âge de parler, qui ne parle pas, qui construit mal ses phrases ou les déforme. Les troubles du langage sont **le zézaiement, le langage puéril** (langage « bébé ») et **le retard de langage** (il s'agit souvent d'une « inhibition » psychologique).

5 Les troubles du sommeil

- **Les troubles à l'endormissement :** l'enfant peut avoir du mal à s'endormir, des difficultés à se séparer de son entourage, peur du noir, d'être seul dans sa chambre…
- **L'insomnie du jeune enfant :** rare, mais plus grave. Plus il est jeune, plus il risque de développer une dépression, un refus d'alimentation et une perte de sommeil.
- **Les terreurs nocturnes chez l'enfant :** l'enfant a des difficultés pour s'endormir, il se réveille dans la nuit en criant et en appelant.

6 Les troubles de l'alimentation

Les troubles de l'alimentation (boulimie, anorexie, vomissements…) peuvent traduire de sérieux troubles psychologiques quand aucune cause médicale n'est trouvée. Les troubles digestifs sont les vomissements, la diarrhée et la constipation.

7 Les troubles du contrôle des sphincters

- **L'énurésie :** c'est l'absence de contrôle du muscle de la vessie (sphincter vésical → Fiche 9 page 64). Elle peut être diurne, ou nocturne. On ne parle pas d'énurésie avant l'âge de 5 ans. Elle exprime un mécanisme de régression ou d'opposition face à un événement difficile (séparation, naissance d'un enfant plus jeune).
- **L'encoprésie :** c'est l'absence de contrôle de la libération de ses matières fécales. Elle est plus préoccupante et s'exprime plus violemment que l'énurésie, car elle traduit une souffrance psychologique. On ne parle pas d'encoprésie avant l'âge de 5 ans.

8 Les troubles de l'équilibre thermique et les convulsions

■ **L'hypothermie** correspond à une température corporelle inférieure à 36 °C. L'une des conséquences peut être l'hypoglycémie : il faut réchauffer l'enfant.

■ **L'hyperthermie** correspond à une température corporelle supérieure à 38 °C. Les conséquences peuvent être la déshydratation et des convulsions.

■ **Les convulsions** résultent d'un mauvais fonctionnement du cerveau sous l'effet d'une température trop élevée.

B Les maladies infectieuses

Une maladie infectieuse est provoquée par la transmission d'un micro-organisme (virus, bactérie, parasite, champignon…) (→ Fiche 11 page 68).

1 Les principales phases de l'évolution d'une maladie infectieuse

① PHASE D'INCUBATION
→ laps de temps entre la pénétration du germe dans l'organisme et l'apparition des premiers signes

② PHASE D'INVASION
→ apparition des signes généraux comme la fièvre, les vomissements, l'asthénie, la toux…

③ PHASE D'ÉTAT
→ apparition des signes spécifiques (éruptions cutanées de la rougeole ou de la rubéole…)

④ PHASE DE TERMINAISON
→ disparition des signes spécifiques

⑤ PHASE DE CONVALESCENCE

2 Les principales pathologies infectieuses de l'enfant

■ **Les maladies éruptives** donnent lieu à des éruptions cutanées.

Maladie	Signes	Conduite à tenir	Prévention
Roséole (virale)	Fièvre, éruption cutanée sur le corps.	Surveiller la température et la faire baisser.	–
Rubéole (virale)	Rhume, éruption cutanée sur le corps.	Favoriser le repos, prévenir les femmes enceintes.	Vaccination de l'enfant.
Rougeole (virale)	Fièvre, yeux larmoyants, points blancs à l'intérieur des joues, éruption cutanée sur le visage puis sur le corps.	Surveiller la température, favoriser le repos, repérer toute aggravation (convulsions, otite…).	Vaccination de l'enfant.
Varicelle (virale)	Fièvre, éruption cutanée avec démangeaisons.	Soigner les lésions, traiter pour calmer les démangeaisons (risque de cicatrices).	–
Scarlatine (bactérienne)	Fièvre importante, angine rouge, vomissements, éruption cutanée sur le corps (plaques rouges sans intervalles).	Surveiller la température, favoriser le repos, donner le traitement antibiotique.	Interdiction scolaire de 8 jours.

■ **Les maladies non-éruptives** ne donnent pas lieu à des éruptions cutanées.

Maladie	Signes	Conduite à tenir	Prévention
Oreillons (virale)	Fièvre, gonflements douloureux au niveau des oreilles.	Lutter contre la fièvre, les céphalées, donner une alimentation semi-liquide.	Vaccination de l'enfant.
Coqueluche (bactérienne)	Toux sèche et quinte de toux ; vomissements possibles en fin de quinte.	Hospitaliser les enfants de moins de 6 mois ; administrer les antibiotiques.	Vaccination dès le plus jeune âge.

FICHE 6 Les maladies, handicaps et affections de l'enfant

L'annonce de la maladie ou du handicap peut provoquer un choc émotionnel se traduisant par le refus, un sentiment d'injustice, de la colère, de la culpabilité…
L'entourage peut nier le handicap ou la maladie, ou au contraire l'accepter en surprotégeant l'enfant et en cherchant des traitements.

A Les maladies non-infectieuses de l'enfant

1 Les maladies génétiques et congénitales

■ **Une maladie génétique** est une maladie due à une anomalie de la structure ou du fonctionnement des gènes. Il peut s'agir :
– **de maladies chromosomiques** (anomalies du nombre et de la morphologie des chromosomes : trisomie 21, par exemple) ;
– **de maladies monofactorielles ou monogéniques** (la myopathie de Duchenne, la mucoviscidose, l'hémophilie A, la phénylcétonurie) ;
– **de maladies polygéniques ou multifactorielles** (le diabète).

■ **Une maladie congénitale** apparaît à la naissance. Elle peut-être :
– **héréditaire** (lié à un gène, elle est alors génétique) ;
– **génétique sans être héréditaire** (trisomie 21…) ;
– **acquise** (due à des agressions de l'enfant pendant sa vie intra-utérine comme des embryopathies causées par la rubéole pendant la grossesse).

2 Les maladies allergiques

L'allergie, également appelée **hypersensibilité**, est **une réaction anormale** et excessive de notre système immunitaire, consécutive à un contact avec une substance étrangère. Il s'agit de substances qui sont habituellement bien tolérées.
Les allergies sont de plusieurs types :
– les allergies cutanées (dermatite, eczéma, œdème, urticaire) ;
– les allergies pulmonaires, telles que l'asthme ;
– l'allergie oculaire (conjonctivite) ;
– les allergies digestives (diarrhée, vomissement).

B La mort subite du nourrisson

Il s'agit du décès soudain d'un enfant en bonne santé, le plus souvent entre l'âge de 2 et 4 mois. Les causes de la mort subite du nourrisson restent multiples (anomalie cérébrale empêchant la régulation de l'humeur, de la température du corps et de la respiration).
Pour limiter le risque, il est conseillé de coucher le bébé sur le dos sans couette ni oreiller, à température modérée (18°-19 °C) et de limiter le tabagisme passif.

C Les différents types de handicaps

Qu'ils soient congénitaux ou acquis, les handicaps peuvent prendre plusieurs formes : ce peut être des **handicaps moteurs**, des **handicaps mentaux** ou des **handicaps sensoriels** voire des **polyhandicaps** (moteurs et mentaux, moteurs et sensoriels ou les trois à la fois).

D Les affections de la peau et des muqueuses

Les atteintes de la peau sont appelées **dermatoses**.

Affections	Signes cutanés	Facteurs aggravants	Traitement
Érythème	Rougeurs au niveau du siège.	– Macération dans l'urine et les selles. – Mauvaise hygiène.	– Laver, rincer et sécher soigneusement le siège lors de chaque change. – Changer souvent l'enfant et appliquer des pommades antibiotiques ou antimycosiques en cas de surinfection (sur prescription médicale).
Eczéma	Plaques rouges, puis vésicules suintantes et croûtes. Lésions au visage et aux plis (coude…)	– Démangeaisons, risque de surinfection. – Contact avec l'allergène.	– Couper les ongles courts. – Avoir une hygiène corporelle rigoureuse et un traitement local adapté aux lésions.
Impétigo (bactérie)	Petites bulles qui évoluent en pustules puis en croûtes jaunâtres.	Extension des lésions par grattage.	– Couper les ongles courts, laver les mains avec un savon antiseptique après les soins. – Appliquer des asséchants et administrer des antibiotiques.
Muguet (champignon)	Rougeurs diffuses (bouche, langue) avec plaques blanches.	Infection de l'œsophage en l'absence de traitement.	– Laver ses mains. – Administrer des produits antifongiques. – Désinfecter le matériel servant à l'alimentation.

E Les parasitoses

Les parasitoses sont des maladies causées par des parasites.

	La gale	La pédiculose	L'oxyurose
Parasite responsable	Sarcopte (acarien microscopique).	Pou.	Oxyurose (ver rond).
Facteurs favorisants	Promiscuité (et non nécessairement un problème d'hygiène).	– Vie en collectivité. – Conditions de vie précaires. – Manque d'hygiène.	– Manque d'hygiène des mains ; ongles longs. – Manque d'hygiène périnéale.
Signes	Démangeaisons (= prurit) intense la nuit (entre les doigts, aux poignets, coudes, plis, aisselles, fessier, ombilic).	Prurit au niveau du corps, du cuir chevelu et du pubis.	– Prurit anal nocturne. – Vulvovaginite. – Douleurs abdominales. – Anorexie. – Troubles nerveux.
Localisation	Sous la peau.	Au niveau du corps, du cuir chevelu, du pubis.	Sur la muqueuse de l'intestin grêle.
Mesures d'hygiène	– Bains chauds. – Badigeonnage au benzoate de benzyle. – Désinfection du linge et des vêtements.	– Utilisation de produits pédiculicides et lenticides. – Décontamination du linge de corps et de la literie.	– Lavage des mains, coupe des ongles. – Toilette périnéale régulière. – Hygiène de la literie et des vêtements. – Traitements médicamenteux.
Mode de reproduction	La femelle fécondée pond ses œufs dans l'épiderme.	La femelle pond des œufs (les lentes) qui se fixent sur les vêtements et les poils.	La femelle émet des œufs (vers la région de l'anus).

FICHE

7 Le cadre politique et administratif de la France

A Le cadre politique

1 Les fondements de la Ve République

Tout État dispose d'une **Constitution**. C'est un ensemble de lois qui a pour objectif de protéger les droits des citoyens et de garantir les libertés publiques. La constitution française date de 1958.

Le Président de la République française est élu pour cinq ans au suffrage universel direct, par un scrutin uninominal (1 seul nom sur la liste) majoritaire à 2 tours.

Tous les Français âgés de plus de 18 ans et inscrits sur les listes électorales peuvent participer au vote.

La République française est fondée sur le principe de séparation des 3 pouvoirs :

- le pouvoir **législatif** (le vote des lois est effectué par le parlement) ;
- le pouvoir **exécutif** (l'application des lois est organisée par le Président de la République et le gouvernement) ;
- le pouvoir **judiciaire** (les juges veillent au respect des lois).

2 Le gouvernement

Le Président de la République nomme le Premier ministre et les autres membres du gouvernement et il préside le Conseil des ministres. Le Premier ministre choisit les ministres et il dirige l'action du gouvernement (il est le chef du gouvernement).

3 Les élections

Pour être électeur, il faut :

- être de nationalité française ;
- avoir au minimum 18 ans ;
- être inscrit sur les listes électorales ;
- ne pas être privé de ses droits civiques ;
- résider dans la commune du vote depuis 6 mois.

4 Le Parlement

Il comprend **l'Assemblée nationale**, où siègent les députés, et le **Sénat** où siègent les sénateurs. Le parlement détient le pouvoir de voter les lois.

	Députés	Sénateurs
Mode d'élection	– suffrage universel direct – scrutin uninominal majoritaire à 2 tours	– suffrage universel indirect (collège de grands électeurs) – mode de scrutin variable selon le nombre de sièges à pourvoir dans le département
Durée du mandat	5 ans	6 ans (renouvellement des sièges par moitié tous les 3 ans)
Consignes d'éligibilité	avoir 23 ans	avoir 30 ans
	– être de nationalité française ; – avoir satisfait aux obligations militaires ; – jouir du droit de vote ; – ne pas avoir subi de condamnation pour crime.	

B Le cadre administratif

1 La déconcentration

La déconcentration est le transfert d'un pouvoir de décision à un agent local de l'État.

- **Le maire est le représentant de l'État dans la commune** (il veille à l'application des lois de l'État et des règlements dans sa commune).

- **Le préfet de département est le représentant de l'État dans le département**; il dirige les services extérieurs de l'État dans le département: la délivrance des cartes grises, les services administratifs de l'enseignement, de la police, de la santé (DDASS: Direction Départementale des Affaires Sanitaires et Sociales)...

- **Le préfet de région dirige les services déconcentrés de l'État au sein de la région** : les services de l'intérieur (police nationale), les services de la santé (DRASS: Direction Régionale des Affaires Sanitaires et Sociales)...

2 La décentralisation (loi du 2 mars 1982, loi Defferre)

L'État partage ses pouvoirs avec les collectivités locales. Celles-ci sont responsables de l'application des plans dans leur territoire.

a) Les représentants de l'état au niveau local

	Région	Département	Commune
Assemblée territoriale	Le conseil régional	Le conseil général	Le conseil municipal
Nom des élections	Élections régionales	Élections cantonales	Élections municipales
Mode de suffrage (Assemblée territoriale)	Suffrage universel direct	Suffrage universel direct	Suffrage universel direct
Durée du mandat (Assemblée territoriale)	6 ans	6 ans	6 ans
Représentant de la collectivité territoriale	Le président du conseil régional	Le président du conseil général	Le maire
Mode de suffrage (représentant de la collectivité territoriale)	Suffrage universel indirect	Suffrage universel indirect	Suffrage universel indirect
Durée du mandat	6 ans	3 ans	6 ans
Représentant de l'État	Le préfet de région	Le préfet de département	Le maire

b) Les compétences des collectivités territoriales

- **La commune**

Le maire gère l'administration des services communaux: voirie (qui s'occupe de l'entretien des routes), assainissement, restaurants municipaux, services d'action sociale (CCAS) et services culturels.

- **Le département**

Le département est compétent pour: la construction et le financement des collèges, la gestion de l'action sociale (aide sociale à l'enfance: ASE, aide sociale aux familles, aux personnes âgées et handicapées, la PMI: protection maternelle et infantile).

- **La région**

Le Conseil Régional contribue au développement économique, social et culturel de la région.

Il est responsable de la construction et du financement des lycées.

FICHE 8 Le statut juridique de l'enfant et de la famille

A La structure de la famille et le statut du couple

1 Les différentes structures familiales

La famille nucléaire

C'est la famille restreinte, composée de personnes vivant dans un même foyer (souvent les parents et les enfants).

La famille monoparentale

Elle est constituée d'un seuil parent (soit la mère, soit le père) vivant sous un même toit avec ses enfants.

La famille recomposée

C'est une nouvelle famille (père, mère, enfants) composée à partir d'au moins une première famille après un divorce, une séparation…

2 Les différents statuts du couple

Le mariage

Le mariage civil est l'acte juridique qui unit civilement un homme et une femme ayant décidé de vivre ensemble et de se porter secours et assistance.

Le concubinage

C'est l'union libre de deux personnes.

Le Pacs (pacte civil de solidarité)

C'est un contrat liant deux personnes vivant en couple qui ne peuvent ou ne veulent pas se marier, mais qui, quel que soit leur sexe, ont un projet de vie commune.

3 La dissolution du couple

La dissolution du couple est la conséquence :
- du décès d'un des conjoints : le veuvage ;
- de la séparation des époux : le divorce ;
- de la séparation du couple pacsé : la rupture du contrat établi à la mairie.

Les différentes formes de divorce

Le divorce dissout les liens juridiques du mariage. Il existe 4 procédures de divorce :
- le divorce par consentement mutuel ;
- le divorce demandé par l'un des conjoints et accepté par l'autre ;
- le divorce pour altération définitive du lien conjugal ;
- le divorce pour faute.

Les conséquences du divorce sur les enfants

La séparation des parents n'a pas d'incidence sur l'exercice de l'autorité parentale. L'autorité parentale peut être exercée soit par les deux parents, soit par l'un des deux.

Le juge aux affaires familiales

Le juge décide de la résidence principale de l'enfant et il fixe les devoirs de chacun des parents.
Le juge peut priver les parents de leur autorité parentale, s'ils sont dans l'incapacité de l'exercer.

B Les filiations biologique et adoptive

1 La filiation biologique

La filiation légitime et la filiation naturelle disparaissent pour laisser place au concept de **filiation biologique** (la filiation par laquelle les géniteurs deviennent parents).

2 La filiation adoptive

Elle résulte d'une procédure d'adoption, c'est une **filiation juridique** (non biologique).

Le Code civil reconnaît deux types d'adoption :
- **l'adoption simple** (possible quel que soit l'âge de l'adopté ; elle ne brise pas les liens avec la famille d'origine) ;
- **l'adoption plénière** (possible pour les enfants de moins de 15 ans ; elle entraîne une nouvelle filiation qui se substitue à celle d'origine ; l'adopté prend le nom de l'adoptant).

C L'autorité parentale

C'est un **ensemble de droits et de devoirs des parents**, ayant pour finalité l'intérêt de l'enfant.
Les attributs de l'autorité parentale sont les suivants :
- protéger l'enfant en préservant sa sécurité, sa santé et sa moralité ;
- assurer son éducation et permettre son développement.

D Les droits de l'enfant

Avant sa majorité (18 ans), l'enfant n'a pas de capacité juridique, ce sont ses parents et la société qui doivent défendre ses droits.
La Convention internationale des droits de l'enfant a été ratifiée par plusieurs pays, membres de l'ONU, qui s'engagent à la respecter.

FICHE

9 La protection sanitaire de la famille et de l'enfant

A La PMI (Protection maternelle et infantile)

C'est un ensemble de mesures sanitaires et sociales, visant à protéger la future mère, la mère, et l'enfant de moins de 6 ans.
Ce service est placé sous **l'autorité du président du Conseil Général** de chaque département.

Elle a pour mission d'organiser :

- **des mesures de prévention** médicale, psychologique, sociale et d'éducation pour la santé en faveur des futurs parents et des enfants : consultations prénatales et postnatales, actions de prévention médicosociale en faveur des femmes enceintes, consultations infantiles et actions de prévention médicosociale en faveur des enfants de moins de 6 ans.

- **des actions de prévention et de dépistage des handicaps** des enfants de moins de 6 ans ainsi que des actions de conseils aux familles pour la prise en charge de ces handicaps : dépistage lors des consultations infantiles et lors du bilan de 4 ans.

- **la surveillance et le contrôle** des établissements et services d'accueil des enfants de moins de 6 ans, ainsi que des assistantes maternelles.

Le **carnet de santé** est un document remis par l'officier d'état civil à la naissance de l'enfant. Il permet le suivi médical de l'enfant.

B Le Service de promotion de la santé en faveur des élèves

À partir de 6 ans, ce service prend la relève de la PMI. La mission de promotion de la santé en faveur des élèves a pour objectif spécifique de veiller au bien être des élèves, de contribuer à leur réussite et de les accompagner dans la construction de leur personnalité.
Ces missions sont confiées aux infirmières et aux médecins de l'Éducation Nationale.

C Les vaccinations et examens

Ils sont mis en place par la PMI. Leur but est de protéger l'individu de certaines maladies.

1 Les vaccinations

Certaines vaccinations sont obligatoires (car elles protègent contre des maladies graves), d'autres sont conseillées.

Les vaccinations obligatoires

Vaccinations contre	Pourquoi ?
La diphtérie	La diphtérie et le tétanos peuvent entraîner le décès de l'individu.
Le tétanos	
La poliomyélite : **DTP** (DTCP)	La poliomyélite peut laisser des séquelles irréversibles (paralysies).

Les vaccinations conseillées

Vaccinations contre	Pourquoi ?
La tuberculose : **le BCG** (bacille Calmette-Guérin)	La tuberculose est contagieuse et demande un long traitement.
La coqueluche : **Coq** (DTCP)	La coqueluche peut entraîner le décès par les quintes de toux provoquées.
– La rougeole – Les oreillons – La rubéole = **ROR** *(Rouvaux, Rudivax, Immovax)*	– La rougeole, peut provoquer de graves complications pulmonaires et neurologiques (encéphalite). – Les oreillons chez les garçons après l'âge de la puberté peuvent entraîner la stérilité. – La rubéole, maladie bénigne chez l'enfant, peut être grave lorsqu'elle est contractée par une femme enceinte au cours des 3 premiers mois de la grossesse (risques de malformations fœtales), d'où la nécessité de conseiller la vaccination.
La méningite (associée au DTCP)	La méningite *Haemophilus influenzae b* peut entraîner le décès ou laisser des séquelles.
L'hépatite B	L'hépatite B est une maladie contagieuse qui peut être grave et peut entraîner dans certains cas le décès.

Depuis 2007, la vaccination contre **la tuberculose (le BCG)**, est ciblée sur certaines populations à risque.

2 Les examens médicaux et dépistages

Ils sont au nombre de 20 entre la naissance et l'âge de 6 ans, dont 9 examens au cours de la 1re année :

– **dans les 8 jours** suivant la naissance (= certificat de santé) ;
– **lors des 1er mois, 2e mois, 3e mois, 4e mois, 5e mois, 6e mois, 9e mois** (certificat de santé), et **12e mois** ;
– lors des **16e mois, 20e mois et à l'âge de 2 ans** (certificat de santé) ;
– **2 examens par an** entre **2 ans et 6 ans.**

Ces examens ont pour objet :
– de surveiller la croissance staturo-pondérale, le développement physique, psychomoteur et affectif de l'enfant ;
– de dépister précocement d'éventuelles déficiences et anomalies ;
– de pratiquer les vaccinations.

Un bilan de santé est réalisé pour les enfants scolarisés en école maternelle vers l'âge de 3-4 ans. Il se fait en présence des parents et permet le dépistage de troubles sensorimoteurs et psychoaffectifs.

FICHE

10 La protection sociale de la famille

A Les systèmes de protection sociale

1 Le régime général de la sécurité sociale

a) Les 4 branches

■ **L'assurance-maladie** : elle assure la gestion des risques liés à la maladie, la maternité, l'invalidité, le décès.

■ **L'assurance vieillesse** : elle verse les retraites et accorde des avantages sociaux aux personnes âgées.

■ **Les allocations familiales** : elles versent les prestations familiales, pour le compte de l'état : l'aide personnalisée au logement, l'allocation logement social, l'allocation aux adultes handicapés, le revenu minimum d'insertion.

■ **L'assurance accident du travail, maladie professionnelle** : elle assure la gestion des risques d'accidents du travail et de trajet et les maladies professionnelles.

b) Les conditions pour bénéficier des prestations

Toute personne résidant en France peut percevoir des prestations familiales pour ses enfants. Un enfant est considéré à charge au maximum jusqu'à 16 ans ou au-delà (20 ans) en fonction de la situation.

c) Les prestations :

– les allocations familiales ;
– le complément familial ;
– l'allocation de soutien familial ;
– le RSA pour les parents isolés ;
– l'allocation de rentrée scolaire ;
– l'allocation de présence parentale ;
– l'allocation d'éducation de l'enfant handicapé (AEEH) ;
– la prestation d'accueil du jeune enfant (PAJE) (comprenant la prime de naissance, l'allocation de base, le complément de libre choix d'activité, le complément de libre choix de mode de garde).

2 L'aide sociale

Domaines	Prestations de l'État	Prestations du département
Santé	Aide médicale destinée aux étrangers en situation irrégulière, aux personnes soignées sur le territoire français.	
Personnes handicapées		Prestation de compensation du handicap (PCH).
Garantie de ressources		RSA : revenu de solidarité acive.
Enfants		Allocations mensuelles. Placements en établissements. Placements familiaux.

Elle est apportée par la collectivité territoriale (le département), aux personnes dont les ressources sont insuffisantes.

3 Les organismes complémentaires

■ **Les mutuelles**
Ce sont des groupements de droit privé, à but non lucratif. Elles mènent des actions de prévoyance, de solidarité et d'entraide. L'adhésion à une mutuelle est facultative ; les ressources des mutuelles sont constituées des cotisations des adhérents.

■ **Les régimes complémentaires de retraite et de prévoyance**
Ils versent des retraites en complément de celles versées par l'assurance vieillesse du régime général de sécurité sociale. L'adhésion est obligatoire.

■ **Les assurances privées**
Ce sont des organismes à but lucratif, basés sur des versements de primes. La prime demandée est calculée en fonction de la fréquence du risque.

B Les prestations familiales

1 Les prestations sans conditions de ressources

■ **Les allocations familiales** : toute personne ayant au moins 2 enfants à charge peut bénéficier de ces allocations. Depuis 2007, les allocations familiales peuvent être partagées entre les parents divorcés ou séparés, en cas de garde alternée de leurs enfants.

■ **L'allocation d'éducation de l'enfant handicapé (AEEH)** : elle est versée suite à une décision de la commission des droits et de l'autonomie (CDA), qui apprécie si l'état ou le taux d'incapacité de l'enfant justifie l'attribution de cette allocation. Son attribution de base et ses compléments éventuels ne font pas obstacle au versement des prestations familiales (→ Fiche 12 page 38).

2 Les prestations sous conditions de ressources

■ **La prestation d'accueil pour jeune enfant (PAJE)** regroupe plusieurs prestations :
- la prime à la naissance (délivrée au 7e mois de grossesse) ;
- l'allocation de base (de la naissance de l'enfant jusqu'à ses 3 ans) ;
- le complément de libre choix du mode de garde (pour la garde à domicile) ;
- le complément de libre choix d'activité (compensation pour les personnes qui réduisent ou arrêtent leur travail pour s'occuper de leur enfant âgé de moins de 3 ans).

■ **Le complément familial** est versé aux parents assumant la charge d'au moins 3 enfants de plus de 3 ans.

■ **L'allocation de rentrée scolaire** est attribuée dès le premier enfant de plus de 6 ans, sous conditions de ressources.

■ **Le RSA, revenu de solidarité active** (qui remplace l'allocation de parent isolé) est versée au parent assumant seul la charge d'un enfant de moins de 3 ans et aux femmes enceintes seules.

FICHE 11

La protection de l'enfance en danger

A Les signes de maltraitance et les facteurs de risque

Les « enfants en danger » sont l'ensemble des enfants maltraités et des enfants en risque.

- **L'enfant maltraité** est celui qui est victime de violences physiques, de cruauté mentale, d'abus sexuels ou de négligences lourdes ayant des conséquences graves sur son développement physique et psychologique.
- **L'enfant en risque** est celui qui connaît des conditions d'existence qui risquent de mettre en danger sa santé, sa sécurité, sa moralité, son éducation ou son entretien, mais qui n'est pas pour autant maltraité.

Signes physiques
– Présence de lésions sur la peau (brûlures, morsures, griffures, ecchymoses, cheveux arrachés…). – Fractures multiples à des âges différents. – Traumatismes crâniens. – Lésions des viscères. – Vomissements répétés.

Signes psychologiques
– Enfant triste, replié sur lui-même. – Enfant agressif à l'égard de lui-même et des autres. – Enfant semblant dépourvu d'émotions. – Enfant souffrant d'anorexie.

Les facteurs de risque
– Des parents victimes de sévices ou de carences affectives graves durant leur enfance. – Des parents séparés de leur enfant juste après sa naissance (hospitalisation du nouveau-né) ou à plusieurs reprises ensuite. – Des couples séparés ou remariés. – Des parents affectivement immatures. – Des parents victimes de l'alcoolisme, de la promiscuité, de la drogue ou de la misère.

Ces signes ne sont pas systématiquement des symptômes de maltraitance, mais s'ils sont répétés, ou associés, ils doivent alerter les professionnels.
La prévention repose sur l'information du public et le numéro d'appel gratuit **« allo enfance maltraitée », le 119**.

B Le signalement des maltraitances

Un texte de loi prévoit, dans le cas d'enfants victimes de sévices, **l'obligation de signalement par tout citoyen** (s'il ne le fait pas, il est coupable de non-assistance à personne en danger) et **la levée du secret professionnel**.

1 Les obligations pesant sur tout citoyen

– L'*article 62 alinéas 2* du code pénal impose à toute personne qui a connaissance de sévices ou privations infligées à un mineur, d'en avertir les autorités administratives ou judiciaires.
– L'*article 63* du code pénal impose à tout citoyen, lorsqu'un mineur est en situation de péril, de lui porter secours soit par son action personnelle, soit en provoquant un secours. Faute d'agir ainsi, il se rendrait coupable de non-assistance à personne en danger.

2 La levée du secret professionnel

L'*article 378, alinéa 2* du code pénal donne aux professionnels tenus au secret, la possibilité d'informer les autorités administratives ou judiciaires des sévices ou privations sur mineur dont ils ont eu connaissance à l'occasion de l'exercice de leur profession, et de témoigner en justice.

3 Le mode de signalement de sévices

■ **Par voie judiciaire** : auprès de la brigade des mineurs, de la police ou la gendarmerie, auprès du procureur de la République, ou du juge des enfants.

■ **Par voie administrative** : auprès du conseil général, à la mairie, à l'assistante sociale, au médecin de la PMI.

C La protection sociale du mineur

Quand la protection de la famille est inadaptée ou insuffisante, l'enfant peut bénéficier d'une protection sociale. Il existe **2** types de protection sociale : **la protection judiciaire et la protection administrative.**

a) La protection judiciaire

Elle est sous la responsabilité **du juge des enfants** qui intervient dans 2 cas :
– lorsque l'enfant est en danger ou maltraité (il y alors une intervention des travailleurs sociaux ou un placement dans un service de l'ASE) ;
– lorsque l'enfant commet un délit.

b) La protection administrative : l'Aide Sociale à l'Enfance (ASE)

C'est un service départemental placé sous l'autorité du Président du Conseil Général.

■ **Les objectifs de ce service sont :**
– d'apporter un soutien éducatif, psychologique aux mineurs, à leurs familles, aux mineurs émancipés et aux jeunes majeurs de moins de 21 ans ;
– d'organiser des actions pour prévenir la marginalisation et faciliter l'insertion des jeunes et des familles ;
– de mener des actions de prévention de la maltraitance.

■ **Les actions du service de l'ASE sont :**
– les aides à domicile (aide financière, intervention de travailleurs sociaux…) ;
– l'AEMO : l'Aide Éducative en Milieu Ouvert ;
– le placement de l'enfant au service de l'ASE.

■ **Les moyens dont dispose l'ASE sont :**
– un personnel administratif ;
– un personnel spécialisé : éducateur spécialisé, assistant de service social, travailleuse familiale ;
– des familles d'accueil ;
– des établissements accueillant les enfants : foyer de l'enfance départemental, internat scolaire, village d'enfants, maisons d'enfants à caractère social…

■ **Les enfants protégés par le service de l'ASE**

Enfants laissés dans le milieu familial	Enfants placés au service de l'ASE		
Enfants dont la famille bénéficie : – d'une aide financière ; – d'une aide éducative.	Mineurs recueillis temporairement.	Mineurs placés sur décision de justice.	Pupilles de l'État.

FICHE 12

La prise en charge de l'enfant handicapé

A Définition et classification des handicaps

1 Définition du handicap selon l'Organisation Mondiale de la Santé (OMS)

« Sujet dont l'intégrité physique ou mentale est passagèrement ou définitivement diminuée, soit congénitalement, soit sous l'effet d'une maladie ou d'un accident, soit encore sous l'effet de l'âge, en sorte que son autonomie, son aptitude à fréquenter l'école ou à occuper un emploi s'en trouvent compromis ».
« Est handicapée toute personne qui n'est pas conforme à la norme de l'époque où elle vit, dans de multiples domaines : de la santé, de l'équilibre mental, de l'intégrité physique, de la sexualité, de la productivité ».

2 La classification des handicaps

Il existe 3 types de handicaps :
- les handicaps moteurs ;
- les handicaps physiques ;
- les handicaps sensoriels.

L'OMS a proposé une classification internationale du handicap.
Elle distingue la maladie (état aigu et qui n'évolue plus), de ses conséquences (les « séquelles », handicaps).

Elle définit les trois composantes du handicap :

- **la déficience**, qui désigne les atteintes de l'organisme. Elle peut être provisoire ou définitive (→ c'est l'aspect lésionnel) ;

- **l'incapacité**, qui résulte de la déficience. Elle concerne les activités et/ou comportements de la vie quotidienne (comme se déplacer, assurer son hygiène corporelle, se vêtir, s'alimenter, effectuer des tâches domestiques ou des tâches de la vie professionnelle), mais également communiquer, mémoriser… (→ c'est l'aspect fonctionnel) ;

- **le désavantage**, qui regroupe l'ensemble des difficultés vécues par la personne handicapée dans sa vie quotidienne et dans son environnement social : son manque d'autonomie dans les gestes quotidiens, ses difficultés à se mouvoir, à s'orienter, à participer ou à maintenir des relations sociales habituelles… (→ c'est l'aspect social).

B Les mesures sanitaires pour prévenir les handicaps

Les 4 mesures indispensables à la prévention du handicap sont :
- **la vaccination** (antipoliomyélitique) ;
- **le dépistage prénatal** : un diagnostic prénatal si la grossesse est à risque et une surveillance médicale de la grossesse ;

– **la surveillance de l'état de santé du nouveau-né** : dépistage de la phénylcétonurie, de la drépanocytose… ;
– **une surveillance médicale** du nourrisson puis du jeune enfant.

C La prise en charge des enfants handicapés

1 La législation

Plusieurs textes de loi, décrets et circulaires sont relatifs à l'intégration scolaire des enfants handicapés :
– loi de juin 1975 d'orientation en faveur des personnes handicapées ;
– loi de février 2005 : prévoit la mise en œuvre du droit à la compensation des conséquences du handicap à travers la prestation de compensation, la création des maisons départementales des personnes handicapées, de nouveaux droits aux parents d'enfants handicapés ; réaffirme le droit des enfants et des jeunes handicapés à être inscrits et si possible scolarisés dans l'école ou dans l'établissement scolaire « le plus proche de leur domicile ».

2 La CDA : Commission des Droits et de l'Autonomie

■ La CDA reprend les missions qui étaient dévolues à la **Cotorep** (Commission Technique d'Orientation et de Reclassement Professionnel) et à la **CDES** (Commission Départementale de l'Éducation Spéciale) en charge des dossiers des enfants.

■ Elle est compétente pour :
– se prononcer sur l'orientation de la personne handicapée et les mesures à prendre pour assurer son insertion scolaire, professionnelle et sociale ;
– désigner les établissements ou les services correspondant aux besoins de l'enfant ou de l'adolescent, ou concourant à la rééducation, à l'éducation, au reclassement et à l'accueil de l'adulte handicapé et en mesure de l'accueillir ;
– apprécier si l'état ou le taux d'incapacité de la personne handicapée justifie l'attribution, pour le jeune, de l'allocation d'éducation de l'enfant handicapé (**AEEH**) et pour l'adulte de l'allocation pour adulte handicapé (AAH) et des éventuels compléments ainsi que de la carte d'invalidité.

■ **Les maisons départementales des personnes handicapées** (MDPH) assurent la mise en œuvre des décisions prises par **la commission des droits et de l'autonomie (CDA)**.

FICHE 13

Les modes d'accueil

A Les établissements d'accueil collectif

Ce sont les crèches, les haltes-garderies et le multi-accueil.

1 Leur statut

Ils peuvent être gérés par des associations, des collectivités territoriales (souvent la commune), des CAF, une entreprise (personne morale de droit privé) ou un établissement public (par exemple un hôpital).

2 Les établissements d'accueil collectif d'enfants de moins de 4 ans

- **Les établissements « d'accueil collectif régulier » (crèche collective)** proposent un accueil régulier à temps plein ou partiel pour les enfants de moins de 3 ans. Le nombre de places est limité à 60.
- **Les établissements « d'accueil collectif régulier et d'accueil collectif occasionnel » (structure multi-accueil)** proposent des temps d'accueil variables : réguliers ou occasionnels ; ils peuvent aussi proposer un accueil familial (au domicile d'une assistante maternelle agréée employée par la structure).
- **Les établissements « d'accueil collectif occasionnel » (haltes-garderies)** correspondent à un besoin de garde temporaire, à temps partiel et de manière occasionnelle pour des enfants de moins de 6 ans.
- **Les jardins d'enfants** sont des passerelles qui accueillent les enfants de 2 à 3 ans (qui ont fréquenté les structures collectives de type crèche) avant l'entrée à l'école.

3 Les établissements d'accueil parental

Ils sont gérés par les parents (regroupés en associations) qui participent activement à la garde des enfants. Ils comptent 20 places maximum. Une professionnelle qualifiée est employée et assure le suivi éducatif des enfants.

4 L'accueil familial

Il est assuré par des établissements qui emploient et rémunèrent des assistantes maternelles agréées, qui gardent des enfants à leur domicile.
L'enfant bénéficie d'un accueil individualisé au domicile de l'assistante maternelle et de regroupement avec d'autres enfants dans l'établissement.

5 Les professionnels

a) Le personnel de direction

- **Les établissements d'accueil collectif de plus de 40 places** sont dirigés par une puéricultrice avec 5 ans d'expérience ou un pédiatre.
- **Les établissements d'accueil collectif de 20 à 40 places :** sont dirigés par une puéricultrice avec 5 ans d'expérience, un pédiatre ou un éducateur de jeunes enfants avec 5 ans d'expérience (le personnel doit avoir une infirmière).
- **Les établissements d'accueil collectif de moins de 20 places :** sont dirigés par une puéricultrice avec 3 ans d'expérience ou un éducateur de jeunes enfants avec 3 ans d'expérience.

b) Le personnel encadrant les enfants dans les structures d'accueil

Il comprend une équipe pluridisciplinaire :
– la moitié de l'effectif doit être composée : d'une puéricultrice, d'un éducateur de jeunes enfants, d'un infirmier, d'un auxiliaire de puériculture ;
– le ¼ du personnel peut être titulaire du CAP Petite enfance, du BEP carrières sanitaires et sociales, du certificat de travailleuses familiales, d'assistante maternelle agréée (avec 5 ans d'expérience).

c) Le rôle des parents

La participation des parents permet de mieux repérer les besoins des familles et favorise la qualité de l'accueil des enfants.

B L'accueil individuel de l'enfant

■ **Les assistantes maternelles** agréées employées par des particuliers sont indépendantes. Les parents sont les employeurs, c'est à eux d'établir un contrat.
Les assistantes maternelles obtiennent un **agrément**, délivré par le Conseil Général de leur Département. Elles doivent alors **s'engager à suivre une formation obligatoire.**
Pour obtenir l'agrément, l'assistante maternelle doit :
– subir un examen médical ;
– être reconnue apte à accueillir des enfants dans le respect des règles d'hygiène corporelle et mentale ;
– disposer d'un logement permettant d'assurer le bien être physique et la sécurité des enfants.

■ **Les Relais d'Assistantes Maternelles** ont pour vocation d'être un lieu de ressources et d'information ; ils apportent aussi un soutien et un accompagnement des familles dans la recherche d'un mode d'accueil.

C L'accueil collectif des mineurs

Les centres sont sous la tutelle du ministère de la Jeunesse et des Sports et de la Vie associative.
Ils accueillent des enfants dès l'âge de 3 ans (accueils de loisirs maternels par exemple) en dehors du temps scolaire.

Aspects réglementaires	Le séjour de vacances (ex. CV)	L'accueil de loisirs (ex. CLSH)
Effectif	Supérieur ou égal à 7 mineurs.	Supérieur ou égal à 7 mineurs et inférieur à 300.
Durée minimum de fonctionnement	Supérieure à 4 nuits consécutives.	Pendant au moins 14 jours pendant l'année et au moins 2 h par jour.
Quotas d'encadrement	Pour les mineurs de 6 ans et plus : 1/12. Pour les mineurs de moins de 6 ans : 1/8.	Pour les mineurs de 6 ans et plus : 1/12. Pour les mineurs de moins de 6 ans : 1/8. *En périscolaire : 1/14.* *En périscolaire avec uniquement des mineurs de moins de 6 ans : 1/10.*
Quotas d'animateurs qualifiés	Au moins 1 directeur. Pourcentage d'animateurs qualifiés : 50 % au moins. Pourcentage d'animateurs stagiaires : maximum 50 %. Pourcentage d'animateurs non qualifiés : maximum 20 %.	

FICHE

14 L'école maternelle

L'école maternelle remplit deux missions : une mission de garde et une mission d'éducation. Elle fait partie du **service public d'éducation : elle est gratuite** et au service de tous (implantée en milieu rural et en milieu urbain). Elle veille également au développement de chaque enfant.

A Ses objectifs éducatifs

Cinq domaines d'activités sont mis en place pour structurer les apprentissages à l'école maternelle :
– vivre ensemble ;
– apprendre à parler et à construire son langage ;
– s'initier au monde de l'écrit ;
– agir dans le monde ;
– découvrir le monde, imaginer, sentir, créer (Éducation musicale, Arts plastiques).

B L'organisation et le fonctionnement de l'école

1 Les sections en école maternelle

Les élèves sont généralement répartis en école maternelle par tranches d'âges :
– de 2 à 4 ans en « petite section » ;
– de 4 à 5 ans en « moyenne section » ;
– de 5 à 6 ans en « grande section ».

2 Les trois cycles pédagogiques

L'école Primaire regroupe l'école maternelle et l'école élémentaire.

■ **Le cycle des apprentissages premiers** se déroule à l'école maternelle (en petite et moyenne section de maternelle).

■ **Le cycle des apprentissages fondamentaux** commence à la grande section en école maternelle et se poursuit pendant les deux premières années de l'école élémentaire (grande section de maternelle, CP, CE1).

> **Remarque**
> La grande section de maternelle fait partie du cycle des apprentissages fondamentaux, mais elle reste rattachée administrativement et pédagogiquement à l'école maternelle.

■ **Le cycle des approfondissements** correspond aux trois dernières années de l'école élémentaire et débouche sur le collège (CE2, CM1, CM2).

3 Le conseil d'école

■ Dans chaque école est institué un conseil d'école composé :
– du directeur de l'école ;
– du maire ou de son représentant (un conseiller municipal) ;
– des maîtres ;
– d'un des maîtres du réseau du RASED ;
– des représentants des parents d'élèves ;
– du délégué départemental de l'Éducation Nationale.

■ Le conseil d'école vote le règlement intérieur de l'école, élabore le projet d'école (les modalités particulières de mise en œuvre des programmes nationaux : projet pédagogique), statue sur les propositions des équipes pédagogiques, donne son accord pour l'organisation d'activités éducatives, sportives et culturelles.

C Son financement

Le personnel enseignant dépend du ministère de l'Éducation nationale.
La gestion du matériel, la construction, le personnel (ATSEM), l'entretien et l'aménagement des locaux, sont à la charge de la commune où l'école est implantée.

D L'admission de l'enfant à l'école maternelle

1 Les conditions

L'enfant doit être âgé d'au moins 2 ans, être en bonne santé, être vacciné (au minimum les vaccins obligatoires), être propre et habiter dans le quartier.
À la suite du décret de juillet 2007 supprimant l'obligation de la vaccination contre la tuberculose, **une circulaire précise que le BCG n'est plus exigé pour l'entrée en collectivité** (« il n'y a plus lieu d'exiger la vaccination BCG pour l'inscription : des enfants de moins de 6 ans accueillis dans les écoles maternelles, chez les assistantes maternelles, dans les pouponnières et maisons d'enfants à caractère sanitaire, dans les établissements et services sociaux et médico-sociaux... »).

2 Les documents à fournir pour l'inscription

Les parents doivent se munir du livret de famille, du carnet de santé et du certificat d'inscription délivré par le maire.

E Les personnels

- L'équipe éducative comporte :
– **un directeur et des professeurs des écoles (ou instituteurs)**. Le directeur est chargé de l'organisation matérielle de l'école et des relations avec les parents ;
– **des agents territoriaux spécialisés des écoles maternelles** (ATSEM) qui aident les enseignants pour les tâches matérielles et d'hygiène. Leur rôle auprès des enfants est important.

- Elle peut-être complétée par une auxiliaire de vie scolaire et des agents de service.

- L'équipe éducative travaille en liaison avec les **services de protection maternelle infantile (PMI)** (→ Fiche 9 page 32) et également avec un service spécialisé dépendant du ministère de l'Éducation Nationale, **le réseau d'aide spécialisée aux élèves en difficulté (RASED)**.

Ce réseau est composé de médecins, d'infirmières, de psychologues scolaires, de psychomotriciens et de psychopédagogues, d'instituteurs spécialisés, d'assistantes de service social. Son but est de prévenir l'échec scolaire.

F Le projet d'accueil individualisé (PAI)

Il concerne des enfants atteints de maladies chroniques, d'allergies et d'intolérances alimentaires.
Il leur permet de suivre leur scolarité ou d'être accueillis en collectivités tout en bénéficiant de leur traitement, de leur régime alimentaire ; d'assurer leur sécurité et de compenser les inconvénients liés à leur état de santé.

FICHE 15

La communication appliquée au secteur professionnel

A La communication

La communication est un moyen d'établir une relation avec autrui, de transmettre un message à quelqu'un.

1 La transmission des informations

L'objectif de la transmission

C'est de donner des indications et des informations sur ce qu'on a fait, ce qu'on a entendu et observé. Elle permet un meilleur travail d'équipe, une continuité et une meilleure qualité du service rendu à l'usager.

Les difficultés

La transmission nécessite un tri dans les informations à transmettre, une justesse dans le vocabulaire de l'information et une diffusion assez rapide pour un travail suivi et de qualité.

2 Les différentes formes de communication

Le schéma de la communication

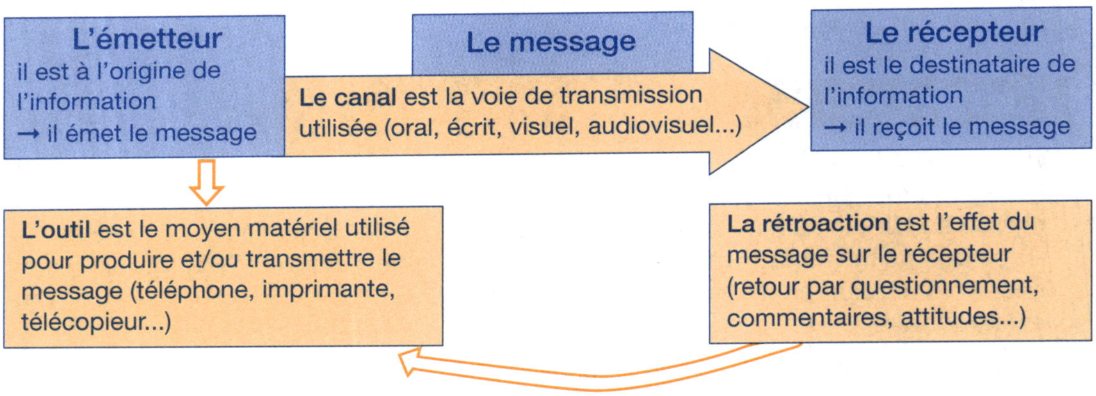

La communication verbale

Elle peut être :

– **fermée**, sous la forme d'un ordre et porteuse d'un rapport d'autorité. C'est la communication la plus fréquemment utilisée dans les rapports hiérarchiques. La réponse attendue ne peut être que l'acceptation ;

– **ouverte**, sous la forme d'un message sollicitant une réponse. Elle permet alors une évolution dans la relation et peut déboucher sur le compromis nécessaire au travail d'équipe.

La communication non verbale

Les signes non verbaux peuvent renforcer le message verbal, ou au contraire en brouiller le sens initial.

Les principaux **paralangages** sont :

– **la posture** : elle informe sur le milieu d'origine, l'éducation, mais elle traduit aussi le niveau d'attention accordée au message) ;

– **le regard** : direct ou fuyant au cours de l'échange ;
– **la distance** entre les personnes : elle varie selon la culture d'origine ;
– **les gestes** : ils accompagnent et amplifient souvent le message ;
– **le toucher** : le contact physique entre deux personnes a un grand poids émotionnel ;
– **les mimiques** ou **expressions du visage** : elles peuvent exprimer la peur, la joie, la méfiance, le dégoût…

■ **La communication écrite**

La communication écrite vise un (ou des) destinataire(s) précis. L'absence de réaction de celui-ci est un frein à la communication.

3 La communication interpersonnelle

On parle de communication interpersonnelle quand deux personnes sont en présence (s'il n'y a qu'une personne, il n'y a pas de communication et s'il y a plus de deux personnes, on parle de communication de groupe).

4 La communication dans un groupe

Le travail en groupe nécessite : une disponibilité aux autres, une ouverture d'esprit, une capacité à innover et à faire évoluer ses idées.

5 Les facteurs favorisant la qualité de l'information

■ **L'appartenance sociale et le groupe de référence** : elle influence le langage (par exemple le médecin), la différence entre les références culturelles (une personne étrangère)…

■ **L'affectivité** : elle joue sur les sentiments des interlocuteurs par les images qu'ils ont l'un de l'autre, leurs émotions, leur timidité…

■ **La finalité de la communication** : un malade angoissé la nuit veut parler à l'infirmière, mais il ne sait pas comment le dire, il peut engager la conversation pour une toute autre raison.

■ **Le contexte** dans lequel se passe la communication.

■ **Le milieu professionnel** ou social concerné.

B Le secret et la discrétion professionnels

1 Le secret professionnel

C'est l'obligation des professionnels à ne pas révéler, sauf cas prévus par la loi, des informations dont ils ont connaissance dans le cadre de l'exercice de leur profession. Toute infraction au secret professionnel est passible de peines correctionnelles selon le code pénal.
Cette obligation s'étend aux élèves, étudiants et collaborateurs et à chaque personne ayant accès aux informations couvertes par le secret : le secret partagé est un secret collectif.

2 La discrétion professionnelle

C'est l'obligation pour le professionnel de ne pas dévoiler, sauf cas prévus par la loi, les faits, informations ou documents, concernant le personnel et l'établissement dont il a connaissance dans le cadre de ses fonctions.

Entraînement 1 Sciences médico-sociales

1. De quelle quantité de sommeil a besoin un enfant de 1 an ?
2. Citer 4 manières de stimuler l'apprentissage de la marche.
3. Quelles sont les conditions nécessaires à l'acquisition de la propreté ?
4. Comment peut-on stimuler le langage chez le jeune enfant ?
5. Par quelle collectivité territoriale est édité le carnet de santé ?
6. Quel organisme verse les prestations familiales liées à la présence d'un enfant dans une famille ?
7. Définir l'autorité parentale.
8. Définir la filiation.
9. Par qui l'autorité parentale peut-elle être exercée ?
10. À quoi correspond le droit de garde ?
11. Quel est l'agent responsable de la gale ?
12. Quelles sont les phases d'évolution d'une maladie infectieuse ?
13. Quelles sont les maladies infantiles ?
14. Définir le secret professionnel.
15. Quels sont les signes qui peuvent signaler la présence de poux chez l'enfant ?
16. Définir le schéma corporel.
17. Quel est le service du département qui participe à l'utilisation du carnet de santé ?
18. Quelle collectivité délivre l'agrément de l'assistant maternel ?
19. Citer des vaccins obligatoires.
20. Que veulent dire les initiales ASE ?

voir corrigé p. 103

2

Biologie générale et appliquée

FICHE 1 L'organisation du corps humain

A Les fonctions du corps humain

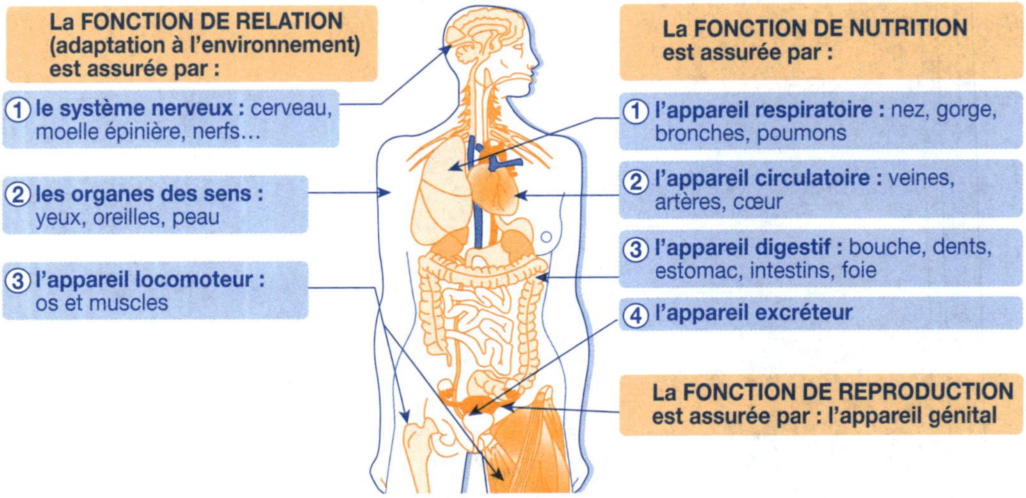

B L'organisation du corps en appareils

Ils permettent à l'organisme de se nourrir, de respirer, de se déplacer et de se reproduire.

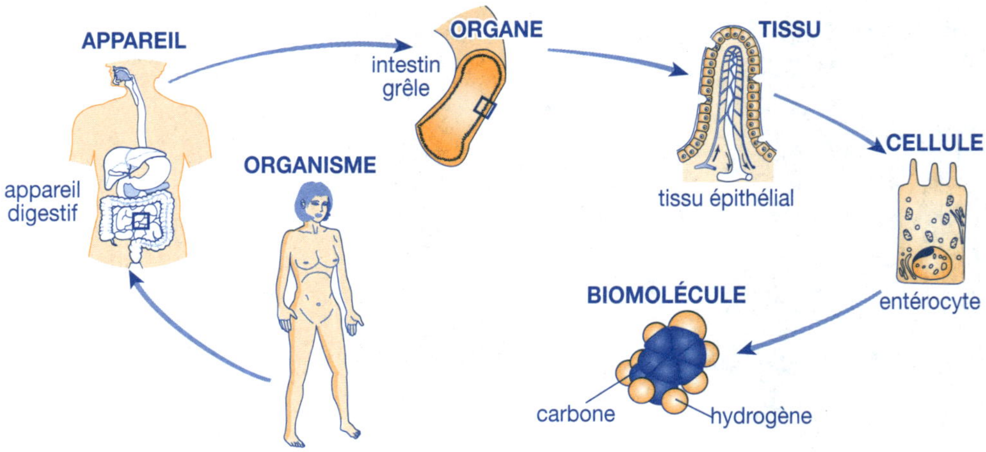

Les niveaux d'organisation du corps humain.

- **Un appareil** est constitué de plusieurs organes en relation qui jouent un rôle complémentaire et participent à une même fonction.
- **Un système** est constitué de plusieurs organes en relation ayant des fonctions multiples.
- **Un organe** est une masse individualisée dans l'organisme, formée de plusieurs tissus, qui exerce une fonction déterminée.

C Les deux familles de tissus de l'organisme

Un tissu est un ensemble de cellules semblables qui participent en commun à une fonction déterminée.

1 Les tissus épithéliaux ou épithéliums

Ils sont constitués de cellules jointives, juxtaposées. Elles peuvent être absorbantes (microvillosités augmentant les surfaces d'échange, ex.intestin) ; ciliées (pour faire remonter les substances, ex.voies respiratoires) ou sécrétrices (dans les épithéliums glandulaires, l'appareil de Golgi est très développé).

- **Les tissus épithéliaux de revêtement** recouvrent l'organisme ou tapissent les cavités ouvertes sur l'extérieur.
- **Les tissus épithéliaux glandulaires** fabriquent et rejettent des substances spécifiques, ils sont appelés glandes.

2 Les tissus conjonctifs

Ce sont les tissus internes de l'organisme, formés de cellules dispersées dans une substance fondamentale parcourue par un réseau de fibres (la matrice extra-cellulaire). Ils sont recouverts d'un épithélium et assurent un rôle de soutien et d'emballage des autres tissus.
Il existe différentes classes de tissus conjonctifs : le tissu conjonctif lâche (tissu de réserve) ; le tissu conjonctif dense ; le cartilage ; le tissu osseux ; le tissu sanguin ; le tissu musculaire ; le tissu nerveux.

Les épithéliums et les tissus conjonctifs sont associés dans l'organisme. Selon l'endroit qu'ils tapissent, leur association porte un nom différent :
– **une muqueuse** recouvre les organes en contact avec le milieu extérieur (exemples de muqueuses : nasale, buccale, pulmonaire, stomacale, intestinale, anale, vaginale) ;
– **une séreuse** recouvre une cavité ne communiquant pas avec l'extérieur (exemples : le péritoine, la plèvre).

D La structure de la cellule

Elles ont des formes différentes selon le tissu qu'elles constituent.
Chaque cellule humaine comporte **23 paires de chromosomes** (soit 46 chromosomes dans chaque cellule), sauf les cellules sexuelles.
Les gamètes mâles (les spermatozoïdes) et les gamètes femelles (les ovules) contiennent 23 chromosomes. Ils pourront ainsi, lors de leur rencontre, former une cellule œuf à 46 chromosomes.
Les cellules sont capables de se reproduire, c'est **la mitose ou multiplication cellulaire** : une cellule donne naissance à 2 cellules filles identiques entre elles et identiques à la cellule mère.

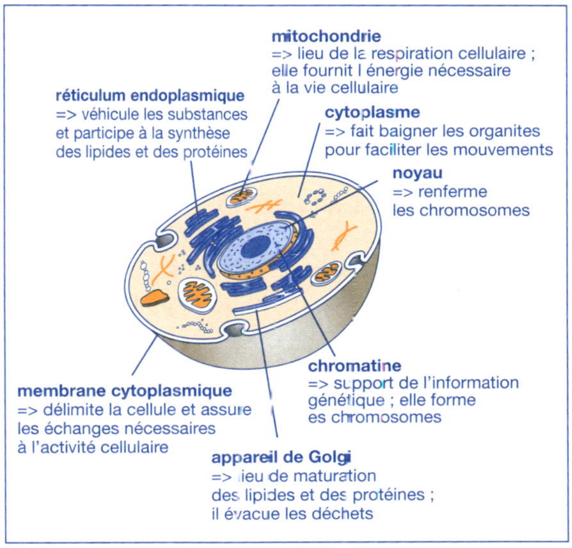

FICHE 2 La peau

La peau fait partie des organes des sens. Elle recouvre le corps.

A La structure de la peau

Elle est composée de 3 couches : l'épiderme, le derme et l'hypoderme.

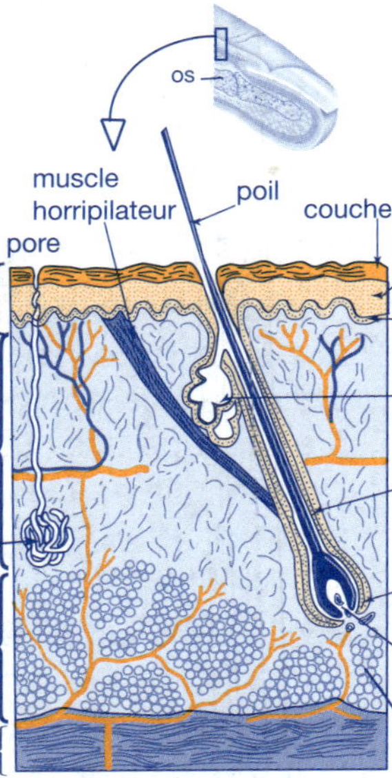

L'épiderme

C'est un **épithélium stratifié** non vascularisé (c'est-à-dire dépourvu de vaisseau sanguin) qui est composé de 3 couches :
- **la couche cornée** : située au-dessus, elle est constituée de cellules mortes (squames ou pellicules) ;
- **la couche vivante** : située au milieu, elle contient les cellules remplies de kératine ;
- **la couche basale** : la plus profonde, elle contient les pigments de la peau.

Les 3 types de cellules qui composent l'épiderme sont : les kératinocytes, les mélanocytes et les cellules de Langerhans.

Le derme

Il se trouve sous l'épiderme. C'est un **tissu conjonctif dense** ; il contient :
- de nombreux **vaisseaux sanguins** et lymphatiques ;
- des **fibres nerveuses ;**
- des **fibroblastes** (cellules produisant les fibres d'élastine et de collagène).

L'hypoderme

Il se trouve sous le derme. C'est un **tissu conjonctif** qui amortit les chocs et isole les organes. Il contient des **cellules adipeuses** (qui servent de réserve nutritive).

La peau comprend également d'autres éléments :
- **les poils**, composés d'une racine appelée « **bulbe du poil** » (qui contient le pigment qui colore le poil), d'une **papille pileuse** qui nourrit le poil à sa base et d'un **muscle horripilateur** sur lequel est accroché le poil (« chair de poule ») ;
- **les ongles**, qui protègent l'extrémité des doigts et des orteils et aident à saisir les objets ;
- **les glandes sébacée**, qui sécrètent **le sébum** (il lubrifie, assouplit la peau et les poils et possède un rôle bactéricide) ;
- **les glandes sudoripares**, qui sécrètent **la sueur** (légèrement salée, elle contient de l'eau, des sels minéraux, de l'urée).

B Les rôles de la peau

Les 3 types de sensibilités tactiles :
- le toucher précis, détecté par les disques de Merkel ;
- le contact léger, ressenti par les corpuscules de Messner ;
- la pression et la vibration (coup), qui excite les corpuscules de Pacini.

■ La sensibilité thermique

– Les corpuscules de Krause sont sensibles **au froid.**
– Les corpuscules de Ruffini sont sensibles **au chaud.**

■ La sensibilité douloureuse

Les terminaisons nerveuses réagissent à la douleur.

■ La thermorégulation et l'excrétion

La peau a pour rôle de maintenir la température du corps à 37 °C, grâce :
– au tissu adipeux, qui est un isolant thermique ;
– à l'évaporation de la sueur, qui refroidit le corps ;
– à la vasoconstriction et à la vasodilatation des vaisseaux sanguins, qui régulent la vitesse du sang pour modérer les pertes de chaleur.

■ La respiration

Elle se fait par la surface de la peau (10 % des échanges gazeux de l'organisme se font par la peau).

■ La protection contre les agressions

– Une protection **physique** : la peau amortit des chocs protégeant les muscles et les os.
– Une protection **chimique** : la peau est imperméable à l'eau.
– Une protection **contre les microbes** : le sébum et la sueur forment une couche acide sur la peau (action bactéricide) et une flore cutanée est présente en surface (ensemble des microorganismes présents sur la peau).
– Une protection **contre le rayonnement solaire** : la mélanine (qui colore la peau), protège notre peau des rayons ultraviolets du soleil.

■ La production de vitamine D

Sous l'action des rayons (ultraviolets) du soleil, les cellules de l'épiderme transforment le cholestérol en vitamine D, indispensable pour assimiler le calcium.

C L'hygiène et la protection de la peau

1 L'hygiène de l'enfant

La toilette de l'enfant est très importante, notamment celle du siège (lors des changes et du bain), car le contact de la peau avec les selles et l'urine contenues dans la couche peut provoquer **un érythème fessier** (inflammation de la peau).
Il est donc important de changer régulièrement les couches du nourrisson (au moins cinq fois par jour), afin que ses fesses restent propres et le plus souvent sèches. Il faut laver ses fesses sans frotter, à l'eau et au savon (utiliser des produits hypoallergisants) et les sécher en tamponnant. L'enfant peut être laissé les fesses à l'air dès que possible.

2 La protection de la peau de l'enfant

■ Contre les agressions solaires (coups de soleil, vieillissement de la peau et cancers) : il faut éviter de mettre l'enfant au soleil durant les premières années de sa vie (éviter les sorties entre 10 et 15 heures, lorsque les rayons UVB sont les plus intenses) ; privilégier l'ombre et mettre un parasol sur la poussette ; couvrir l'enfant avec des vêtements appropriés (dont le tissu est dense, on ne doit pas pouvoir voir à travers) ; protéger l'enfant au moyen d'un écran solaire ; lui mettre des lunettes de soleil…

■ Contre le froid : il faut couvrir l'enfant lors des sorties et bien hydrater sa peau (pour éviter les gerçures, les engelures, les gelures).

■ Contre la chaleur : il faut éviter tout contact avec des produits inflammables (brûlure thermique) ou des produits caustiques (brûlure chimique).

FICHE

3 L'organisation du système nerveux

Le système nerveux contrôle l'ensemble de l'organisme. Il permet à l'homme de s'adapter à son environnement.
Le système nerveux est composé de **deux systèmes** :
– le **système nerveux cérébro-spinal** (sous l'influence de notre volonté) ;
– le **système nerveux végétatif** (indépendant de notre volonté, il régule nos fonctions vitales ; il est sous le contrôle de l'hypothalamus).

A L'organisation du système nerveux cérébro-spinal

Le système nerveux cérébro-spinal comprend :

■ **Le système nerveux central :** il est composé de 2 centres nerveux, l'encéphale et la moelle épinière. L'encéphale comprend 3 parties : **le cerveau** (divisé en 2 hémisphères), le **cervelet** et le **tronc cérébral**. La moelle épinière se trouve dans la colonne vertébrale, logée dans le canal rachidien.

■ **Le système nerveux périphérique :** il comprend 12 paires de **nerfs crâniens** (qui relient le cerveau aux organes des sens) et 31 paires de **nerfs rachidiens** (qui sortent de chaque côté de la colonne vertébrale et relient la moelle épinière avec l'ensemble des muscles et des récepteurs sensitifs du tronc et des 4 membres).

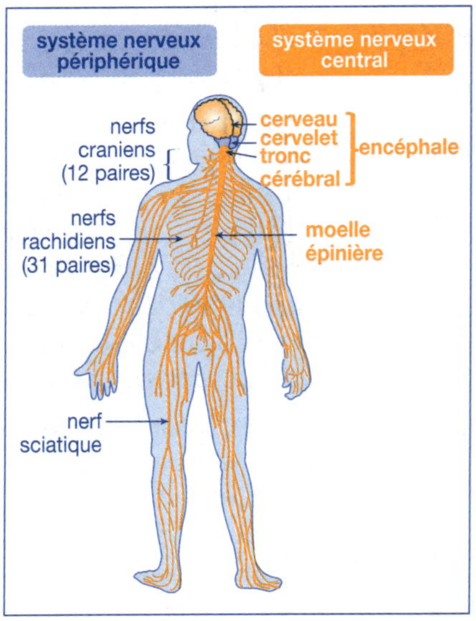

B Le tissu nerveux et la structure d'un nerf

Le tissu nerveux est composé de 2 types de cellules : **les neurones** (les cellules nerveuses) et les **cellules gliales** (qui protègent et nourrissent les neurones). Ce sont des cellules qui ne se reproduisent pas.

■ **Les neurones et les nerfs**
Les neurones sont formés : d'un **corps cellulaire** (contenant le noyau de la cellule), de **dendrites** et d'un **axone** (se terminant par une arborisation terminale).
Un nerf est formé d'un ensemble d'axones entourés de tissu conjonctif. Ces fibres sont regroupées en faisceaux, chaque faisceau étant entouré d'une membrane.

■ **Les cellules gliales**
Les **astrocytes** nourrissent les neurones et les **cellules de Schwann** s'entourent autour des axones pour isoler les neurones les uns des autres (formant la **gaine de myéline** et la **gaine de Schwann**).

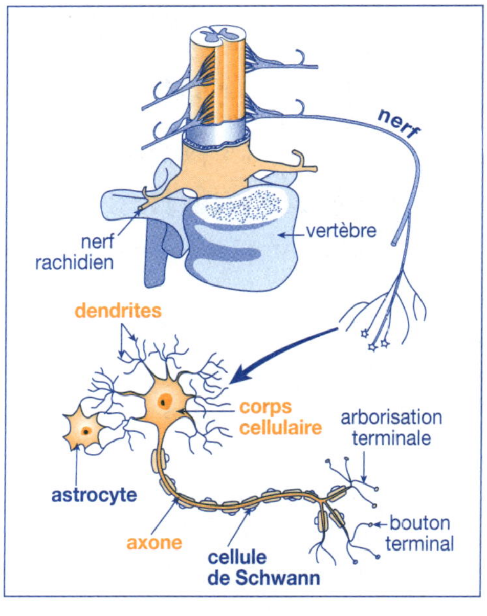

C La communication nerveuse

■ **Le neurone** a 2 propriétés :
– **l'excitabilité** (il engendre l'influx nerveux suite à une excitation, un stimulus) ;
– **la conductibilité** (il conduit l'influx nerveux).

La stimulation peut être thermique, douloureuse, chimique, lumineuse ou sonore.

■ **Le neurone transmet toujours l'influx nerveux dans le même sens** : des dendrites (qui captent la stimulation) vers le corps cellulaire, puis vers l'axone jusqu'à l'arborisation terminale.

■ Les **neurones sensitifs afférents** conduisent l'influx nerveux de la périphérie (des récepteurs sensoriels) vers les centres nerveux.

■ Les **neurones moteurs efférents** conduisent l'influx nerveux des centres nerveux vers la périphérie (muscles et glandes).

■ Les neurones reliant 2 neurones entre eux sont appelés des **neurones d'association**.

■ **La synapse est la jonction entre deux cellules d'un circuit nerveux** : synapse entre deux neurones, synapse entre un neurone et une cellule musculaire ou synapse entre un neurone et une glande.

■ **Les neurotransmetteurs** sont des substances chimiques synthétisées par le neurone et libérées dans la fente synaptique pour permettre le passage de l'influx nerveux sur l'élément post-synaptique (soit un neurone, soit une cellule musculaire, soit une glande).

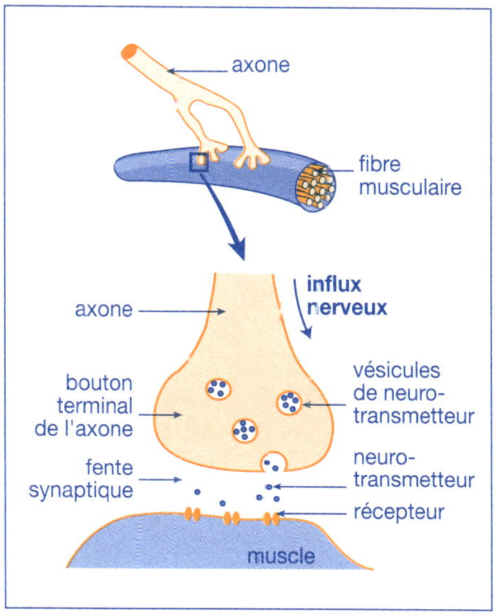

Synapse entre un neurone moteur efférent et une cellule musculaire.

D L'activité réflexe et l'activité volontaire du système nerveux

Elles sont toutes deux sous le contrôle de nos 5 organes des sens (→ Fiche 4 p. 54).

■ **L'activité réflexe**

L'activité réflexe est une réponse motrice **involontaire**, automatique et immédiate en réponse à une stimulation.

Les réflexes **innés** existent dès la naissance (réflexes archaïques, de retrait…) et les réflexes **acquis** résultent de l'éducation et de l'apprentissage (la conduite automobile, la pratique du vélo…). Le circuit nerveux d'un acte réflexe s'appelle **l'arc réflexe**.

■ **L'activité volontaire**

C'est un acte voulu et conscient qui implique une phase sensorielle, une phase centrale et une phase motrice. L'activité volontaire peut être d'ordre moteur.

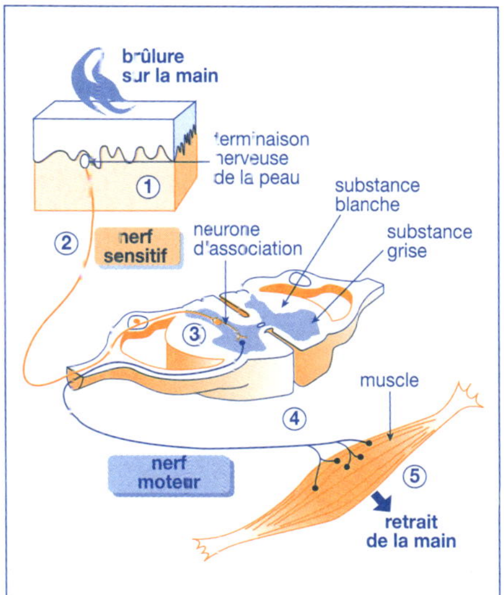

FICHE 4 L'activité sensorielle : la vue et l'ouïe

L'activité sensorielle est liée aux organes des sens : **les yeux (la vue), le nez (l'odorat), la langue (le goût), la peau (le toucher) et les oreilles (l'ouïe).**

A L'œil

L'œil est l'organe de la vue, c'est un organe des sens.

1 L'anatomie de l'œil

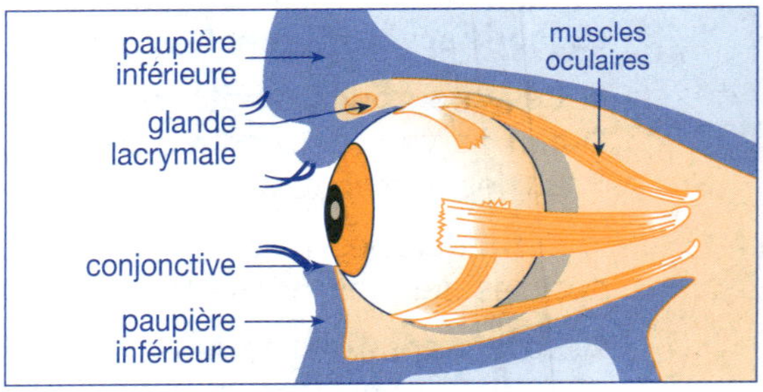

Les annexes de l'œil

Les yeux se trouvent dans **les orbites.**
Ils se composent :
– d'organes annexes **de protection** : les paupières, la conjonctive, les glandes tarsales, les glandes ciliaires et les glandes lacrymales (qui produisent les larmes) ;
– d'organes annexes **de motricité** : les muscles oculaires, qui permettent à l'œil de bouger dans l'orbite.

Le globe oculaire

Il est constitué de **3 membranes** superposées : la sclérotique, la choroïde et la rétine.
– La membrane externe, appelée **la sclérotique** (le blanc de l'œil), est un tissu conjonctif dense. À l'avant de l'œil, elle devient transparente et forme **la cornée.**
– La membrane intermédiaire, appelée **la choroïde**, est un tissu conjonctif fin très vascularisé. À l'avant de l'œil elle devient l'**iris.**
– La membrane interne, appelée **la rétine**, est fragile, jaunâtre et transparente. Elle est composée de **cellules nerveuses photoréceptrices** concentrées dans la tache jaune (**macula**).
Les fibres des cellules nerveuses se rejoignent pour former **le nerf optique** (le point de départ du nerf optique correspond au point aveugle, il n'y a pas de photorécepteurs à cet endroit).

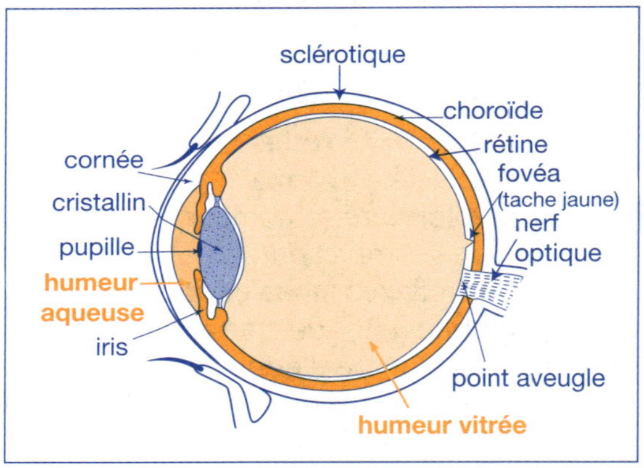

Le globe oculaire est également composé de **4 milieux transparents** :
– **l'humeur aqueuse** : un liquide incolore ;
– **le cristallin** : une lentille biconvexe, capable de changer de forme (formée de fibres élastiques) ;
– **le corps vitré** : une gelée transparente qui donne sa forme au globe oculaire ;
– **la cornée :** transparente.

2 La perception et la transmission des images

Le trajet de la lumière

La lumière est constituée de **photons.** Un faisceau lumineux peut changer de milieu (de l'air à l'eau par exemple) et subir une déviation, on parle alors de **phénomène de réfraction de la lumière.** Au niveau de l'œil**, la lumière est déviée 3 fois** dans la cornée (2 fois dans le cristallin).

La mise au point des images

La formation d'une image floue sur la rétine déclenche **3 actions réflexes** :
– **la convergence**, qui est la possibilité de fixer avec les 2 yeux un même objet ;
– **le réflexe de la pupille**, qui permet de régler la quantité de lumière arrivant sur la rétine (moins il y a de lumière, plus la pupille se dilate) ;
– **l'accommodation**, qui correspond à la modification de la courbure du cristallin en fonction de la distance de l'objet observé.

Le rôle de la rétine

La lumière entre dans l'œil jusqu'à atteindre **la rétine** où elle stimule **les photorécepteurs.** Ces cellules nerveuses de la rétine, appelées **cônes et bâtonnets** captent les photons (c'est la photo-réception). Ils déclenchent alors des réactions chimiques et électriques qui **traduisent l'image en influx nerveux** qui est ensuite transmis dans le nerf optique.
Les cônes permettent **la vision des couleurs** et les bâtonnets sont **sensibles à la lumière.**

La transmission de l'image au cerveau

Les axones des 2 nerfs optiques se rejoignent. Les axones vont au thalamus (**centre d'analyse des mouvements**) puis au cortex visuel où **l'image est reconnue** (il existe les aires sensitives primaires pour l'identification de l'objet et les aires visuelles associatives permettant la reconnaissance des objets…).

Définition

- **L'acuité visuelle** correspond au degré d'aptitude de l'œil à distinguer 2 points distincts (c'est la qualité de l'image qui se mesure sur 10).
- **Le champ visuel** : c'est l'étendue de ce que l'on peut voir avec les yeux immobiles.
- **La vision binoculaire** : c'est la fusion de 2 images permettant de voir en relief (profondeur et distance), d'où la possibilité de prendre des objets.

3 Les anomalies de la vision

Avec **le vieillissement**, l'œil devient moins flexible (**presbytie**) et moins transparent (**cataracte**). Certaines anomalies sont dues à **une déformation de l'œil : la myopie** (difficulté à voir au loin), l'**hypermétropie** (difficulté à voir de près) et l'**astigmatisme** (image déformée).

B L'oreille

L'oreille est l'organe de l'ouïe (la perception des sons), c'est un organe des sens. C'est aussi l'organe de l'équilibre. Les sons sont les stimuli de l'audition.
L'oreille comprend 3 parties : **l'oreille externe**, **l'oreille moyenne** et **l'oreille interne.**

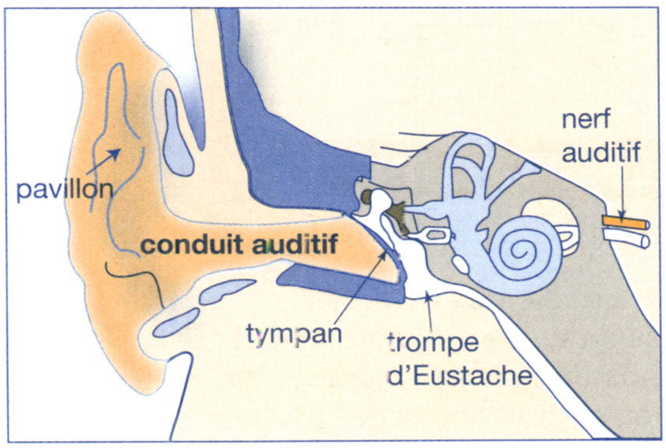

FICHE 5

L'organisation de l'appareil locomoteur

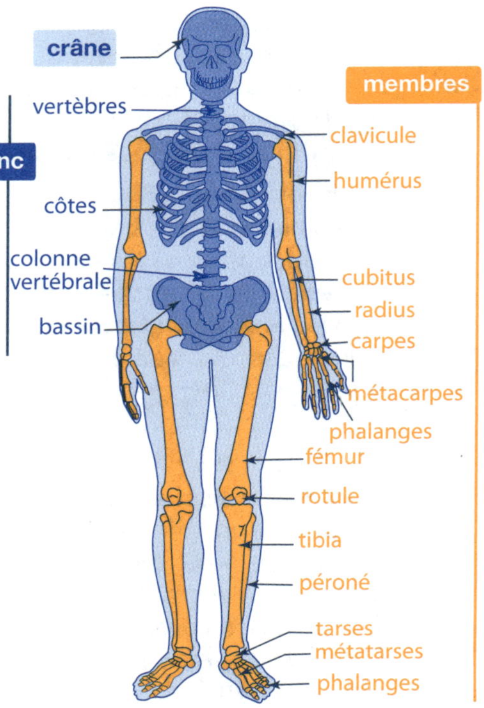

A Le squelette et les os

■ Le squelette

Le squelette humain compte 206 os. Ils composent **le crâne** (les 8 os de la boîte crânienne, les 5 os de la face, l'os de la mâchoire inférieure), **le tronc** (33 vertèbres de la colonne vertébrale, 12 côtes, 1 sternum, 1 bassin, 2 clavicules, 2 omoplates), **les membres inférieurs et supérieurs.**

■ Les 3 types d'os

– Les **os plats** : ex. les os du crâne, les côtes, l'omoplate.
– Les **os courts** : ex. les vertèbres, les os du carpe et du tarse.
– Les **os longs :** ex. l'os de la jambe, du bras, de la ceinture pelvienne, les phalanges.

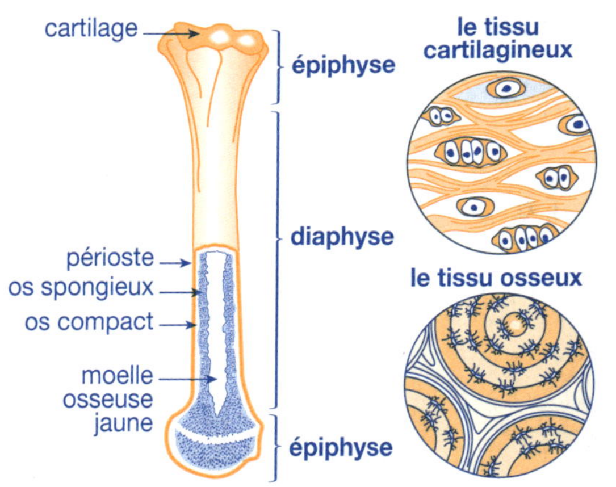

■ La structure d'un os long

Les os de notre squelette sont formés de tissu osseux et de tissu cartilagineux.
Le **tissu osseux** est composé de **l'os compact** et de **l'os spongieux.**
L'os contient à la fois des substances organiques (osséine) et des substances minérales (calcium et phosphore pour la dureté de l'os).

B Les muscles

L'activité du muscle est soit volontaire, soit involontaire (réflexe).

■ Le rôle des muscles

Ils produisent **le mouvement** grâce aux contractions musculaires, ils **maintiennent la posture**, ils **stabilisent les articulations** en les renforçant, ils **dégagent de la chaleur** (en se contractant, les muscles produisent de l'énergie sous forme de chaleur qui est utilisée par le corps pour le maintenir à 37 °C).

■ La classification des muscles

– **Selon leur forme :** les muscles **en fuseau** (ou longs), les muscles **en éventail** (ou plats, ou larges), les muscles **en anneau** (ou annulaires, ou circulaires).
– **Selon leur localisation dans le corps humain :** les muscles **lisses** (ce sont les muscles

viscéraux, involontaires, blancs ; ils sont composés de cellules allongées, non striées et non colorées par la myoglobine), le muscle **cardiaque** (un muscle strié rouge, il fonctionne de façon autonome) et les muscles **squelettiques** (qui sont les muscles striés et rouges, rattachés aux os).

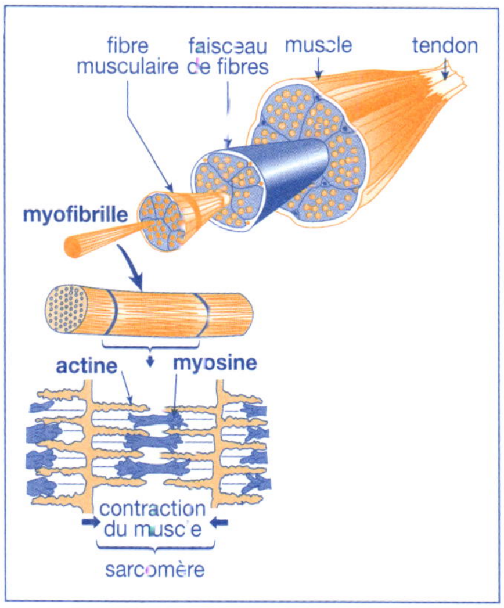

■ **L'organisation générale du muscle strié**
Le muscle strié est composé d'un **ensemble de faisceaux** séparés par **une gaine conjonctive**.
Les faisceaux sont constitués de **cellules musculaires** ou fibres musculaires. Chaque cellule musculaire est composée de **myofibrilles** parallèles entre elles.
Chaque myofibrille est composée de **filaments clairs et de filaments sombres** disposés en alternance : des bandes **d'actine et de myosine**.

■ **Les propriétés des muscles**
Le muscle a cinq propriétés essentielles : **l'excitabilité, la contractilité, l'élasticité, la tonicité, la fatigabilité.**

C Les articulations : types et structure

Les articulations sont les **points de contact entre deux ou plusieurs os.** On les classe selon deux critères : leur mobilité et leur structure.

■ **En fonction de leur degré de mobilité :**
– les articulations mobiles permettent la flexion, l'extension, la rotation (ex. entre les os des membres inférieurs et supérieurs, articulation des os de la hanche…) ;
– les articulations semi-mobiles permettent les mouvements de faible amplitude (ex. articulation des vertèbres) ;
– les articulations immobiles pour lesquelles aucun mouvement entre les os n'est possible (ex. os du crâne).

■ **En fonction de leur structure :**
– les articulations synoviales : elles sont très mobiles (ex. genou, main, hanche) ;
– les articulations cartilagineuses : elles sont semi-mobiles (ex. vertèbres, symphyse pubienne) ;
– les articulations fibreuses : elles sont immobiles (ex. os du crâne).

D Étude des mouvements

■ Le système nerveux central (encéphale et moelle épinière) **reçoit les influx nerveux sensitifs**, les traite, puis transmet et disperse **les influx nerveux moteurs** (excitations) vers les muscles afin de permettre une réponse : la **contraction du muscle.**

■ Le **neurone moteur**, appelé **motoneurone**, excite en même temps toutes les fibres musculaires du muscle. Ainsi tout le muscle peut se contacter en même temps.

■ Le mécanisme de la marche est en grande partie automatique.

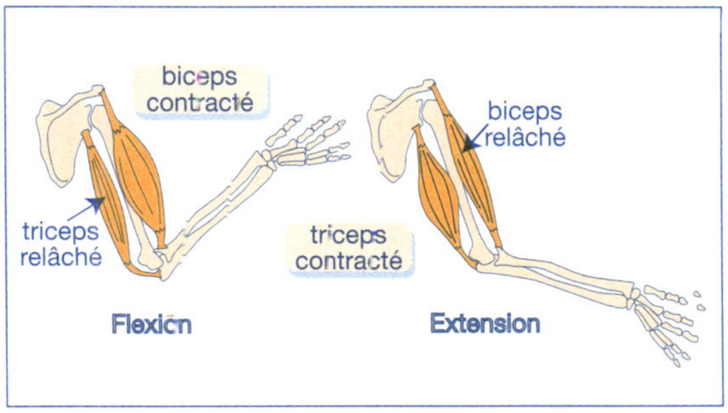

La mécanique du mouvement.

FICHE 6 La croissance et l'hygiène de l'appareil locomoteur

A L'évolution du squelette et du corps durant la croissance

L'ossification commence chez l'embryon et continue tout au long de la vie.
Les indices de maturation osseuse sont : la fermeture des fontanelles, le développement des points d'ossification, la dentition.

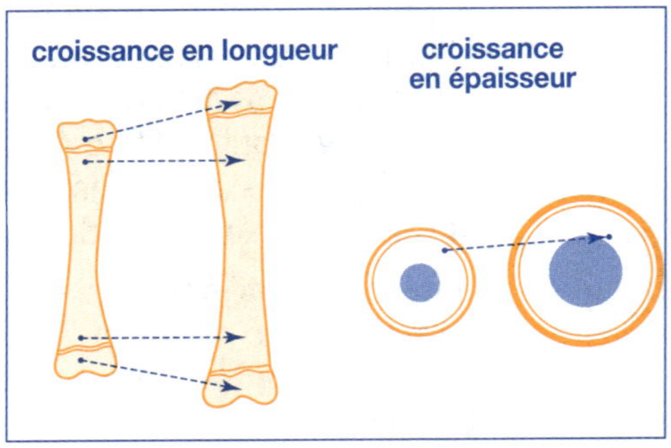

1 La croissance des os

À la naissance, les os sont des ébauches cartilagineuses. Au cours de l'enfance et de l'adolescence, les os longs s'allongent sous l'effet de la croissance des cartilages de conjugaison et s'épaississent. La croissance des os s'achève à la fin de l'adolescence ou au début de l'âge adulte (vers 25 ans).

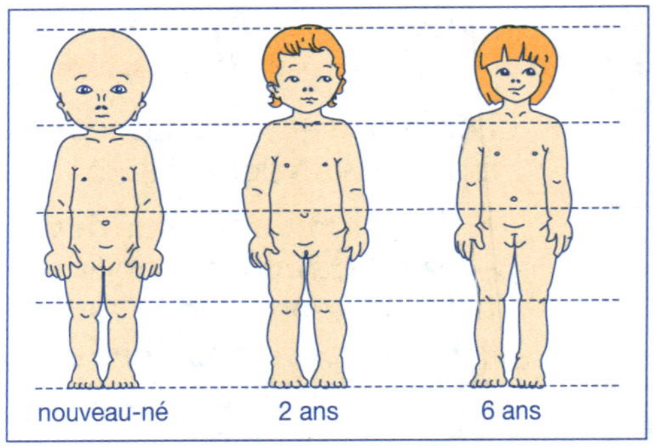

2 L'évolution de l'aspect morphologique

Les proportions du corps (le rapport des segments : segment inférieur et segment supérieur) et la posture changent pendant la croissance.

3 Les points d'ossification (ébauches osseuses)

Le **nombre de points d'ossification** permet de connaître **la maturation osseuse** (= âge osseux). En l'absence de troubles, l'âge osseux doit correspondre à l'âge réel de l'enfant.
La maturation osseuse varie selon les individus et selon leur sexe (l'ossification est plus rapide chez la fille que chez le garçon).
Le nourrisson présente au niveau du crâne des espaces membraneux dont l'ossification n'est pas accomplie. Ces espaces sont appelés **fontanelles**. La fontanelle postérieure se ferme vers 4 mois et la fontanelle antérieure se ferme vers 18 mois.

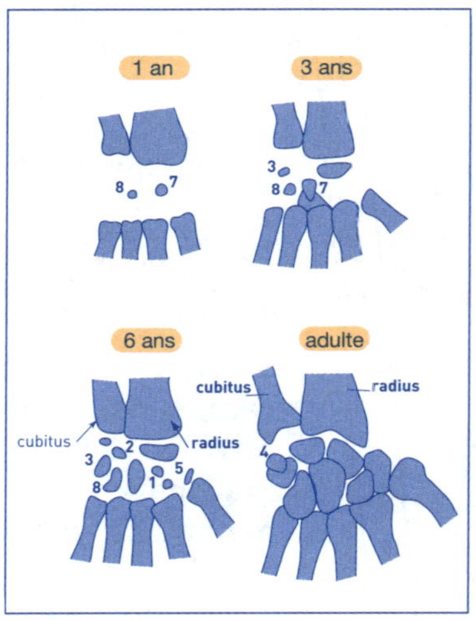

Les os du poignet à différents âges

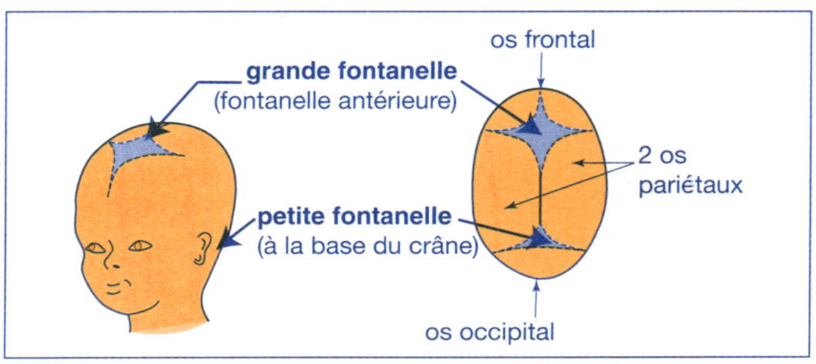

B Les facteurs de croissance osseuse

La croissance est soumise à de nombreux facteurs.

■ **Le facteur génétique** : une malformation ou une maladie héréditaire peut modifier la croissance.

■ **Le facteur hormonal** : l'hormone de croissance, l'hormone thyroïdienne et les hormones sexuelles stimulent la croissance osseuse.

■ **Le facteur diététique** : une alimentation équilibrée favorise une bonne croissance :
– le **calcium** et le **phosphore** assurent la dureté des os ;
– la **vitamine A** favorise la croissance par la prise de poids ;
– la **vitamine D** favorise la croissance en permettant la fixation du calcium et du phosphore sur les os. Une carence provoque des troubles de la croissance (ex. rachitisme).
– les **glucides**, les **acides aminés** et les **sels minéraux** permettent la croissance osseuse.

■ **Le facteur mécanique** : une activité physique adaptée en quantité et en qualité stimule la croissance osseuse et également le sommeil (→ Fiche 3 p. 52).

C Le rachitisme

Le rachitisme est une maladie observée chez le nourrisson et le jeune enfant (entre 6 et 18 mois), qui touche le squelette en empêchant la calcification des os.

■ **Les causes de rachitisme**
Les principales causes du rachitisme sont des apports insuffisants en vitamine D et en calcium.

■ **Les moyens de prévention**
Pour prévenir le rachitisme, il faut une exposition régulière au soleil, un apport suffisant de laitages et l'administration régulière de vitamine D de la naissance jusqu'à l'âge de 18 mois à 2 ans.

D Déformations du squelette et ergonomie

■ **Les principales déformations**

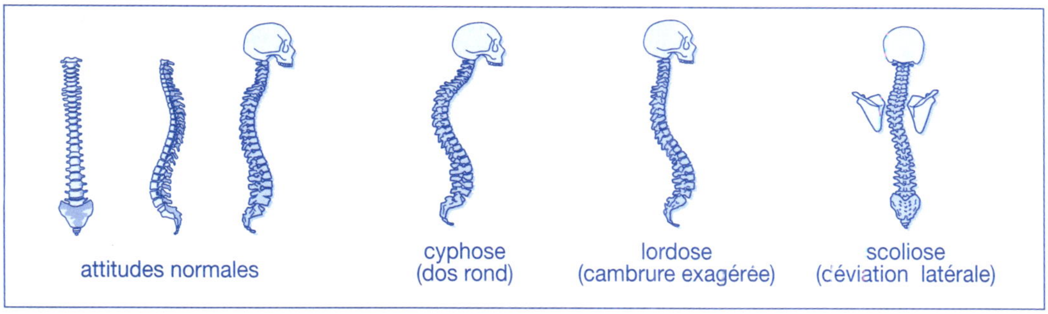

■ **La prévention**
Elle repose essentiellement sur **l'ergonomie** qui évite la fatigue, les douleurs et pathologies ostéo-articulaires, la pénibilité du travail et assure la sécurité et le confort de l'usager.
Pour cela, il faut avoir des **gestes et postures adaptées** et il faut **organiser le poste de travail.**

FICHE

7 La circulation sanguine

A La composition du sang et son rôle

Le **sang** est un tissu dans un liquide (le **plasma**) qui est en mouvement : il circule grâce à la pompe cardiaque (= le cœur).

■ **Les cellules spécialisées du sang**
– **Les hématies** (ou globules rouges) transportent les gaz respiratoires (dioxygène et dioxyde de carbone).
– **Les leucocytes** (ou globules blancs) sont les lymphocytes, les polynucléaires (ou granulocytes) et les monocytes. Ils interviennent dans la réponse de l'organisme à une infection microbienne.
– **Les thrombocytes** (ou plaquettes sanguines) jouent un rôle important dans la coagulation du sang et constituent le 1er barrage contre l'invasion microbienne.

■ **Le plasma** dans lequel circulent les cellules spécialisées est composé en grande partie d'eau et de substances organiques et minérales.

■ **L'hémostase** correspond à la faculté que possède l'organisme d'arrêter une hémorragie et de contrôler la fluidité du sang. Elle se décompose en deux temps : la constitution d'un bouchon, **le clou plaquettaire** (qui obstrue la lésion du vaisseau) et la **coagulation du sang**, ce qui forme **un caillot.**

B Les groupes sanguins

1 Le système ABO

■ À la surface des globules rouges, on trouve des glycoprotéines, l'**antigène A et l'antigène B**. Leur présence sur les hématies permet de déterminer **quatre groupes sanguins** : **groupe A** (hématies porteuses de **l'antigène A**), **groupe B** (hématies porteuses de **l'antigène B**), **groupe AB** (hématies porteuses **des antigènes A et B**) et **groupe O** (hématies ne **portant ni A ni B**).

■ Dans le plasma, il existe des anticorps dits **naturels (les agglutinines**) réagissant soit aux hématies porteuses de l'antigène A (les **anticorps anti-A**), soit aux hématies porteuses de l'antigène B (les **anticorps anti-B**).

2 Le système rhésus

Le principal antigène qui détermine si l'individu est rhésus positif (Rh+) ou rhésus négatif (Rh-), est **l'antigène D**.

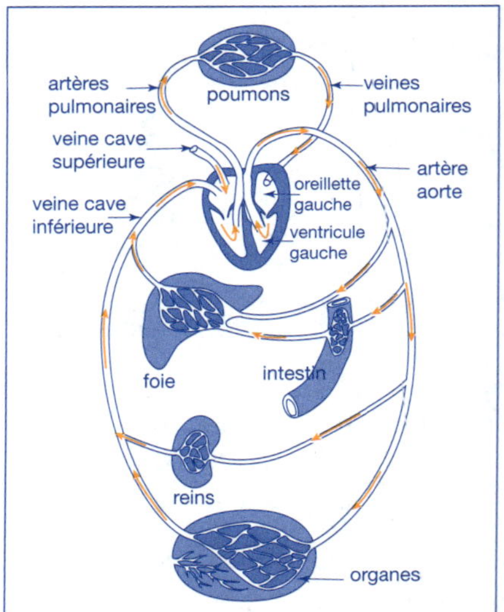

C Le cœur et la circulation du sang

1 Une double circulation

La circulation du sang comprend la petite circulation (ou **circulation pulmonaire**) et la grande circulation (ou **circulation systémique**). Le sang circule toujours dans le même sens.

Une cloison interauriculaire et interventriculaire **sépare** totalement **le cœur** en deux parties qui ne communiquent pas. Le sang entre dans le cœur par les veines et ressort par les artères.

2 La pompe cardiaque

Le **cœur** est un **muscle** creux qui se contracte rythmiquement (en moyenne 70 fois par minute). Il succède à la contraction (la **systole**), une phase de repos (la **diastole**). Elles forment la **révolution cardiaque.**

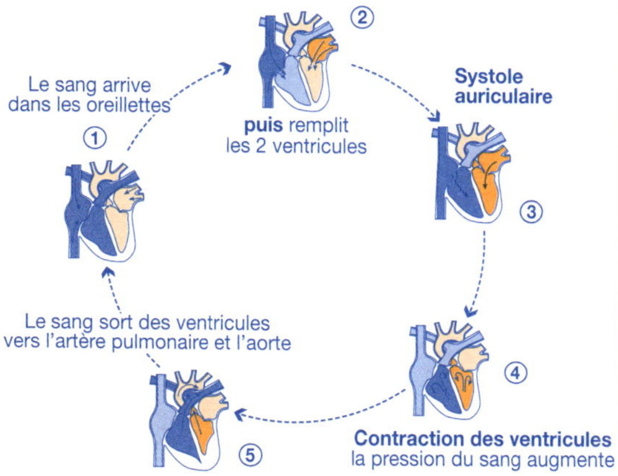

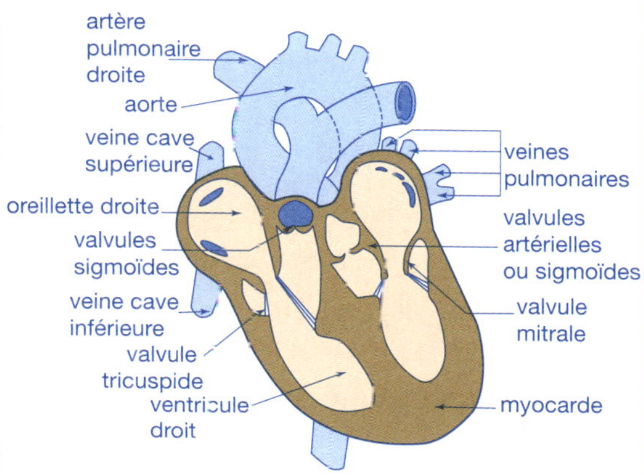

3 Les vaisseaux sanguins

- **Les artères :** elles conduisent le sang du cœur vers les organes. Les artères venant du cœur se ramifient en vaisseaux plus petits (les artérioles) qui assurent l'alimentation de tous les organes.
- **Les capillaires :** ils relient les artères aux veines.
- **Les veines :** elles ramènent le sang des organes vers le cœur.

D Dysfonctionnements, hygiène et prévention

- **Les maladies cardiovasculaires** : ex. accident vasculaire cérébral (AVC), infarctus du myocarde, artériopathie des membres inférieurs, phlébite.
- **Les anomalies congénitales** : ex. la persistance du canal artériel, la communication interventriculaire ou interauriculaire (la « maladie bleue »), la tétralogie de Fallot.
- **Les hémorragies** : elles sont soit **externes** (plaies cutanées ou hémorragies d'organes internes en relation avec l'extérieur) soit **internes** (l'épanchement se fait à l'intérieur des tissus, ou à l'intérieur des cavités fermées).
- **L'hygiène de l'appareil circulatoire** repose sur une hygiène alimentaire correcte, l'absence de tabagisme, l'absence de surmenage (et de stress), la pratique d'une activité physique régulière, la prévention des troubles veineux des membres inférieurs…

FICHE

8 L'appareil respiratoire

A L'anatomie de l'appareil respiratoire

L'appareil respiratoire est composé des **poumons** et des **voies aériennes.**

1 Les voies aériennes

■ **Les fosses nasales** : elles sont tapissées d'une muqueuse qui **réchauffe et humidifie** l'air inspiré. Elles possèdent des **poils** qui arrêtent en partie les poussières et les microbes.

■ **Le pharynx** : c'est le carrefour des voies respiratoires et digestives ; la **luette et l'épiglotte** ferment les voies respiratoires pendant la déglutition pour éviter les « fausses routes ».

■ **Le larynx** : il forme la « pomme d'Adam » ; il contient les **cordes vocales** (sons).

■ **La trachée artère** : elle renferme des glandes sécrétant un **mucus** qui retient les poussières et les microbes ; des **cils vibratiles** font remonter ce mucus vers le pharynx.

■ **Les bronches :** la trachée se divise en deux tuyaux qui pénètrent dans chaque poumon.

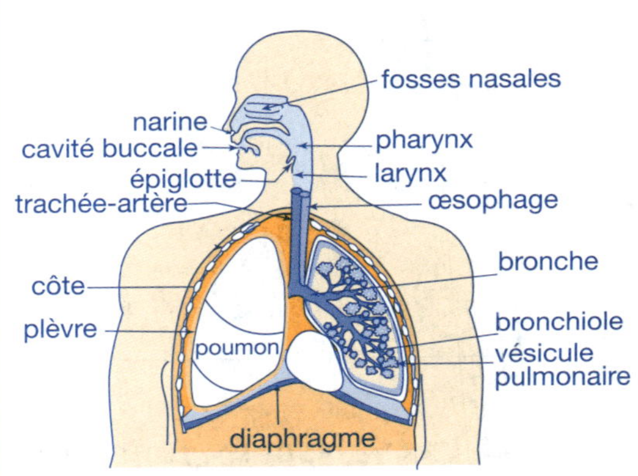

2 Les poumons

Ils sont divisés en **trois lobes à droite et deux lobes à gauche.**

■ La **plèvre** est une double membrane qui enveloppe chaque poumon (permet le glissement des poumons lors des mouvements de la cage thoracique).

■ La **bronche** pénètre dans chaque poumon, se divise en **bronches lobaires.** Les ramifications continuent jusqu'aux **bronchioles** qui se terminent dans **les alvéoles pulmonaires.**

B Fonctionnement de l'appareil respiratoire

Les poumons suivent les mouvements de la cage thoracique (séparée de la cavité abdominale par un muscle plat : le diaphragme).

■ **Si la respiration est normale :** le rythme des mouvements respiratoires est de 15 par minute. Chaque respiration fait entrer puis sortir 0,5 litre d'air (=volume courant ou air courant).

■ **Si la respiration est forcée :** l'inspiration forcée fait entrer 1,5 litres d'air en plus (= air complémentaire) et l'expiration forcée fait sortir 1,5 litres d'air en plus (= air de réserve).

Si on vide au maximum les poumons par une expiration forcée, il reste encore 1,5 litres d'air, c'est l'**air résiduel.**

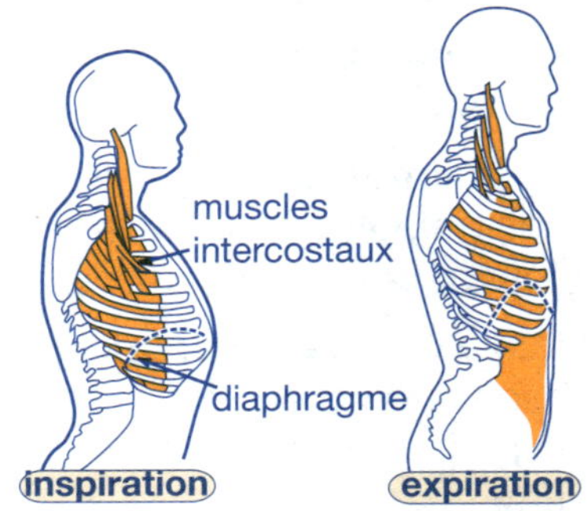

C Les échanges gazeux lors de la respiration

1 Le renouvellement de l'air

L'**oxygène** de l'air alvéolaire passe dans le sang et le **dioxyde de carbone** du sang passe dans l'air.

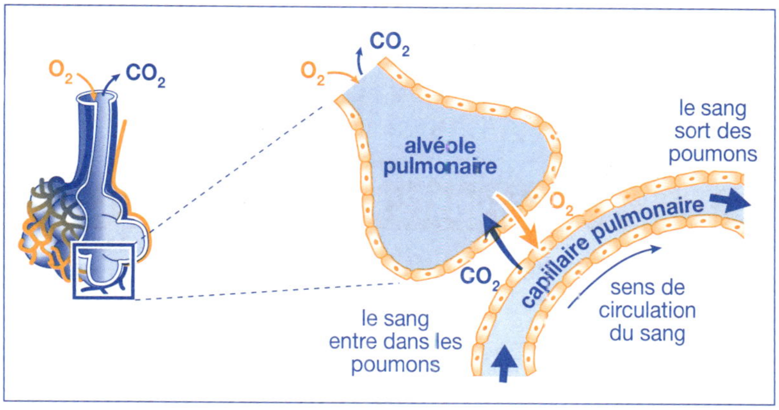

2 Le transport des gaz par le sang

Le sang arrive dans chaque poumon par les **deux artères pulmonaires**, il repart ensuite par les quatre **veines pulmonaires** allant vers le cœur.

- **Le dioxygène**

Il est pris en charge par le sang (par l'**hémoglobine** des hématies sous forme d'**oxyhémoglobine**) dans les poumons et véhiculé jusqu'aux organes du corps.

- **Le dioxyde de carbone**

Le dioxyde de carbone produit lors de la respiration cellulaire est pris en charge par le sang (sous forme de carbhémoglobine et d'hydrogénocarbonates). Il est ensuite transporté puis libéré à son passage dans les alvéoles pulmonaires.

D Les dysfonctionnements de l'appareil respiratoire

1 Les infections

Ce sont les angines, sinusites, rhinopharyngites, laryngites, bronchites, pneumopathies et la tuberculose.

2 Les maladies non-infectieuses

- **L'asthme :** il s'agit d'une obstruction bronchique momentanée entraînant des difficultés respiratoires. Il existe des facteurs favorisants : le terrain génétique (allergènes), les virus, les polluants atmosphériques, le tabac…

- **Les pathologies vasculaires :** comme l'œdème aigu du poumon dû à une insuffisance cardiaque et l'embolie pulmonaire.

3 Les détresses respiratoires ou asphyxies

Ce sont : les obstructions des voies respiratoires, un appauvrissement de l'air en oxygène, un sang chargé de produits toxiques, une circulation sanguine ralentie par un dysfonctionnement cardio-vasculaire…

4 Les conditions favorables au bon fonctionnement de l'appareil

L'éviction des allergènes, la lutte contre le tabagisme passif, la pratique d'exercices physiques, la prévention de la pollution atmosphérique, le port d'un masque…

FICHE

9 L'appareil urinaire

L'appareil urinaire participe à l'élimination des déchets cellulaires et des substances toxiques transportés par le sang. Les reins épurent le sang. Chaque rein reçoit 1 600 litres de sang par jour et en filtre 180 litres pour rejeter près de 2 litres d'urine.

A L'organisation de l'appareil urinaire

Il est formé de deux reins (qui forment l'urine) et des voies urinaires (qui transportent l'urine vers l'extérieur de l'organisme).

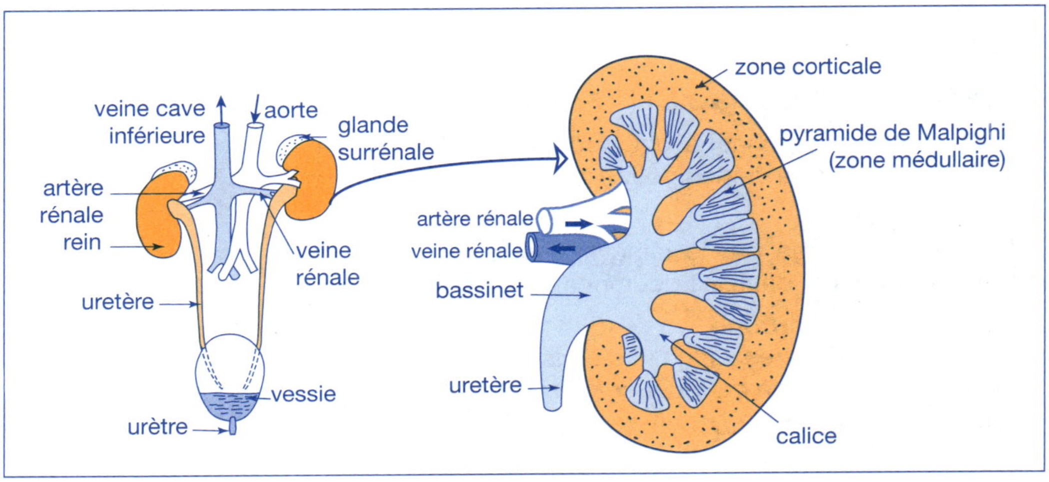

B Le fonctionnement de l'appareil urinaire

■ L'artère aorte (abdominale) apporte aux reins le sang à épurer. Les artères rénales sont issues de l'aorte abdominale.

■ La veine cave inférieure ramène au cœur le sang débarrassé de ses déchets (les veines rénales se jettent dans la veine cave inférieure).

1 L'épuration du sang dans les néphrons

■ Les néphrons assurent l'épuration chimique du sang et participent à l'équilibre du milieu intérieur (**homéostasie**).

■ La formation de l'urine se fait en trois temps :
- une filtration du sang ;
- une réabsorption d'éléments essentiels tels que glucose et eau ;
- une sécrétion de déchets.

■ Les échanges se font du tubule vers les capillaires ou des capillaires vers le tubule.

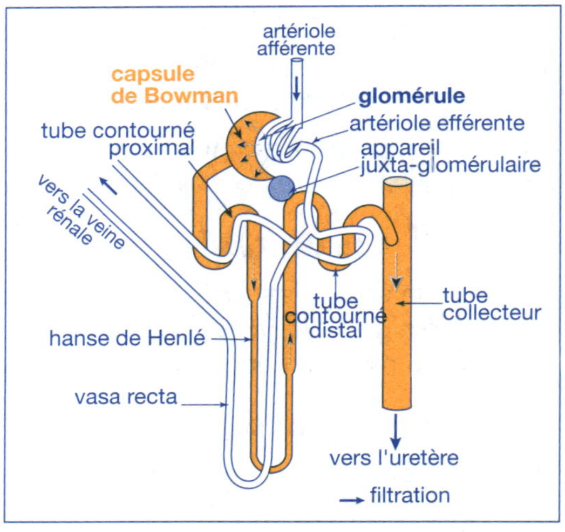

2 L'urine, un produit d'excrétion

Les reins élaborent et éliminent l'urine qui est déversée dans la vessie au moyen des 2 uretères. Sa composition varie selon les situations physiologiques (sudation, volume des boissons consommées, alimentation...). 1,2 à 1,8 litre d'urine sont éliminés en 24 heures. Ce volume varie avec l'âge (il est supérieur chez les enfants).

■ Lors de la **miction** (émission d'urine), l'urine s'écoule vers l'extérieur par l'urètre ou canal urinaire.

■ Le sphincter interne empêche l'écoulement d'urine entre les mictions et le sphincter externe permet l'écoulement de l'urine.

C Les troubles de la miction

■ **L'incontinence, une émission involontaire d'urine**

On ne parle d'incontinence de l'enfant qu'après l'âge de 3 ans s'il urine involontairement la journée et 5 ans s'il urine la nuit. Elle est due à la perte du contrôle (ou absence de maîtrise) du sphincter vésical. Elle peut être d'origine nerveuse dans les comas, les paraplégies et certaines hémiplégies.

■ **L'énurésie**

C'est une incontinence involontaire et inconsciente d'urine nocturne chez l'enfant de plus de 5 ans.

■ **La rétention d'urine**

C'est une incapacité pour la vessie de se vider. Elle peut être due à une paralysie du sphincter vésical ou à la présence d'un obstacle sur les voies urinaires.

■ **L'hydronéphrose**

C'est la dilatation des bassinets et des calices par accumulation d'urine, qui peut gêner la fonction rénale.

D Les infections urinaires

■ **Les néphrites**

Ce sont des atteintes du rein (glomérule, le plus souvent) d'origine infectieuse.

■ **Les pyélonéphrites**

L'infection atteint à la fois les reins et les bassinets. Elle est souvent due à une bactérie, le colibacille.

■ **Les cystites**

Ce sont des inflammations aiguës ou chroniques de la vessie, qui se manifestent par des brûlures à la miction et par des envies fréquentes d'uriner. Elles peuvent être infectieuses.

E L'hygiène de l'appareil urinaire et la prévention

Il est important :
– de boire suffisamment d'eau (1 litre à 1,5 litre par jour) ;
– de limiter la consommation de protides d'origine animale (la viande laisse des résidus toxiques, urée en particulier) ;
– de surveiller la qualité des aliments ;
– d'éviter la surconsommation de médicaments ;
– de s'interdire la fatigue physique excessive ;
– de ne pas s'exposer au froid (il a une action vasoconstrictrice qui fatigue le rein) ;
– de prévenir et traiter l'incontinence urinaire...

FICHE 10 Les contaminations par des microorganismes

A L'origine des contaminations

Les micro-organismes

Un **micro-organisme** est un organisme vivant uni- ou pluricellulaire (une ou plusieurs cellules) de petite taille, ne pouvant être observé qu'au microscope. Il existe :
- les micro-organismes **eucaryotes** (avec un « vrai noyau » : les protozoaires, les champignons) ;
- les micro-organismes **procaryotes** (avec un « faux noyau » : les bactéries) ;
- les micro-organismes « **acaryotes** » (micro-organismes sans noyau : les virus).

L'ensemble des microorganismes (hormis les virus) présents en un lieu donné est appelé **flore**. Il existe différentes flores : la flore du sol, la flore de l'eau, la flore de l'air, la flore des aliments, la flore humaine (la flore respiratoire : bouche, fosses nasales, pharynx ; la flore digestive : appareil digestif (intestin, estomac…) ; la flore cutanée : peau (derme et épiderme) ; la flore des appareils génitaux.

> **Définition**
>
> **Flore résidente** : présente chez tous les individus (sur la peau, les muqueuses) ; elle est non pathogène.
> **Flore transitoire** : flore de l'environnement qui se dépose ou qui pénètre dans l'organisme de façon passagère lors des activités (susceptible d'être pathogène).
> **Flore commensale** : flore résidente ou transitoire qui vit au sein d'un organisme sans lui nuire.

Les voies de pénétration dans l'organisme :

Il existe **5 voies de pénétration** des agents infectieux : voie cutanée et muqueuse, voie respiratoire, voie digestive, voie sanguine et voie génitale.
Une **bio-contamination** est la présence d'organismes vivants indésirables par les effets secondaires (néfastes) qu'ils provoquent.

B Les bactéries

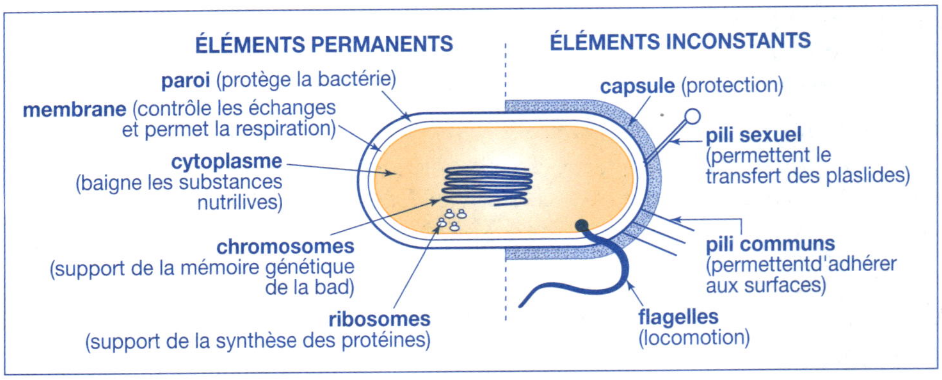

Classification des bactéries selon leur forme :

- **sphériques ou « coques »** : elles sont seules (ex : gonocoque), par deux (ex : pneumocoque), en chaîne (ex : streptocoque) ou regroupées en grappe de raisin (ex : staphylocoque) ;
- **allongées ou « bacilles »** ;
- **incurvées** ;
- **spiralées.**

■ **Classification des bactéries selon leur type respiratoire :**
– certaines ont besoin de **dioxygène** : les bactéries **aérobies** ;
– certaines se multiplient **avec ou sans dioxygène** : les bactéries **aéro-anaérobies** ;
– certaines ne se multiplient qu'en **absence de dioxygène** : les bactéries **anaérobies.**

C Les infections microbiennes

Une température appropriée, un PH adapté, la présence d'eau, la présence d'éléments nutritifs, sont des facteurs favorisant le développement microbien.

1 Le pouvoir pathogène des bactéries

Le pouvoir pathogène d'un micro-organisme est sa capacité à engendrer chez son hôte des perturbations physiologiques plus ou moins graves.

■ **Les bactéries pathogènes spécifiques ou strictes**
Ce sont des bactéries qui entraînent chez tous les sujets non protégés une pathologie bien précise (exemple : *Clostridium tetani* responsable du tétanos).

■ **Les bactéries pathogènes opportunistes**
Ce sont des bactéries qui n'entraînent des troubles que chez les personnes dont les défenses immunitaires sont affaiblies (nourrissons, personnes âgées, malades séropositifs).

■ **Les porteurs sains ou asymptomatiques**
Certaines bactéries pathogènes peuvent être hébergées par une personne sans occasionner chez celle-ci le moindre trouble. Ces individus appelés **porteurs sains** sont dangereux, car ils peuvent contaminer d'autres personnes sans le savoir.

2 Le pouvoir invasif des bactéries : la virulence

C'est la capacité des micro-organismes à envahir rapidement les tissus de l'organisme hôte et d'y provoquer des troubles physiologiques.

3 Le pouvoir toxique des bactéries : la toxicogenèse

C'est la capacité des micro-organismes à secréter **des toxines**, qui peuvent être **:**

■ **les endotoxines** : leur pouvoir toxique est faible (*Salmonella*, *Legionella*, bacille de la tuberculose) ;

■ **les exotoxines** : leur pouvoir toxique est très élevé (tétanos, diphtérie).

D Les secteurs à risque pour le jeune enfant

Certains facteurs non liés aux micro-organismes peuvent contribuer à aggraver une infection.

■ **Les facteurs liés à l'hôte** : l'âge, l'état de santé général, l'état de fatigue, les traitements médicaux (les corticoïdes).

■ **Les facteurs liés aux conditions de vie de l'hôte :** la malnutrition, le froid, les fortes chaleurs, les secteurs accueillant des enfants (règles d'hygiène insuffisantes, personnel non formé, résistance de certaines bactéries aux antibiotiques et aux produits désinfectants…).

Quand les conditions deviennent défavorables, la bactérie se transforme en **une spore** (forme résistante) qui lui permet d'attendre des conditions plus favorables.

FICHE

11 La résistance de l'organisme à l'infection microbienne

Si les microbes se développent de façon trop importante, l'individu peut développer une maladie infectieuse.

A L'immunité non spécifique : défense naturelle de l'organisme

1 La peau et les muqueuses

C'est la première barrière naturelle à la pénétration des microbes dans l'organisme.

- **Barrière physique** : l'accolement des cellules de l'épithélium empêche le passage des microbes.
- **Barrière chimique** : les sécrétions (sueur, salive, larmes, mucus) contribuent à la protection de l'organisme grâce à leurs enzymes ou leur acidité.
- **Barrière biologique** : la flore microbienne qui recouvre normalement la peau et les muqueuses empêche la colonisation par des bactéries pathogènes.
- **Action mécanique** : les cils vibratiles de la trachée font remonter le mucus qui a enveloppé les microbes.

2 La réaction inflammatoire

La pénétration de microorganismes dans les tissus de l'organisme entraîne une réaction inflammatoire locale : rougeur, chaleur, gonflement (œdème), douleur.

- **La diapédèse** : les globules blancs affluent vers les micro-organismes en traversant les capillaires devenus perméables.
- **La phagocytose** : les macrophages vont englober, puis digérer les microbes. Le mélange des cellules endommagées (peau, globules blancs, microbes) forme le **pus**. L'élimination du pus et l'usage d'antiseptiques sur la plaie peuvent arrêter l'infection.Si les microorganismes résistent à la phagocytose, l'infection continue.

3 La réaction ganglionnaire

Les globules blancs infectés peuvent être entraînés dans les ganglions lymphatiques les plus proches. La réaction ganglionnaire se traduit par un gonflement douloureux.

Si la réaction immunitaire non spécifique n'est pas efficace, il se met en place une réaction immunitaire spécifique.

B L'immunité spécifique : défense acquise par l'organisme

Elle implique que les cellules de l'immunité soient capables de « reconnaître » les différents microorganismes (bactéries, champignons, parasites, virus) appelés **antigènes**.

> **Définition**
>
> Un antigène est une substance qui, introduite chez un individu, déclenche une réaction immunitaire spécifique.

1 Les éléments de l'immunité spécifique

- **Les lymphocytes**

Ce sont les globules blancs capables d'identifier les antigènes. On en distingue deux sortes : **les lymphocytes T** et **les lymphocytes B**.

- **Les anticorps**

Un **anticorps** est une protéine qui reconnaît un corps étranger et participe à son élimination. L'anticorps se fixe sur l'antigène, car il a une forme complémentaire.

2 La réponse immunitaire humorale (dans le plasma)

- **Reconnaissance de l'antigène** par les **lymphocytes B** portant l'anticorps correspondant.
- **Sécrétion des anticorps** dans le plasma au niveau des ganglions lymphatiques.
- **Fixation des anticorps** libérés sur les antigènes.

3 La réponse immunitaire cellulaire

- **Reconnaissance des antigènes** par les **lymphocytes T** : les lymphocytes T portant l'anticorps reconnaissent les antigènes qui leur sont présentés par les macrophages. Les lymphocytes T se multiplient et se transforment en cellules tueuses ou cytotoxiques.
- **Lyse des cellules** reconnues : les cellules tueuses vont détruire les cellules porteuses de l'antigène.

4 La mémoire immunitaire

- **La production d'anticorps**

Lors d'un deuxième contact avec un même antigène, les anticorps vont apparaître plus rapidement et en plus grand nombre.

- **Les cellules mémoires**

Les cellules qui sont intervenues dans la première réponse immunitaire ont gardé en mémoire la rencontre avec l'antigène et sont devenues **des lymphocytes T et B mémoires**.

C Vaccination et sérothérapie

1 Le traitement préventif : la vaccination

La vaccination consiste à fournir à l'organisme les antigènes de la maladie pour entraîner la réaction immunitaire et la fabrication de cellules mémoires sans qu'apparaissent les signes gênants de la maladie. **La vaccination crée une immunité active** de l'individu contre la maladie qui dure plusieurs années.

2 Le traitement curatif : la sérothérapie

La sérothérapie fournit à l'individu malade des anticorps (fabriqués par un autre homme ou un animal) contre sa maladie. C'est un traitement **passif**, qui est **immédiat, mais dont l'action n'est pas durable.** Elle ne dispense pas de la vaccination car le malade n'a pas développé de réaction immunitaire lui permettant de fabriquer ses propres cellules mémoires.

3 Les rappels vaccinaux

En faisant plusieurs injections (rappels), les anticorps apparaissent de plus en plus rapidement et en nombre croissant. Cependant ce taux diminue avec les années, c'est pourquoi des rappels sont nécessaires pour réactiver la réponse immunitaire.

Entraînement 2

Biologie générale et appliquée

1. Citer 3 fonctions du corps humain.

2. Définir un tissu.

3. Donner les noms des 3 couches de la peau.

4. La protection est une fonction de la peau. Citer 2 autres fonctions de la peau.

5. Les gerçures des lèvres peuvent être provoquées par le froid. Énoncer un mode de prévention de cette agression cutanée.

6. Le système nerveux est constitué de deux systèmes. Lesquels ?

7. Le système nerveux central est constitué de 2 centres nerveux. Lesquels ?

8. Quelles sont les 3 parties qui constituent l'encéphale ?

9. Quels sont les éléments du système nerveux périphérique ?

10. Citer 2 propriétés des neurones.

11. Définir une synapse.

12. Définir l'activité réflexe.

13. Définir l'activité volontaire.

14. Le globe oculaire est constitué de 3 membranes superposées et de 4 milieux transparents. Les citer.

15. Quel est le rôle de la rétine dans la perception de l'image ?

16. Quels sont les 3 types d'os du corps humain ?

17. Citer les propriétés du muscle.

18. Quelles sont les différentes articulations ?

19. Quelle est la composition du sang ?

20. La voie cutanée est un mode de pénétration des micro-organismes. Énumérer 2 autres voies de pénétration des micro-organismes.

voir corrigé p. 103

3

Nutrition

FICHE 1 Les aliments

Un aliment est une substance qui est consommée soit à l'état naturel, soit après une cuisson. Le rôle principal de l'alimentation et des aliments est de fournir les éléments essentiels à l'organisme.

A La classification des aliments

Les unités de mesure

Les besoins sont exprimés selon deux unités : la kilocalorie (kcal) et le kilojoule (kJ).

1 kilocalorie (kcal ou Cal) = 4,18 kilojoules (kJ)

1 kilojoule (kJ) = 0,239 kilocalorie (kcal ou Cal)

Les nutriments énergétiques

L'énergie provient de la dégradation des nutriments. Les nutriments qui contribuent à la couverture du besoin énergétique sont : les protéines, les lipides et les glucides.

1 g de protéine libère **4 kilocalories ou 17 kJ**

1 g de lipide libère **9 kilocalories ou 38 kJ**

1 g de glucide libère **4 kilocalories ou 17 kJ**

> **Remarque**
> Les éléments non-énergétiques sont l'eau, les minéraux et les vitamines.

Les groupes d'aliments et leurs caractéristiques nutritionnelles

Les groupes d'aliments		Éléments énergétiques	Éléments non énergétiques
Groupe 1 	Lait et produits laitiers (lait, crème, yaourts, fromages)	Protéines et graisses animales.	Calcium, phosphore et vitamines liposolubles.
Groupe 2 	Viandes, poissons, œufs	Protéines animales et acides aminés essentiels.	fer
Groupe 3 	Fruits et légumes frais		minéraux, oligo-éléments, fibres et vitamines hydrosolubles (la vitamine C).
Groupe 4 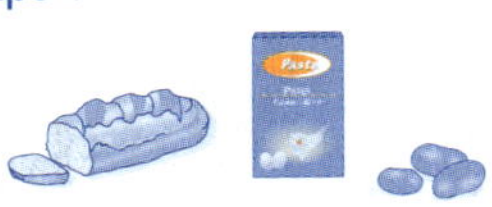	– Céréales (pain) – Féculents (pommes de terre, riz, pâtes, semoule) – Légumes secs (pois, haricots, lentilles…)	Glucides complexes (amidon, sucres lents). Protéines végétales.	Vitamine B1 et minéraux.
Groupe 5 	Matières grasses (huiles, beurre, margarine…)	Lipides et acides gras essentiels.	Les vitamines liposolubles (A, D, E et K).
Groupe 6 	Produits sucrés (boissons sucrées, bonbons, miel, confiture, chocolat…)	Glucides simples (sucres rapides).	
Groupe 7 	Boissons (eau, jus de fruits, tisanes…)		L'eau et les minéraux.

B Les constituants alimentaires

Les aliments sont composés de différentes substances appelées **constituants alimentaires**. Ces constituants sont :
– **les glucides** : soit simples (les oses : lactose, fructose et saccharose), soit complexes (les polyholosides : amidon) ;
– **les lipides** : composés d'acides gras saturés et d'acide gras insaturés ;
– **les protides (ou protéines)** : des chaînes d'acides aminés ;
– **les éléments minéraux** : le sodium, le calcium, le potassium, le zinc… ;
– **les vitamines** : soit hydrosolubles (solubles dans l'eau : B et C), soit liposolubles (solubles dans les lipides : A, D, E et K). Elles sont nécessaires à la vie et agissent à très faibles doses ;
– **l'eau** ;
– **la cellulose** (ce sont les fibres alimentaires).

1 Les propriétés des constituants alimentaires

La matière se présente sous 3 formes : l'état solide, l'état liquide et l'état gazeux.
Cette matière peut présenter certaines propriétés :

- **la solubilité (dans de l'eau) :** la matière se solubilise dans l'eau et l'on obtient une solution (ex. du sirop dans de l'eau) ;
- **la diffusion :** c'est le passage de molécules à travers une membrane poreuse (ex. la cuisson d'un aliment dans un liquide : il y a diffusion des substances nutritives et gustatives et le bouillon devient riche et aromatisé) ;
- **la suspension :** certaines molécules insolubles dans l'eau se dispersent sans se dissoudre (ex. la vinaigrette) ;
- **l'émulsion :** certaines protéines se lient à l'air et à l'eau (ex. la mayonnaise).

2 Les modifications lors des préparations culinaires

Des modifications physico-chimiques des constituants alimentaires ont lieu sous l'action de l'air, de la chaleur, de la lumière…

- **La chaleur :**

→ elle modifie la consistance, la couleur, le goût des glucides (ex. le sucre qui devient caramel) ;

→ elle fait coaguler les protides (le blanc d'œuf, la viande) ;

→ elle liquéfie les lipides (ex. le beurre fond sur la poêle chaude) ;

→ elle détruit les vitamines : les légumes crus sont plus riches en vitamines que les légumes cuits.

- **L'air :**

→ il oxyde certains aliments ;

→ il rancit les lipides ;

→ il noircit les fruits et légumes (ex. pommes de Terre, bananes, pommes, avocats…) ;

→ il détruit les vitamines.

- **Les acides et la lumière**

Les acides coagulent les protéines (ex. le citron sur les sauces à base d'œuf).
La lumière accélère les modifications des lipides.

FICHE

2 Les besoins nutritionnels

Le corps d'un homme de 70 kg contient : 65 % d'eau, 14,7 %, de protides, 15 % de lipides, 0,3 % de glucides et 5 % d'éléments minéraux.

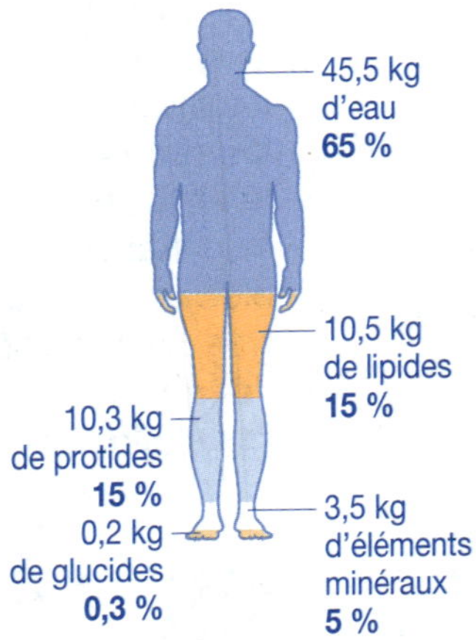

A Les besoins nutritionnels

Un besoin est une nécessité vitale. Pour tous les organismes vivants, la vie se manifeste par des dépenses d'énergie (les pertes). Les dépenses énergétiques de base (ou métabolisme de base) correspondent à la quantité d'énergie utilisée pour assurer les fonctions vitales de l'organisme.
L'organisme demande pour son fonctionnement de satisfaire trois types de besoins : **énergétiques, structuraux et fonctionnels.**

Types de besoins	Nutriments	Rôles dans l'organisme
Énergétiques	Protéines Lipides Glucides	→ correspondent aux dépenses d'énergie dont a besoin l'organisme même au repos (pour son fonctionnement, pour maintenir la température corporelle à 37 °C, et pour permettre l'activité physique et la croissance de l'enfant).
Structuraux (pour fabriquer ou réparer des cellules lors de la croissance)	Eau	→ représente 75 % du poids du nourrisson et 60 à 70 % du poids de l'enfant au cours de la première année. Les besoins en eau sont plus élevés chez l'enfant.
	Minéraux	Le calcium et le phosphore → formation et minéralisation osseuse. Le fer → constitution de l'hémoglobine (pigment du sang).
	Protéines	→ elles ont un rôle bâtisseur (les protéines entrent dans la structure des tissus et permettent donc la croissance).
Fonctionnels (pour faire communiquer les cellules entre elles)	Eau	→ transporte tous les matériaux dans le corps. → intervient dans la régulation de la température du corps (important de faire boire l'enfant quand il a de la fièvre).
	Minéraux	Le calcium → excitabilité neuromusculaire, maintien de l'intégrité des membranes cellulaires et coagulation sanguine. Le fer → transport de l'oxygène des poumons aux organes (avec l'hémoglobine).
	Vitamines	La vitamine A → participe au développement de la vision du nourrisson (sa carence entraîne des lésions oculaires pouvant aboutir à la cécité). La vitamine D → nécessaire à l'absorption intestinale du calcium et à la fixation sur l'os. Elle est capitale dans l'alimentation de l'enfant. La vitamine C → indispensable car l'homme ne sait pas la fabriquer.
	Glucides	→ interviennent dans le fonctionnement cérébral. Le nouveau-né a un besoin en galactose (sucre provenant de la digestion du lactose contenu dans le lait).
	Lipides	→ permettent l'absorption des vitamines liposolubles et la croissance cérébrale (avec l'apport en acide linoléique).

Si les pertes ne sont pas remplacées, il apparaît des **carences** (des manques). Les plus courantes sont :
- **le rachitisme** : déficience en calcium (fragilité osseuse, problème de croissance) ;
- **l'anémie** : déficience en fer (diminution du nombre des globules rouges) ;
- **le goitre** : déficience en iode.

Définition

Une carence est une maladie engendrée par l'absence d'une substance que l'alimentation n'apporte pas.

B Les apports conseillés en nutriments

1 Les besoins énergétiques quotidiens

Également appelés apports nutritionnels conseillés (ANC 2000), ils correspondent à la quantité moyenne de chaque nutriment à fournir par personne et par jour. Ils varient selon l'âge, le sexe, l'activité physique et l'état de santé.

Chez l'enfant, les apports doivent compenser l'activité métabolique et l'activité physique, mais aussi l'énergie nécessaire à la croissance. Le poids de naissance double durant les 4-5 premiers mois et triple à la fin de la première année. Parallèlement, la taille augmente de 50 % la première année.

Les besoins énergétiques s'expriment **en fonction du poids corporel.**

Âge	Apports énergétiques conseillés (kJ/kg/jour)
0 – 3 mois	410
3 – 9 mois	370
9 – 12 mois	400

Pour les nourrissons entre 0 et 1 an.

Catégories d'âge	Apports énergétiques conseillés
1 à 3 ans	4 300 kJ (1 150 kcal)
4 à 6 ans	6 100 kJ (1 460 kcal)
7 à 9 ans	8 000 kJ (1 900 kcal)

Pour les enfants à partir de 1 an.

- **Chez le nouveau-né**, la régulation thermique est immature et demande des besoins supplémentaires.
- **Après 6 mois**, quand l'enfant commence à se déplacer, les besoins énergétiques sont liés à son activité physique

2 Les apports nutritionnels conseillés

Ils sont répartis en pourcentages de l'apport énergétique total (= AET).

3 Les apports recommandés en minéraux

Les pertes minérales sont de l'ordre de 25 à 30 g/jour. Elles s'effectuent par la sueur, les urines et les matières fécales. Il faut compenser ces pertes par des apports en minéraux provenant des aliments, de l'eau de boisson et du sel marin.

Pour le calcium	Pour le fer
Avant 1 an : environ 400 mg/jour 1 à 3 ans : 600 mg/jour 4 à 9 ans : 700 mg/jour	3 à 12 mois : 7 à 9 mg/jour 1 à 12 ans : 10 mg/jour

4 L'apport en eau

Les **apports quotidiens** proviennent de l'eau de boisson et de l'eau contenue dans les aliments (2,5 litres). Ces apports en eau doivent couvrir **les pertes quotidiennes** : l'urine, la transpiration, la respiration, les matières fécales (2 litres).
On estime que l'enfant a besoin de 100 à 150 mL/kg/jour pendant sa première année. Ensuite, on conseille de boire 35 à 45 mL/kg/jour.
Les besoins sont augmentés en cas de diarrhées, de vomissements ou de transpiration importante.
Pour les nourrissons, il est important de choisir une eau peu minéralisée pour la préparation des biberons.

FICHE 3

L'appareil digestif du nourrisson et du jeune enfant

A La digestion des aliments et l'absorption des nutriments

La digestion est l'ensemble des **transformations chimiques et physiques** qui permettent aux **aliments d'être simplifiés** en molécules plus petites : **les nutriments.**

1 La composition de l'appareil digestif

- **Le tube digestif** est un tube qui va de la bouche à l'anus et dans lequel passent les aliments. Il comporte la bouche, le pharynx, l'œsophage, l'estomac, l'intestin grêle, le colon (= gros intestin), le rectum et l'anus.
- **Les organes annexes** sont les glandes salivaires, le foie, la vésicule biliaire et le pancréas. Ces organes vont produire des substances qui vont aider à la digestion (ils sécrètent notamment des enzymes).

2 Les phénomènes mécaniques et chimiques lors de la digestion

Les phénomènes mécaniques	Parties du tube digestif	Les phénomènes chimiques
La mastication : phénomène réflexe qui permet le broiement des aliments par les dents et leur mélange à la salive pour former le bol alimentaire.	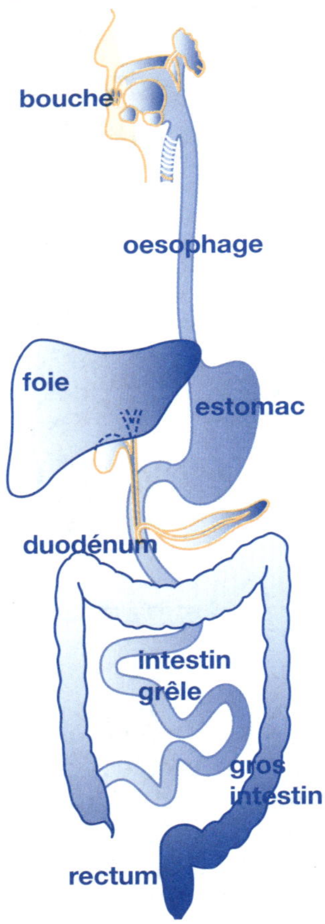	**Sécrétion de la salive** contenant l'amylase salivaire (enzyme) qui dissocie des chaînes de glucides (amidon en maltose).
La déglutition : mouvements qui permettent de faire passer le bol alimentaire dans l'œsophage (passage dans l'arrière-gorge avec fermeture des fosses nasales et de l'épiglotte de la trachée).		
Des mouvements de brassage de longue durée pour imprégner le bol alimentaire d'acide gastrique ; il devient **chyme** alimentaire.		**Sécrétion du suc gastrique** contenant la pepsine (enzyme) qui transforme les protéines en polypeptides et coagule le lait (caséine).
Très peu de phénomènes mécaniques, sauf **le péristaltisme** (ensemble des contractions musculaires permettant la progression du chyme).		**Sécrétion du suc pancréatique et de la bile** (par le foie) : leurs enzymes (l'amylase, la lipase, la peptidase) permettent la dégradation des glucides, des lipides (en glycérol et acides gras), des polypeptides (en dipeptides puis en acides aminés) et l'émulsion des graisses.
Trois sortes de brassages ont lieu : des contractions segmentaires, des mouvements pendulaires (mélange du chyme avec le suc intestinal donnant le chyle) et le péristaltisme.		Dégradation finale en nutriments absorbables et **absorption intestinale** (passage des nutriments vers le sang qui les distribue à l'ensemble des cellules de l'organisme)
Défécation : expulsion par l'anus des résidus de la digestion (réflexe).		

L'**eau**, les **éléments minéraux**, les **vitamines** et la **cellulose** ne sont **pas transformés** lors de la digestion.

3 L'évolution de la dentition

Les **incisives** coupent les aliments,
les **canines** les déchirent
et les **molaires** les broient.

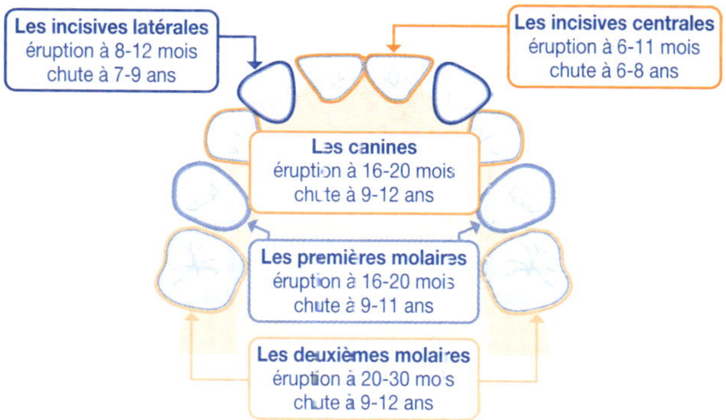

Les dents de lait
de la mâchoire supérieure.

B L'alimentation de l'enfant

Caractéristiques des organes du nourrisson	Conséquences sur l'alimentation
Pas de dents	Mastication impossible (alimentation liquide, semi liquide)
Glandes salivaires non fonctionnelles	Impossibilité de digérer l'amidon avant 5 mois
Anatomie adaptée à la succion	Succion facilitée
Oesophage très court	Nombreuses régurgitations
Estomac très petit (volume)	Repas plus fréquents, mais en petites quantités
Cardia mal fermé	Nécessité du rot (renvoi d'air)
Péristaltisme retardé	Régurgitations
Absence d'amylase au niveau de l'intestin	Pas d'amidon dans l'alimentation

C L'hygiène de la digestion

1 L'altération naturelle de la denture et l'hygiène à respecter

La mastication est un temps important qui facilite la transformation des aliments.

- **La plaque dentaire** est une substance blanchâtre qui se dépose à la surface de la dent (constituée de protéines salivaires, d'aliments, de bactéries et de toxines). Cette plaque dentaire est à l'origine des caries.
- **Une carie** est une maladie de la dent qui endommage sa structure (lésion de l'émail et de la dentine).
- **Le brossage des dents** évite la formation du tartre (dépôt de calcaire provenant de la plaque dentaire minéralisée). Il doit s'effectuer trois fois par jour, après les repas.
- **La consommation de sucreries** ainsi que la prise de sirops sucrés doivent être limitées dans la journée et interdites avant le coucher.
- **Une visite chez le dentiste** deux fois par an permet de déceler les lésions à leur début. La prise journalière de fluor renforce l'émail des dents.

2 Conditions et signes d'une mauvaise digestion

- **Les facteurs influençant la digestion** sont le temps de mastication, les caractéristiques du repas (trop abondant, trop riche, trop gras…), le mode de préparation culinaire (cru, cuit), l'état d'esprit…
- **Les douleurs au cours de la digestion** correspondent à la durée et à la difficulté de la digestion.
- **Les problèmes digestifs** sont : l'aérophagie, la régurgitation, le vomissement, les diarrhées, la constipation…

FICHE 4 L'alimentation de l'enfant de 0 à 6 ans

L'alimentation de l'enfant peut être divisée en trois périodes :
– l'alimentation **exclusivement lactée jusqu'à 4 mois** ;
– la diversification de l'alimentation, qui se fait entre 4 mois et 6 mois ;
– l'alimentation au-delà de 1 an.

A L'alimentation lactée

1 Le lait maternel et les aliments lactés diététiques (ALD)

L'allaitement maternel

Le lait maternel reste la meilleure alimentation pour le nourrisson, car il couvre à lui seul les besoins nutritionnels de l'enfant jusqu'à 6 mois, et peut ensuite représenter l'apport lacté de la diversification. Le sevrage se fait progressivement, sur plusieurs semaines.

Les avantages du lait maternel et de l'allaitement	
La composition chimique	– Il y a 3 fois plus de protéines (allergisantes) dans le lait de vache que dans le lait maternel. – La concentration en lipides est identique dans les deux laits, mais leur qualité est meilleure dans le lait maternel. – Le lait maternel est plus riche en glucides, surtout en lactose.
L'adaptation de la composition du lait maternel	– Les premiers jours de l'allaitement, il s'agit du colostrum, sécrétion jaune et épaisse, qui est très riche en protides et immunoglobulines (leur rôle anti-infectieux est d'un grand intérêt). – La concentration en lipides varie au cours de la tétée et dans la journée.
Le pouvoir de protection anti-infectieuse	Le lait maternel apporte des cellules comme les leucocytes (surtout dans le colostrum) et des lymphocytes qui protègent l'enfant contre certains germes.
Les avantages psychologiques	Il permet une relation privilégiée entre la mère et l'enfant.
Les inconvénients de l'allaitement maternel	
La transmission de produits toxiques	Certains médicaments ou produits toxiques (tabac, alcool, café) passent dans le lait maternel et peuvent obliger à contre-indiquer l'allaitement.

L'allaitement artificiel

Les **laits infantiles** sont utilisés en l'absence d'allaitement maternel, ou en complément de celui-ci. Il existe différents laits en fonction de l'âge :
– de la naissance jusqu'à 4 à 6 mois : **laits 1er âge**, laits ou préparations pour nourrissons ;
– à l'âge de 4-6 mois et jusqu'à 12 mois : **laits 2e âge**, laits ou préparations de suite (enrichis en fer et en calcium) ;
– à l'âge de 10-12 mois et jusqu'à 3 ans : **laits de croissance**, préparations pour enfants en bas âge.

Les laits industriels en poudre sont tous dérivés du lait de vache. Les modifications qui leur sont apportées ont pour objectifs :
– une meilleure tolérance ;
– une meilleure digestion des protéines (acidification du lait) ;
– un bon développement du cerveau (adjonction de lipides végétaux) ;
– la prévention des caries et de l'obésité (sélection des glucides) ;
– la prévention des anémies (adjonction de fer) ;
– la prévention des infections (adjonction de vitamine C) ;
– la prévention du rachitisme (adjonction de vitamine D).
L'allaitement artificiel doit se faire en respectant des mesures d'hygiène (stérilisation des biberons) et le respect des dosages (30 mL d'eau pour 1 mesure de poudre).

2 La ration lactée

Elle évolue en fonction des besoins et de l'âge de l'enfant.

Pour un nourrisson de moins de 5 mois (ou 6 kg)
La règle d'Appert s'applique pour calculer la ration de lait sur 24 heures :

$$\frac{\text{Poids de l'enfant (en grammes)}}{10} + 250 \text{ ml} = \text{ration de lait par 24 heures.}$$

Pour un nourrisson de plus de 5 mois :
Le nourrisson prend 2 biberons de lait et un produit laitier en complément dans la journée. La quantité d'un biberon est fixée à : 210 mL d'eau + 7 mesures de lait 2e âge.

B L'alimentation diversifiée

1 L'alimentation à partir de 4-5 mois et jusqu'à 1 an

Les yaourts non sucrés, les fromages frais
Ces produits laitiers permettent d'introduire la petite cuillère.

La farine
Elle est souvent l'aliment introduit en premier. Les farines de céréales sont riches en amidon, substance de réserve glucidique, mais aussi en gluten, substance très allergisante entraînant quelquefois des intolérances définitives.

Les légumes et fruits
Ils sont riches en sels minéraux, en vitamines, en glucides et en cellulose. Ils sont proposés sous forme de soupes, de purées, ou de compotes.

La viande, le poisson, les œufs
Toutes les viandes peuvent être données, qu'elles soient rouges ou blanches, ainsi que les poissons (moins riches en graisses). L'œuf est très riche en protéines ; cependant, le blanc d'œuf est une substance très allergisante que l'on n'introduit que vers l'âge de 9-10 mois.

2 L'alimentation au-delà de 1 an

À partir de l'âge de 1 an, l'alimentation est calquée progressivement sur celle de l'adulte, et l'enfant s'adapte aux habitudes alimentaires de sa famille. Il en a les moyens anatomiques (il a des dents) et physiologiques (les enzymes digestives sont au complet).

FICHE 5

Les régimes alimentaires de l'enfant

A Les allergies et les intolérances

Il faut distinguer l'allergie de l'intolérance. L'allergie est une **réaction excessive du système immunitaire** alors que l'intolérance est principalement **causée par une immaturité du système digestif**. Par conséquent, le risque est plus élevé au tout début de la vie, avant que les mécanismes de maturation et d'adaptation n'agissent sur la barrière intestinale.

Les aliments susceptibles de provoquer des réactions allergiques sont les baies (c'est-à-dire les petits fruits comme les framboises, les bleuets…), le chocolat, les agrumes, la noix de coco, le maïs, les produits laitiers, le blanc d'œuf, les noix, les pois, le beurre d'arachide, le porc, les crustacés, le soja et les tomates.

S'il y a des antécédents d'allergies dans une famille, il est préférable de faire goûter ces aliments lorsque l'enfant a atteint l'âge de 1 an.

Les diarrhées, vomissements, dermatites ou la perte de poids du nourrisson peuvent être les symptômes de l'allergie alimentaire.

■ L'intolérance au lactose

L'intolérance au lait est liée à une diminution de l'activité de la lactase, l'enzyme qui permet de digérer le sucre du lait (le lactose).

■ L'allergie au lait de vache

Elle apparaît dans les trois premiers mois de la vie. C'est une allergie assez rare (il ne faut pas la confondre avec l'intolérance au lactose, qui empêche la bonne digestion du lait).

Les mesures diététiques en cas d'allergie au lait de vache ou d'intolérance au lactose nécessitent de recourir à des laits de remplacement.

■ L'intolérance au gluten ou maladie cœliaque

Les farines de céréales sont riches en amidon (substance de réserve glucidique), mais aussi en gluten, substance très allergisante qui entraîne quelquefois des intolérances définitives.

La maladie cœliaque est une malabsorption par l'intestin grêle, liée au gluten (à l'un des composants du gluten). Cette protéine de réserve est contenue dans certaines céréales : le blé, le froment, l'avoine, l'orge, le seigle, l'épeautre,…

■ L'allergie au blanc d'œuf

Le blanc d'œuf est une substance très allergisante qui n'est introduite dans l'alimentation que vers l'âge de 9-10 mois.

■ L'allergie à l'arachide : une allergie croisée

La réaction allergique à l'arachide est souvent en lien avec une allergie aux oléagineux (noisette, amande, noix, pistache, pignon, noix de cajou…).

B Les régimes

Le régime hypo-énergétique pour enfant diabétique

Le régime doit apporter au diabétique une ration calorique suffisante en rapport avec son poids et ses besoins énergétiques.
– Un diabétique de poids normal a des besoins normaux qu'il faut respecter.
– Un diabétique de poids supérieur à la normale a des besoins quantitatifs réduits.
Un régime adapté à chaque malade (selon son âge, son activité physique, son poids et la forme de son diabète) est prescrit par le médecin.

Le régime sans sel

Aliments à supprimer de l'alimentation	Aliments à diminuer
sel et salaisons	confiseries
charcuterie, porc, cheval	bonbons
sardines, anchois	pâtisseries
pain salé	sucreries
conserves et boîtes de conserve	fromages
viandes fumées, farcies	beurre
confiseries salées en paquets	viande de bœuf
noix, noisettes, cacahuètes	sirops
fromages très salés	

Le sel ordinaire de table ou de cuisine peut être remplacé par du sel de régime.

Le régime alimentaire contre l'obésité

L'obésité est une maladie nutritionnelle grave chez l'enfant. La définition du surpoids ou de l'obésité de l'enfant repose, comme chez l'adulte, sur un indice qui prend en compte le poids et la taille. Cet indice s'appelle l'**IMC** (Indice de Masse Corporelle). L'obésité se développe de façon privilégiée durant les périodes de croissance du tissu adipeux (à l'âge de 1 an et à la puberté).

Le régime de l'enfant obèse doit comporter une diminution des graisses tout en conservant des apports en acides gras essentiels par le biais des matières grasses végétales (margarine, huile de tournesol, colza, pépins de raisin).

Le régime contre la constipation

La constipation est souvent liée à des causes dites « fonctionnelles » : stress, mauvaise alimentation, manque de temps, exercice physique insuffisant.
Il faut diminuer les apports en aliments qui ralentissent le transit (comme le riz) et augmenter les aliments accélérant le transit (les légumes et fruits, riches en fibres) et l'apport en eau.

Le régime contre la diarrhée

Contre les diarrhées, il est nécessaire de supprimer les aliments qui accélèrent le transit intestinal (légumes et fruits riches en fibres), favoriser les aliments riches en pectine et apporter suffisamment d'eau (pour compenser les pertes et éviter la déshydratation).

L'importance d'une alimentation saine et équilibrée

Une alimentation saine et équilibrée permettrait de réduire le nombre de certains cas de cancers.

FICHE 6 L'éducation alimentaire de l'enfant

Les habitudes alimentaires s'acquièrent très jeune. Pour cela, il est nécessaire d'éduquer les enfants dès le plus jeune âge. Il n'existe pas de règles, il faut simplement s'assurer que les repas sont **variés** et **équilibrés**.
L'éducation alimentaire de l'enfant doit à long terme orienter vers une hygiène alimentaire afin de prévenir certaines maladies de l'âge adulte (obésité, hypertension artérielle…).

A Les perceptions sensorielles et gustatives de l'enfant

Au début d'un repas, les aliments stimulent l'appétit. Tous les sens participent à cette stimulation : le goût et l'odorat en premier, mais aussi la vue, l'ouïe et le toucher.
La **perception des aliments** est définie par : l'arôme et le goût, la texture, la température, l'aspect visuel, la stimulation auditive (le croquant, le croustillant)…
D'autres facteurs sensoriels, comme la perception de la taille de la portion, influencent notre appétit.

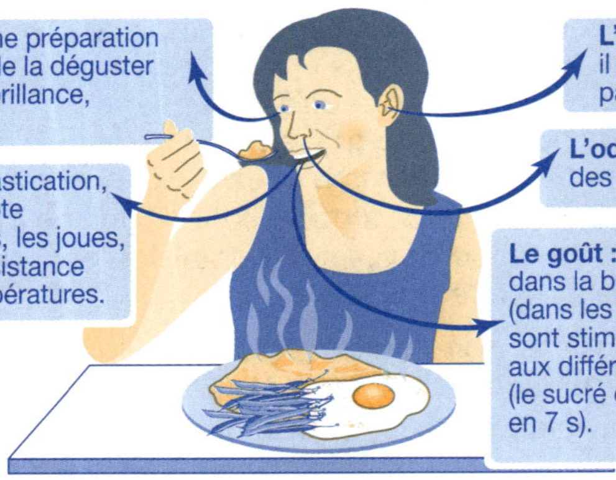

Les 5 sens.

L'enfance : point de départ des variations individuelles

La perception des quatre saveurs (sucré, salé, acide, amère) apparaît très tôt. Dès le 4e mois de la vie intra-utérine, l'embryon absorbe le liquide amniotique suivant le goût qu'il lui trouve. Dès les premières heures de la vie, le nourrisson éprouve une nette préférence pour la saveur sucrée.

Les qualités sensorielles des aliments

Lors de l'ingestion d'un repas, le caractère agréable d'un aliment diminue à mesure qu'il est consommé : si l'aliment est consommé jusqu'au rassasiement, le plaisir à manger devient nul. Cependant, un aliment aux caractéristiques sensorielles différentes peut relancer l'appétit.

L'aspect affectif

Ce que l'on goûte peut être associé à un souvenir précis, un événement, une personne (par exemple l'odeur ou le goût bien précis d'un plat préparé plus petit).

Les préférences alimentaires

Si l'on retrouve de manière universelle chez les nouveau-nés une acceptation du sucré et un rejet de l'amer, à l'âge adulte la diversité des goûts est immense.

Les préférences, goûts et dégoûts alimentaires sont acquis grâce à un mécanisme d'apprentissage qui permet à chacun d'associer les qualités sensorielles d'un aliment aux conséquences métaboliques qui suivent l'ingestion (un malaise digestif instaure une aversion pour l'aliment).

■ **Les habitudes alimentaires**
Les habitudes créent une accoutumance. C'est ce qui explique les différences de comportement alimentaire et de jugement entre les individus : quelqu'un qui n'a pas l'habitude de l'amer va essayer de masquer cette saveur lorsqu'il la rencontre (ex. : il sucre beaucoup son café pour obtenir la saveur désirée). Plus une personne mange de sucre, plus il lui en faut pour sentir le goût du sucré ; c'est la même chose pour le sel et les autres saveurs.

■ **La culture**
Chacun a un modèle culturel dont l'emprise est très forte (dans la société occidentale les insectes et les vers de terre ne sont pas considérés comme des aliments alors qu'ils le sont dans d'autres pays ; la religion interdit le porc chez les musulmans et le bœuf chez les hindous…).
Les modes de préparation ou de cuisson, l'utilisation de certains aromates selon les régions et les pays, influencent également la perception du goût.

B L'apprentissage des saveurs et des textures

L'apprentissage du goût chez l'enfant a une très grande importance. Pour lui permettre d'apprécier une grande variété d'aliments, il faut lui faire connaître les différentes saveurs. Former le goût veut aussi dire faire découvrir le goût initial des aliments.

C Les prises alimentaires

1 Le rythme des repas

Le repas est le moment privilégié de la journée où les échanges entre l'enfant et sa famille sont les plus bénéfiques. Ils doivent être pris à des **heures régulières** dans la journée (repères pour l'enfant), dans un espace approprié et au calme. Il faut respecter le rythme et l'appétit de l'enfant : prendre le temps de manger, avoir du plaisir à manger (lui laisser le temps de mastiquer…).
Cependant, le plaisir de manger peut compromettre parfois la régulation énergétique et le contrôle pondéral (les habitudes alimentaires sont responsables d'un déséquilibre d'apport avec excès de sucre, de lipides et souvent de sel).

2 Les troubles alimentaires

■ **L'anorexie mentale** répond à une volonté active de restreindre son alimentation et de perdre du poids (anorexie veut dire perte de l'appétit, mais en fait l'anorexie est une restriction volontaire de l'alimentation avec un amaigrissement massif).

■ **La boulimie** est plus répandue que l'anorexie. Les boulimiques consomment en général une grande quantité de nourriture, puis éliminent l'excès de calories (en vomissant ou en absorbant des laxatifs ou des diurétiques).

■ **Le grignotage** est un comportement alimentaire anarchique constitué de prises alimentaires par petites quantités et à intervalles réguliers. Il se produit en dehors des repas et peut s'étendre sur toute la journée (la sensation de faim n'est généralement pas présente).

FICHE

7 Les contaminations alimentaires

A L'altération des aliments : le premier signe de toxicité

Les microorganismes peuvent être responsables d'altérations des aliments de différentes natures :
- **une altération de l'aspect** : changement de couleur, présence de moisissures ;
- **une altération de la texture** : ramollissement, viscosité de surface ;
- **une altération du goût** et de **l'odeur** : acidification, altération de la saveur (rance, piquant, pétillant), relent nauséabond, odeur d'œufs pourris, relent d'ammoniac ;
- **une altération des qualités nutritives** : perte des vitamines, des sels minéraux, apparition de substances toxiques.

B Les intoxications et les toxi-infections

	La listériose	Les salmonelloses	Le botulisme	La fièvre aphteuse
Agent	La bactérie *Listeria* présente dans l'air, l'eau, le sol, les plantes, chez les animaux domestiques.	Les salmonelles (bactéries) présentes dans l'intestin des animaux et des hommes.	Une toxine présente dans les charcuteries.	Un virus.
Contamination	– Essentiellement par voie digestive. – Elle est possible à tous les stades de la manipulation des aliments.	– Consommation d'aliments contaminés d'origine animale crus ou peu cuits : viandes, œufs… – Contamination par des matières fécales animales, humaines.	Charcuteries mal préparées ou conserves mal stérilisées.	– Maladie très contagieuse. – Contamination par simple contact avec un animal, de l'eau, des excréments ou du lait infecté.
Symptômes	– Crampes, maux de tête et fièvre. – Nausées, vomissements, diarrhée, constipation. – Septicémies, méningo-encéphalites et avortements.	Douleurs abdominales, diarrhées, nausées, vomissements, fièvre le plus souvent élevée, et parfois céphalées.	Troubles oculaires et neurologiques, voire accidents cardiaques et respiratoires.	– Cloques aux mains, aphtes, maux de gorge et fièvre modérée. – Ces symptômes disparaissent au bout de quelques jours.
Prévention/ règles d'hygiène	– Respect des conditions de conservation et des règles d'hygiène. – Éviter le lait cru, les fromages à pâte molle et bien cuire les aliments d'origine animale.	– Température de stockage des aliments < 3 °C ou > 65 °C. – Désinfection des mains indispensable.	Respect des règles d'hygiène lors de la conservation des aliments à la maison.	– Contrôle et surveillance des déplacements d'animaux. – Application stricte des mesures sanitaires. – Pasteurisation des produits laitiers.

La **toxi-infection alimentaire (TIA)** est une infection d'origine alimentaire. Elle est toujours due à une bactérie ou à un virus (grippe parfois) ou à un parasite qui se trouve sur un aliment mangé.
L'intoxication résulte de l'absorption d'une toxine.

C Les maladies parasitaires

Il s'agit essentiellement de l'oxyurose (→ Fiche 6 p.82), de l'ascaridiose (ver qui se développe dans l'intestin) et du taeniasis (provoqué par un ver plat, le taenia).

D La prévention des toxi-infections alimentaires

Lors de la fabrication des aliments

Une réglementation est fixée sur la température des différentes étapes de fabrication des préparations culinaires élaborées à l'avance :
– pour la liaison chaude : les préparations culinaires élaborées à l'avance doivent être maintenues à + 63 °C jusqu'à la distribution au consommateur ;
– pour la liaison froide : refroidissement rapide de **+ 63 °C** à + 10 °C pour éviter le développement des micro-organismes ; stockage des préparations culinaires à **+ 3 °C**.

Lors de la préparation des aliments, il faut :

– vérifier les dates de péremption des aliments ;
– cuire suffisamment les aliments ;
– stocker à +3 °C les préparations culinaires ;
– bien laver et désinfecter le matériel et les locaux ;
– respecter une hygiène du personnel rigoureuse : tenue vestimentaire, hygiène des mains, visite médicale annuelle ;
– éloigner le personnel porteur sain, malade ou blessé (ex. : panaris) ;
– respecter le temps nécessaire au refroidissement rapide et le temps de remise en température des préparations culinaires ;
– respecter la réglementation en vigueur (du 29.09.1997) fixant les conditions d'hygiène applicables dans les établissements de restauration collective ;
– ne pas recongeler un produit décongelé et respecter la chaîne du froid.

E Les bactéries présentes selon la température

On définit plusieurs classes de bactéries suivant la gamme de température dans laquelle elles se développent :
– les bactéries **cryophiles**, qui se développent à des températures inférieures à 10 °C ;
– les bactéries **psychrophiles**, qui se développent jusqu'à une température inférieure à 20 °C ;
– les bactéries **mésophiles**, qui se développent dans une gamme de température comprise entre 10 °C et 45 °C ;
– les bactéries **thermophiles**, qui se développent à une température supérieure à 45 °C.

La plupart des bactéries se développent dans une gamme de température recouvrant 30 °C à 40 °C.

Entraînement 3 Nutrition

1. Citer les trois nutriments énergétiques.
2. Quels sont les nutriments non-énergétiques ?
3. Quels sont les différents groupes d'aliments ?
4. Énumérer les constituants alimentaires.
5. Quels sont les 3 types de besoins nutritionnels de la personne ?
6. Définir une carence alimentaire.
7. Quelle est l'origine du rachitisme ?
8. Quelles sont les premières dents qui apparaissent chez le nourrisson ?
9. Citer 4 caractéristiques de l'appareil digestif du nourrisson.
10. Citer 2 moyens de prévention des caries.
11. Citer 3 avantages du lait maternel.
12. Que veulent dire les initiales ALD ?
13. Jusqu'à quel âge le lait artificiel 1er âge est-il proposé au nourrisson ?
14. Indiquer le premier signe permettant de détecter une diarrhée.
15. Citer 2 signes pouvant accompagner une diarrhée.
16. Citer 3 causes possibles d'une diarrhée chez le nourrisson.
17. Indiquer le risque majeur d'une diarrhée aiguë chez le nourrisson et le jeune enfant.
18. Citer 1 légume et 2 fruits, conseillés en cas de diarrhée.
19. Pourquoi doit-on consommer un jus d'orange immédiatement après sa réalisation ?
20. Citer deux mesures préventives pour éviter les parasites alimentaires.

voir corrigé p. 104

4

Technologie

FICHE

1 Qualité de vie dans le logement

L'habitat est un facteur déterminant de santé pour l'occupant. Des règles d'hygiène et de salubrité sont fixées dans chaque département pour les habitations et leurs équipements.
Un logement est dit **insalubre** s'il présente un danger pour la santé de ses occupants.

A Hygiène et confort du logement pour le bien-être de l'enfant

1 La qualité de l'air et le confort thermique

La qualité de vie dépend de la qualité de l'air et du confort thermique dans lesquels une personne évolue.

- **La ventilation** permet d'évacuer l'air vicié (c'est-à-dire pollué). Elle se fait soit naturellement (par les grilles d'aération ou en ouvrant les fenêtres), soit mécaniquement par la VMC (Ventilation Mécanique Contrôlée).
- **Le chauffage** permet d'élever la température de l'air ambiant pour donner une sensation de bien-être. Il peut être central ou divisé. Les énergies utilisées sont le gaz, le fioul et l'électricité.
- **La climatisation** permet de refroidir l'air ambiant pour lutter contre la sensation d'inconfort lorsqu'il fait très chaud.

2 Les dangers sanitaires dans le logement

- **L'amiante** contenue dans les faux plafonds peut, lorsqu'ils se dégradent, libérer des fibres dans l'atmosphère. Leur inhalation présente des risques pour la santé.
- **Le radon** est un gaz radioactif qui provient de la désintégration du radium, un élément présent naturellement dans la croûte terrestre. Il s'accumule dans les espaces clos mal ventilés.
- **Le plomb** est présent dans les canalisations et les peintures des bâtiments anciens ; il cause chez les jeunes enfants une intoxication, le saturnisme.
- **Le monoxyde de carbone (CO)**, gaz incolore et inodore, est dangereux lorsqu'il est inhalé. Il peut provoquer des intoxications plus ou moins graves, parfois mortelles. C'est un dysfonctionnement des chaudières au fioul, au gaz, au kérosène, au bois ou au charbon qui est à l'origine de ce gaz.

3 Le confort acoustique

Le bruit est une nuisance sonore. Il se mesure en décibels. Pour lutter contre le bruit, il est possible : de parler moins fort, de manipuler les objets en les soulevant, d'isoler les lieux bruyants, d'insonoriser les locaux (double vitrage), de porter des casques…

4 Le confort visuel

Les besoins en lumière évoluent avec l'âge et l'éclairage doit être suffisant pour éviter la fatigue oculaire. Il est nécessaire de répartir les sources lumineuses pour éviter les lumières trop vives et les zones d'ombre (les écarts de luminosité étant fatigants pour l'œil).

B Les aménagements spécifiques du logement

L'organisation de l'espace permet :
- à l'enfant de retrouver rapidement le matériel dont il a besoin ;
- d'amener l'enfant à faire des choix et à prendre des initiatives ;
- à chaque enfant de mieux se concentrer sur sa tâche ;
- de meilleures interactions entre les enfants lors de la période d'ateliers libres ;
- à l'adulte de mieux observer chaque enfant durant les activités ;
- de respecter des règles d'hygiène (espace de change différent du coin repas).

Les espaces de repos

→ Ils correspondent aux endroits les plus calmes du logement : une chambre, un dortoir ou un coin pour lire et se reposer.
→ Température autour de 19°C.
→ Stores et rideaux pour créer de la pénombre.
→ Peu de mobilier et décoration réduite.
→ Berceaux ou petit lit à barreaux (pour le nourrisson), lit sans barreaux (vers 2 ans), puis lits plus grand (vers 3 ans).

Les espaces de repas

→ Mobilier adapté à l'âge de l'enfant et facile d'entretien (respect des normes d'hygiène et de sécurité).
→ Pour les nourrissons : position semi-assise sur un transat ou une chaise haute.
→ À partir de 1 an : position assise (chaises basses et stables) en petit groupe autour d'une table pour que l'adulte puisse aider chacun d'eux.
→ À partir de 3 ans : position assise, en nombre plus important autour d'une table.

Les espaces sanitaires

→ Dans les structures collectives, ils doivent répondre à des normes très strictes d'hygiène et de sécurité et ils doivent être bien distincts des autres espaces.
→ Pour le change, le mobilier doit être pratique et facile d'entretien.
→ Les WC sont adaptés à la taille des enfants en structure (hygiène, sécurité et autonomie de l'enfant) ; au domicile, le pot permet de faire la transition entre la couche et les WC pour adultes.

Les espaces de jeux et d'activités

Ces espaces sont souvent divisés en « coins d'apprentissages » (pour les groupes d'enfants de 2 à 5 ans). Il existe des coins différents :

le coin construction
→ Permettre un premier contact avec les mathématiques
→ Apprendre à compter, à se situer dans l'espace, à classer
→ Développer sa créativité…

le coin lecture
→ Confortable et chaleureux
→ Éloigné des zones bruyantes

le coin jeux de rôles
→ Reproduire des gestes, « faire semblant »
→ Développer sa créativité

le coin arts plastiques
→ Dessiner, manipuler

le coin musique
→ Découvrir des sons
→ Écouter de la musique.

FICHE 2 Prévention des accidents domestiques chez l'enfant

A L'identification des principaux dangers

L'accident domestique est la **première cause de mortalité infantile.** Un quart des accidents domestiques se produisent dans la **cuisine.**

Âge de l'enfant	Risques les plus fréquents	Les règles de prudence
Dès la naissance	La brûlure par un biberon	Faire attention au micro-onde : le biberon reste froid alors que son contenu peut être brûlant. Il faut toujours le secouer pour uniformiser la température et verser une goutte de lait sur le dos de la main.
	Un bain trop chaud	La température du bain doit être comprise entre 35 °C et 37 °C. Il faut contrôler la température avant d'y mettre l'enfant (il est préférable de verser d'abord l'eau froide, puis l'eau chaude).
	L'étouffement dans le lit	Il faut éviter les couettes et limiter le nombre de peluches (vérifier l'âge inscrit sur les jouets qui restent dans le lit).
À partir de 3 mois	La chute depuis la table à langer ou la chaise haute	Ne jamais laisser seul l'enfant sur sa table à langer et l'attacher dans sa chaise haute.
	La noyade dans le bain	Ne jamais laisser seul l'enfant dans son bain.
	La suffocation	Ne pas laisser traîner des petits objets tentants pour l'enfant (billes, cacahuètes, bonbons…).
À partir de 9 mois	L'électrocution	Équiper l'appartement de caches prises.
	La coupure	Ne jamais laisser à la portée des enfants des couteaux, rasoirs…
	L'écrasement des doigts dans la porte	Équiper les portes de systèmes de blocage.
À partir de 12 mois	La brûlure dans la cuisine	Faire attention à la porte brûlante du four et ne pas hésiter à l'isoler par une grille de protection.
	La chute dans les escaliers	De petits portails permettent de fermer l'accès aux escaliers. Il faut apprendre dès que possible aux enfants à descendre les marches.
	L'asphyxie par enfermement de la tête dans un sac plastique	Apprendre aux enfants à ne jamais se mettre de sac sur la tête.
À partir de 18 mois	La chute par défenestration	Équiper les balcons de grillages fins et retirer les chaises et transats de façon à ce que les enfants ne puissent pas escalader. Les fenêtres peuvent être équipées de système de sécurité.
	La brûlure par manipulation d'allumettes ou de briquets	Ne laisser ni briquet ni allumettes à portée de main des enfants.
À partir de 2 ans	L'empoisonnement par ouverture de flacons	Ranger les produits dangereux dans des placards fermés à clés et les laisser impérativement dans leur contenant d'origine.
À partir de 4 ans	La chute à vélo	Équiper les enfants d'un casque.

Plus l'enfant grandit et donc acquiert de l'autonomie, plus les risques d'accidents domestiques augmentent (les objets jusqu'alors inconnus deviennent accessibles : la poignée de la casserole sur le réchaud, les produits rangés dans les placards plus

facilement débusqués…). Les dangers doivent être identifiés par les adultes et expliqués (il est nécessaire de le répéter à l'enfant plusieurs fois).
Mais les menaces ne s'arrêtent pas au foyer (trafic automobile, vélos intrépides, chiens…). L'âge augmentant, les accidents à la maison diminuent et surviennent de plus en plus à l'extérieur de la maison.

B Les risques liés à l'alimentation en électricité

L'alimentation électrique nécessite une installation conforme aux normes pour éviter tout risque d'électrocution. Certains dispositifs de sécurité existent :
– le **disjoncteur** : coupe le courant en cas de court-circuit ou de dépassement de puissance ;
– la **mise à la terre des prises de courant** : évacuation des éventuelles fuites de courant vers la terre ;
– le disjoncteur divisionnaire ;
– la norme NF (les appareils doivent être en bon état : pas de fil dénudé…).

À savoir

Pour utiliser plusieurs appareils électriques en même temps, il faut que le total de la puissance ne dépasse pas la puissance disponible indiquée sur la facture d'électricité.

C Les risques liés à l'utilisation de l'eau

Distribution de l'eau dans le logement

Les communes ont la responsabilité de distribuer de l'eau potable (« l'eau du robinet »). Le contrôle de la qualité de cette eau est assuré par les services de la DDASS.
L'eau du robinet doit : être limpide ; être fraîche ; être sans odeur ni saveur désagréable ; garantir une certaine quantité de minéraux ; être pauvre en nitrates et sulfates ; être dépourvue de germes pathogènes ou de parasites.

Modes de production de l'eau chaude dans le logement

La production de l'eau chaude peut être **instantanée** (chauffe-eau dont l'installation doit être conforme aux normes, avec un conduit d'évacuation des fumées pour les appareils à gaz) ou **par accumulation** (avec un « ballon d'eau »).

D Les risques liés aux produits à usage familial

Les produits d'entretien phytosanitaires, vétérinaires, ainsi que les médicaments, ne doivent pas être accessibles aux enfants. Ils doivent être rangés dans des placards avec des systèmes bloc-portes ou bloc-tiroirs, être mis en hauteur et ne pas être transvasés.

E Les risques liés à l'évacuation des déchets

Le terme « eaux usées » désigne les déchets contenant plus de 95 % d'eau ; tous les autres déchets sont considérés comme solides.
Les eaux usées sont évacuées soit par le tout-à-l'égout (l'eau est évacuée vers les canalisations extérieures collectives), soit par un système d'épuration individuel en absence de tout-à-l'égout (fosses chimiques, fosses septiques, épuration biologique artificielle).

FICHE 3

L'environnement de l'enfant en collectivités

A L'organisation spatiale des locaux

L'implantation des bâtiments doit tenir compte de l'accessibilité des personnes et de l'orientation (ensoleillement) qui est un facteur important de salubrité.

L'organisation spatiale des locaux doit permettre la **circulation sans gêne des personnes**, mais elle doit aussi tenir compte de la spécificité de chaque espace de façon logique. Par exemple, les couchettes ne doivent pas se trouver dans le passage de l'entrée, mais plutôt isolées ; l'espace d'accueil et les casiers doivent eux se trouver plutôt dans l'entrée.

L'organisation de l'espace favorise ou non l'intimité et la socialisation : plus un espace est ouvert et visible et moins il y a d'intimité.

B Les aménagements des divers espaces

L'aménagement des espaces a pour but de les rendre fonctionnels. Le choix des équipements et des matériaux utilisés a donc toute son importance. Ce choix dépend des fonctions qu'ont les différents espaces (accueil, repas, change…).

1 Les matériaux

Le matériau est la matière première qui compose un objet. Chaque matériau a des propriétés différentes et est utilisé ou non en fonction des objectifs recherchés.

■ Les textiles

On appelle textile, toute matière que l'on peut transformer en fils et en tissus. Les textiles sont utilisés pour le linge, les vêtements et les rideaux, en raison de leur facilité d'entretien. Ils sont soit d'origine **naturelle** : végétale (coton, jute, coco) ou animale (laine, poils d'animaux, soie), soit d'origine **chimique** : artificielle (viscose, acétate) ou synthétique (nylon, polyester, lycra).

■ Les matières plastiques

Il en existe deux catégories : les thermoplastiques (qui se déforment à chaud) et les thermodurcissables (qui ne se déforment pas). Elles sont utilisées pour leur facilité d'entretien, leur imperméabilité (bouteilles, jouets, pots et boîtes alimentaires…).

■ Les caoutchoucs naturels et synthétiques

Le caoutchouc est souple, imperméable, lavable, résistant à l'usure, imputrescible et bon isolant thermique et phonique. On l' utilise pour les revêtements de sols, les jouets.

■ Le verre

Il est utilisé dans les cuisines pour les plats ou pour le matériel de service (verres, assiettes) et pour les fenêtres. Il résiste à la chaleur et est facile d'entretien.

■ Les produits céramiques

Ce sont les produits réalisés à partir de l'argile : les grès (équipements sanitaires et revêtements), les terres cuites, les faïences et les porcelaines.

■ Les métaux et les alliages

Les métaux proviennent de minerais et les alliages sont le mélange de plusieurs métaux (par fusion). Ils sont durs et résistants, mais sonores. Exemples : l'**aluminium** (interdit pour le matériel de cuisine), le **nickel** (robinetterie, poignée de porte), le **chrome** (robinetterie, poignée, matériel électroménager), l'**acier inoxydable** (casserole, évier, plan de travail, lave-vaisselle, lave-linge).

2 Les revêtements de surfaces

Les matériaux utilisés pour les revêtements doivent être étanches, faciles d'entretien (nettoyage et désinfection), résistants aux produits d'entretien et antidérapants.

■ **Le classement des matériaux selon leur résistance à l'usure et au feu**

– **Le classement UPEC** définit la résistance des revêtements de sol par rapport à l'Usure (U), au Poinçonnement (P), à l'Eau (E) et aux produits Chimiques (C). L'indice (1, 2, 3, 4, 5) indique le degré de résistance pour chaque critère (U1, U2, U3, U4, U5). Plus il est grand et plus le matériau est résistant.

– **Le classement au feu** s'applique aux revêtements des sols, murs, textiles muraux, rideaux (de M0 « incombustible » à M5 « très facilement inflammable »).

■ **Les revêtements textiles** sont surtout utilisés dans les espaces peu salissants (coin repos) pour revêtir les sols ou les murs. Les moquettes ne sont pas utilisées en structures collectives en raison des règles d'hygiène strictes.

■ **Les revêtements plastiques et stratifiés** sont utilisés pour les sols, les plans de travail et les portes de placards. Ils sont faciles d'entretien et supportent les détergents-désinfectants.

■ **Les revêtements en caoutchoucs naturels et synthétiques** sont utilisés pour les espaces de motricité : ils sont agréables à la marche et hygiéniques, ils sont isolants phoniques, mais ne résistent pas aux agents chimiques (non recommandé en cuisine).

■ **Les revêtements céramiques** sont durs, résistants à l'eau et à l'usure, faciles d'entretien et durables. Ils sont donc utilisés pour les sols et les murs des pièces humides : sanitaires, cuisine, salle de bains.

■ **Les peintures** sont très utilisées en collectivités pour leur facilité d'entretien et leur résistance.

■ **Le papier peint** est plus chaleureux que la peinture, mais il est plus fragile et n'est pas toujours lavable. Il est surtout posé dans les endroits peu salissants (dortoirs, coins repos).

C Les normes et symboles de sécurité

Pour qu'un environnement soit agréable et confortable, il doit répondre à des critères de température, d'humidité, d'hygiène, de sécurité et d'esthétisme.

■ **Les normes de sécurité pour le matériel et les équipements**

NF (pour normes françaises) atteste qu'un produit est conforme à la sécurité, la santé. CE (pour certificat européen) permet la mise sur le marché d'un produit dans l'Union Européenne.

■ **Les symboles de danger**

Ils apparaissent sur tous les produits présentant un risque particulier ; ils sont noirs sur fond orange.

■ **Les symboles de sécurité électrique**

Ils apparaissent notamment pour l'utilisation des appareils électriques utilisés dans des locaux humides.

Attention à :

Un nouveau système, le SGH (Système Général Harmonisé de classification et d'étiquetage des produits chimiques) sera appliqué à compter du 1er décembre 2010 pour les substances et du 1er juin 2015 pour les mélanges. Les symboles sont noirs sur fond blanc, encadrés de rouge (→ rabat de couverture).

FICHE

4 Matériels et produits liés aux soins, au confort

A Les matériels d'hygiène et de confort

1 Le matériel d'hygiène

Il s'agit :
– des baignoires : soit fixées sur un plan de travail dans les collectivités (de petites tailles, elles sont adaptées aux nourrissons) soit posées au sol au domicile ; elles peuvent également être transportables (en plastique) ;
– des tapis de change : fixés ou non sur un plan de travail ;
– des sièges pour asseoir l'enfant dans l'eau ;
– un thermomètre ;
– une brosse ou un peigne…

2 Le matériel de confort

■ **Dans les espaces de repos** (→ Fiche 1 p. 88)

On trouvera :
– des lits (berceaux, lits à barreaux, lits pliants ou matelas au sol) : ils sont fonction de l'âge de l'enfant, de l'endroit (crèche, maison), du prix… ;
– des transats, des coussins, des tapis d'éveil : leur utilisation dépend de l'âge de l'enfant, du lieu et du moment de la journée (rythme de l'enfant, de la structure, de la famille).

■ **Pour les déplacements**

On utilise :
– les poussettes ; elles sont fonction de l'âge de l'enfant (landau, poussette classique, poussette-canne). L'enfant peut également marcher avec l'aide de l'adulte ou non en fonction de son âge, du lieu… ;
– le trotteur (seulement à l'intérieur) ;
– le siège-auto, adapté à l'âge de l'enfant.

■ **Pour les repas**

On peut utiliser :
– le transat pour les nourrissons ;
– la chaise haute : elle doit être équipée d'une sangle d'entrejambe et d'une sangle ventrale (il ne faut pas mettre un bébé de moins de 6 mois dans une chaise haute) ;
– des tables et des chaises adaptées à l'âge des enfants (à leur taille) (→ Fiche 1 p. 88).

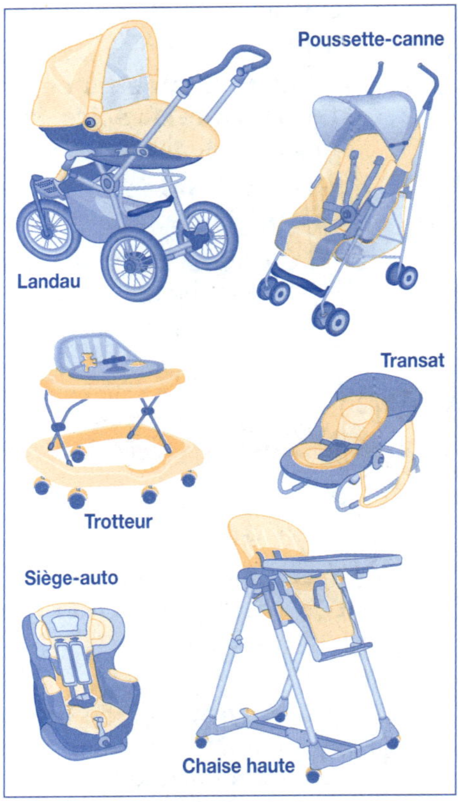

Tous ces matériels doivent être conformes à la norme NF.

3 Le matériel de préparation des repas

■ **Les biberons**

Ils sont en verre Pyrex (supportant une température élevée) ou en plastique (légers, ils supportent l'ébullition). Ils sont équipés d'une **tétine**, d'une **bague** et d'un **capuchon**. Les tétines ont des perçages différents permettant de réguler le débit : 1 (=lent), 2 (=moyen), 3 (=rapide).

■ **Le chauffe-biberon**

Il est en plastique. Il permet de chauffer les biberons et les petits pots. Un thermostat permet d'obtenir la bonne température (c'est l'eau contenue dedans qui chauffe).

■ **Le matériel de stérilisation des biberons**

Pour stériliser les biberons, on utilise **la stérilisation à froid** (grâce à un procédé chimique) ou **la stérilisation à chaud** (par vapeur ou ébullition).

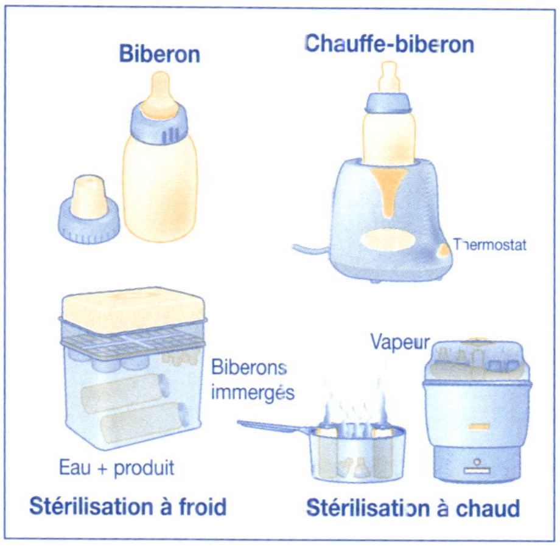

B Les produits d'hygiène corporelle

Les produits d'hygiène sont destinés à la propreté du corps (à ne pas confondre avec les produits cosmétiques).

■ **Le savon**

Il se commercialise sous forme de savonnette ou de savon liquide (distributeur pour mains ou gel douche).

Il présente certains **avantages** : il est nettoyant et bactériostatique (ralentit le développement bactérien). Il présente aussi des **inconvénients** : il dessèche la peau et irrite l'épiderme.

■ **Les laits de toilette**

Il existe différents laits de toilette : les laits démaquillants (qu'il faut rincer après utilisation), les laits hydratants et les laits de toilette pour enfants (rinçage à l'eau nécessaire). Ces laits peuvent être contaminés rapidement.

■ **Les shampoings**

Ils sont souvent sans savon, mais capables de dissoudre les graisses et les saletés (= pouvoir détersif). Il existe différents shampoings selon la nature des cheveux.

C Les produits et matériels de soins courants

■ **Le matériel de soins**

Ces éléments sont regroupés dans une pharmacie. Ce sont les compresses, les bandes, les pansements, les ciseaux, un thermomètre, une pince…

■ **Les médicaments de première nécessité**

Il s'agit des antalgiques et antipyrétiques, des antiseptiques à usage local (ex. collyre pour les yeux), du sérum physiologique, des produits pour les contusions, pour les brûlures…

Il faut prendre certaines précautions pour utiliser ces produits. Sont indispensables : l'accord des parents ou une ordonnance, la vérification des indications et des contre-indications, le respect des voies d'administration, de la posologie, des dates de péremption, des conditions de stockage.

Il faut toujours laisser les médicaments dans leur emballage d'origine.

Définition

Antalgiques : médicaments qui soulagent la douleur.
Antipyrétiques : médicaments qui permettent d'abaisser la fièvre.
Antiseptiques : substances qui empêchent le développement des microorganismes (par exemple sur une plaie).

FICHE 5

Matériels et produits liés aux activités de jeux et de loisirs

Ils sont choisis en fonction du développement de l'enfant et sont adaptés à son âge.

A Les matériels

1 Les mobiles

Placés au plafond ou sur le berceau, ils stimulent la vision de l'enfant. Ils permettent de décorer les lieux comme les chambres, les salles de jeux ou les salles d'accueil en structure.

2 Les jouets

Ils permettent le développement moteur et intellectuel de l'enfant. Ils développent l'éveil et favorisent les apprentissages.

Âge	Stade de développement	Caractéristiques des jouets
0 à 12 mois	C'est l'éveil des sens : le nourrisson est sensible aux couleurs, aux matières. Vers 4 mois, il tient des objets dans sa main.	Jouets sonores, colorés, de textures variées, de tailles, de formes et de couleurs différentes.
1 à 2 ans	L'enfant a besoin d'explorer, de bouger, de manipuler : il est de plus en plus habile.	Jouets à pousser (accompagnement de la marche), trotteur, jeux de construction, de manipulation…
2 à 4 ans	Maîtrise de la marche et de la parole. Il veut faire seul ; il imite les adultes.	Jeux d'activités symboliques permettant de s'identifier à l'adulte (jouer à la marchande, au docteur).

3 Les jeux

- **Le matériel pour les activités motrices**

Ils développent la coordination, l'équilibre, la maîtrise et l'endurance (ex. : ballon, tricycle, espace de jeux extérieurs…).

- **Les jeux de société**

Ils développent la réflexion, la mémorisation, l'attention, l'observation et favorisent la socialisation (par les règles du jeu et le groupe).

B Les produits

Les activités d'animation avec les jeunes enfants nécessitent des produits spécifiques.

1 La peinture

Avec les enfants, les peintures ne doivent présenter aucun risque pour leur santé.

Type de peinture	Sa composition	Son utilisation	Les supports
La gouache	Caséine émulsionnée et eau.	En pastille et en tube.	Papier, pierre, bois, verre, métal, carton.
La peinture à doigts	Conforme aux normes.	En tube (à partir de 3 ans).	Papier.
L'aquarelle	À base d'eau.	En tube ou godet.	Papier.

2 La colle

Il existe des colles vinyliques et des colles acryliques à base de résines synthétiques : la colle blanche (sans solvant et ininflammable), le bâton de colle (non toxique), le tube de colle (surveillance d'un adulte), la colle en aérosol (inflammable).

3 Les produits de modelage

Pâtes	Composition	Utilisation	Âge de l'enfant
Pâtes réutilisables	– végétale – minérale – cire	Initiation des petits. Modelage éphémère.	Plus de 3 ans sous surveillance de l'adulte.
Pâtes durcissables à l'air	– végétale – minérale	Petits modelages.	Plus de 5 ans.
Pâtes à cuire (pâte à sel, argile, pâte Fimo®)	– farine et sel – minérale – plastique	Réalisations résistantes.	Plus de 5 ans et 8 ans pour la pâte Fimo®.

C Les livres

Ils évoluent en fonction de l'âge de l'enfant et de son apprentissage de la lecture.
Le livre :
– favorise les **découvertes sensorielles** (livres papiers, tissus, plastiques…) ;
– permet d'effectuer des **activités motrices** (manipulation du livre et des pages) ;
– apporte un **moment de plaisir** (sur les genoux d'un adulte, sur un espace chaleureux au sol…) ;
– permet à l'enfant d'entrer dans **le monde du langage**.

Pour les tout-petits

Les livres présentent surtout :
– des images : de 6 à 18 mois, les enfants aiment les imagiers ;
– des personnages humains ou animaux humanisés.

De 1 à 6 ans

Il existe des livres contenant une histoire vraie ou imaginaire, des contes, des bandes dessinées, des magazines. Ils évoluent avec l'âge (la taille, le format, le nombre de pages, le rapport des images et du texte, le contenu…), avec une étape importante : **l'apprentissage de la lecture.**
Le choix du livre est fonction de la maturité de l'enfant, de ses besoins affectifs et des activités pratiquées. Différents critères peuvent alors varier : le format du livre, son épaisseur, son contenu…

	2 à 3 ans	3 à 6 ans	6 à 8 ans
Format	Petit format.	Formats variés (moyen à grand).	Format qui diminue (se rapproche de celui des adultes).
Nombre de pages	Peu (une dizaine).	30 à 40 pages.	50 à 100 pages.
Contenu	Histoires basées sur la vie quotidienne avec des personnages d'une famille et souvent animaux personnifiés.	Histoires qui concernent la vie de l'enfant (école, famille…). L'enfant s'intéresse de plus en plus au réel.	Intrigue dans l'histoire, les sentiments sont plus complexes.

FICHE 6 Les produits alimentaires

A La commercialisation des produits alimentaires

1 Les différentes formes de commercialisations

Dans le cadre de leur commercialisation, les aliments sont répartis en 5 gammes :
- 1re gamme : les produits frais du marché ;
- 2e gamme : les produits pasteurisés, stérilisés ou appertisés (en conserve) ;
- 3e gamme : les produits surgelés ;
- 4e gamme : les produits frais qui sont prêts à l'emploi ;
- 5e gamme : les produits frais ou cuisinés conservés sous vide.

2 L'étiquetage des produits

Il existe une réglementation pour protéger le consommateur. L'étiquetage doit comporter certaines mentions :

B La conservation des aliments et les préparations culinaires

Le maintien de la qualité des aliments est important pour la santé des individus. C'est pourquoi une réglementation liée à la mise en œuvre des produits alimentaires et au service des repas (dans les collectivités et en milieu familial) est mise en place.

1 La conservation des aliments

Il faut respecter le groupement des aliments par zones de froid, à savoir :
- les viandes et les poissons vers le haut du réfrigérateur (zone froide) ;
- les végétaux vers le bas (zone humide) ;
- les produits laitiers et les boissons sur le côté (à 3 niveaux différents).

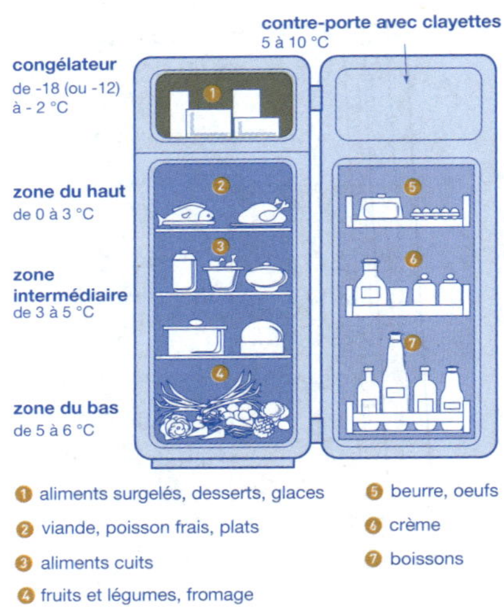

■ **Les produits réfrigérés**

Ce sont les produits alimentaires conservés en chambre froide (0 à 8 °C).

■ **Les produits surgelés**

Ce sont les produits alimentaires refroidis rapidement pour atteindre une température de -18 °C. Il ne faut pas recongeler un produit décongelé. Ces produits ne supportent **aucune rupture de la chaîne du froid**.

Les produits congelés ou surgelés doivent êtres maintenus à une température de stockage de -18 °C.

2 Les préparations élaborées à l'avance

Les plats cuisinés à l'avance font l'objet d'une réglementation particulière pour lutter contre leur contamination.

■ Pour la liaison chaude

Les préparations culinaires élaborées à l'avance doivent être maintenues à **+ 63 °C** jusqu'à la distribution au consommateur, afin d'éviter le développement des micro-organismes mésophiles et thermophiles (→ Fiche 7 p. 84).

■ Pour la liaison froide

Le refroidissement rapide de **+ 63 °C à + 10 °C** évite le développement des micro-organismes mésophiles et thermophiles. On évite ainsi une contamination des préparations culinaires.

3 La conservation des préparations culinaires

Le stockage des préparations culinaires à + 3 °C évite le développement des micro-organismes, exceptés des micro-organismes cryophiles (qui se développent à basse température).

La remise en température de + 3 °C à + 63 °C en moins d'une heure permet d'éliminer les micro organismes cryophiles et/ou les micro-organismes sporulants (→ Fiche 10 p. 66) qui auraient pu résister à + 3 °C, car le froid ne tue pas les germes, il les inhibe.

Cette température permet également de tuer les micro-organismes mésophiles et thermophiles qui auraient pu contaminer la préparation.

Définitions

- La **surgélation** est une technique industrielle qui consiste à refroidir brutalement (de quelques minutes à une heure) des aliments en les exposant intensément à des températures allant de -35 °C à -196 °C.
- La **congélation** consiste à abaisser la température d'un aliment à -18 °C, mais de façon plus lente.

Définitions

- La **liaison chaude** est une méthode de conservation d'un produit entre sa fabrication et sa consommation qui consiste à le garder à une température supérieure à 63 °C.
- La **liaison froide** est une méthode de conservation d'un produit entre sa fabrication et sa consommation qui consiste à abaisser rapidement sa température immédiatement après sa fabrication (jusqu'à +10 °C en 2 heures). Il est ensuite conservé au froid (entre 0 °C et +2 °C) puis remis à température chaude juste avant sa consommation.

C La mise en place de circuits

La mise en place de circuits permet d'éviter le croisement du propre et du sale pour éviter ainsi toute contamination du matériel ou produit propre.

La marche en avant

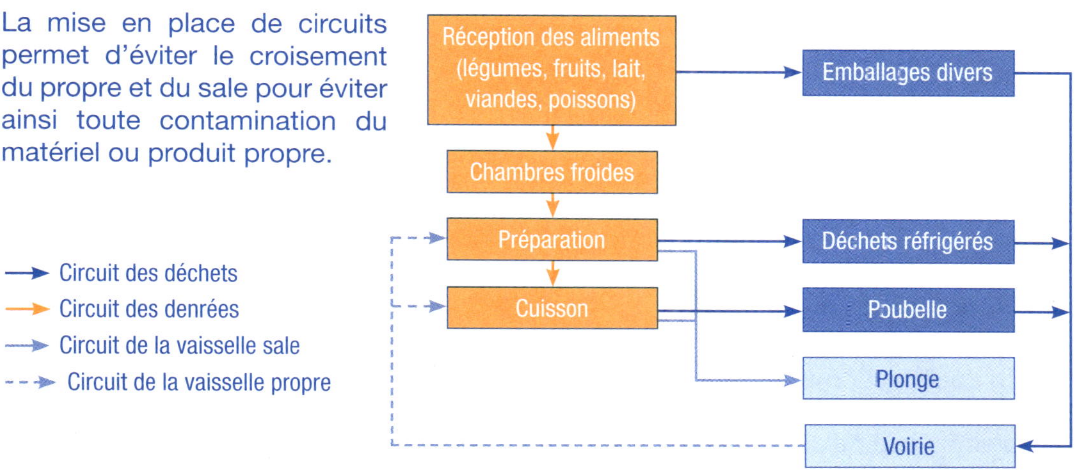

FICHE

7 Produits et matériels d'entretien des locaux et des équipements

L'hygiène permet de garantir la propreté physique (absence de salissures), la propreté chimique (absence de résidus chimiques) et la propreté bactériologique (faible teneur en micro-organismes).

A Les produits

1 Les produits de nettoyage et d'entretien des surfaces

Le **nettoyage** est l'opération qui consiste à débarrasser tous les revêtements des souillures, sans les abîmer.

Type de produit	Exemples	Mode d'action
Agglutinants	Produit pour le sol, les meubles.	Dépoussiérants, parfois antistatiques, ils fixent les poussières non adhérentes.
Détergents	Liquide vaisselle, détergent pour le sol, lessive, savon.	Ils permettent une division des taches et leur disparition dans le bain de lavage (nettoient). Ils dissolvent surtout les taches grasses.
Abrasifs	Papier de verre, pierre ponce, poudre ou crème à récurer, tampons.	Ils usent par frottements et enlèvent les salissures par grattage (récurent).
Détartrants	Liquide ou poudre de détartrage, acide phosphorique, chlorhydrique.	Ils enlèvent le tartre grâce à leur formule acide.
Solvants	Eau, essences, white-spirit, alcools, trichloréthylène.	Ils permettent la dissolution des taches par pénétration du produit.

2 Les produits de décontamination et de désinfection

La **décontamination** élimine ou inactive les micro-organismes.

a) Les produits antiseptiques et désinfectants

Type de produit	Mode d'action
Dérivés phénoliques (phénols)	Lésion de la paroi bactérienne, bactériostatique, bactéricide, fongicide.
Oxydants (eau oxygénée)	Bactériostatique.
Tensio-actifs	Lésion de la paroi, dénaturation de la membrane bactérienne (bactériostatique et bactéricide), fongistatique.
Alcool	Action sur les protéines du cytoplasme bactérien (bactéricide), fongicide.
Aldéhyde	Action sur les protéines du cytoplasme bactérien (bactéricide), fongicide, virucide et parfois sporicide.

b) Les agents antimicrobiens

■ **Les agents chimiques**

– **La désinfection** élimine ou tue les micro-organismes sur la matière inerte contaminée. Un désinfectant agit sur des **supports contaminés inertes** (exemples de désinfectants : eau de Javel, dérivés chlorés, Surfanios).

– **L'antisepsie** est l'opération qui permet de tuer ou d'éliminer les micro-organismes et/ou d'inactiver les virus sur des milieux vivants.
Un antiseptique agit sur **des milieux vivants** (exemples d'antiseptiques : eau oxygénée, Bétadine, Mercryl, liqueur de Dakin).

■ **Les agents biochimiques : les antibiotiques**
Ce sont des médicaments (Pénicillines, Céphalosporines, Aminosides, Cyclines).

■ **La stérilisation** est un procédé visant à éliminer ou tuer tous les microorganismes sur des milieux inertes. Un objet **stérile** est un objet sur lequel il n'y a pas de micro-organismes.

Définition

- **Bactéricide** : produit ayant la propriété de tuer les bactéries.
- **Bactériostatique** : produit ayant la propriété d'empêcher la multiplication des bactéries.
- **Fongicide** : produit ayant la propriété de tuer les champignons microscopiques (mycètes), y compris leurs spores (→ Fiche 10 p. 66).
- **Fongistatique** : produit ayant la propriété d'empêcher la multiplication des mycètes.
- **Virucide ou virulicide** : produit ayant la propriété de tuer les virus.
- **Sporicide** : produit ayant la propriété de tuer les spores des micro-organismes.

B Les matériels d'entretien des sols

1 Le matériel d'entretien des locaux et des équipements

■ **Le petit matériel**
Il s'agit des gants, des lavettes, de la serpillière, de la raclette, de la paille de fer, du tampon abrasif, du seau ou de la bassine.

■ **Le chariot de ménage**
Il permet de transporter en une seule fois le matériel et les produits nécessaires pour effectuer les travaux de ménage, collecter les déchets et constituer un élément de rangement.

2 Les balais

Le balayage humide est conçu pour agglutiner les poussières (balayage humide ; dans certaines collectivités, en particulier avec des enfants, le balayage traditionnel à sec est interdit).

3 Les machines

■ **L'aspirateur à poussière** : permet de soulever et transporter la poussière.

■ **L'aspiro-brosseur** : il combine le brossage et l'aspiration.

■ **L'aspirateur mixte** (eau et poussière) : il est conçu pour aspirer des solutions nettoyantes et les stocker dans une cuve étanche. L'aspirateur doit être poussé pendant son utilisation.

■ **La monobrosse** : elle peut être utilisée à la fois pour le nettoyage, le ponçage, le décapage, la rénovation et le polissage. Il faut la tirer à reculons, le fils sur l'épaule.

4 Le matériel pour le dépoussiérage humide

■ **Pour le mobilier** : les gazes imprégnées permettent l'agglutination des poussières.

■ **Pour les sols** : les balais trapèzes sont recouverts de gazes à usage unique, imprégnées d'un produit agglutinant. Ce type de balayage est appelé un balayage humide (ce n'est pas un nettoyage).

Entraînement 4 Technologie

1. Citer 3 critères influençant la qualité de vie du logement.
2. Citer 2 moyens de lutter contre le bruit au quotidien.
3. Citer 3 conditions ou aménagements favorisant le repos ou la sieste pour les nourrissons.
4. Citer 4 exemples d'accidents domestiques chez le jeune enfant.
5. Citer 2 types de production d'eau chaude dans le logement.
6. Définir le classement UPEC.
7. Que permet le classement au feu ?
8. Citer 4 règles de sécurité à observer lors de l'utilisation des produits d'entretien.
9. Citer 2 équipements de confort pouvant être utilisés pour le repas du nourrisson ou du jeune enfant.
10. La tétine d'un biberon comporte différentes vitesses. Quel est leur intérêt ?
11. Quel est le rôle de la bague de serrage du biberon ?
12. Pour laver les vêtements, on utilise une lessive. Nommer la catégorie du produit d'entretien à laquelle ce produit appartient.
13. Indiquer 2 raisons pour lesquelles il est indiqué sur l'étiquette des lessives « conserver hors de portée des enfants ».
14. Citer 4 mentions apparaissant sur l'étiquette des produits alimentaires.
15. Indiquer le mode d'action d'un détergent.
16. Citer 3 qualités d'un bon détergent.
17. Définir le nettoyage.
18. Définir la décontamination.
19. Définir la désinfection.
20. Définir la stérilisation.

voir corrigé p. 104

Corrigés

Entraînement 1

1 Un enfant de 1 an a besoin de 12 à 14 heures de sommeil.

2 Pour stimuler l'apprentissage de la marche, il est possible : d'installer des objets et meubles bas sur le parcours de l'enfant, de proposer un jouet porteur, un trotteur, de tenir l'enfant par une main…

3 Pour qu'un enfant acquière la propreté, il faut qu'il ait une certaine maturité affective, une maturité sphinctérienne et une certaine maturité intellectuelle.

4 Pour stimuler le langage chez le jeune enfant, il faut lui parler, chanter, lire des histoires, jouer avec lui.

5 Le carnet de santé est édité par le Département (collectivité territoriale ; Conseil Général).

6 L'organisme qui verse les prestations familiales liées à la présence d'un enfant est la CAF : Caisse d'Allocation Familiale.

7 L'autorité parentale regroupe l'ensemble des droits et des devoirs des parents envers leurs enfants mineurs.

8 La filiation est le lien juridique qui unit une personne à ses parents.

9 L'autorité parentale peut être exercée par le père, la mère ou le tuteur de l'enfant.

10 Le droit de garde suppose pour les parents d'assurer la sécurité ainsi que le bien être matériel et affectif de l'enfant.

11 L'agent responsable de la gale est le sarcopte.

12 Une maladie infectieuse comporte 4 phases d'évolution : une phase d'incubation, une phase d'invasion, une phase d'état, une phase de guérison.

13 Les maladies infantiles sont : la rougeole, la varicelle, les oreillons et la scarlatine.

14 Le secret professionnel consiste en l'obligation de ne pas révéler d'informations dont la personne est dépositaire par sa profession.

15 Les signes qui peuvent signaler la présence de poux chez l'enfant sont : les démangeaisons à la tête et la présence de lentes et de poux dans le cuir chevelu.

16 Le schéma corporel correspond à la perception que l'on a de son corps.

17 Le service du Département qui participe à l'utilisation du carnet de santé est la PMI (Protection Maternelle et Infantile).

18 L'agrément des assistants maternels est délivré par le département (Conseil Général).

19 Le DTPolio (contre la diphtérie, le tétanos et la poliomyélite) est un vaccin obligatoire.

20 ASE signifie l'Aide Sociale à l'Enfance.

Entraînement 2

1 La fonction de relation (adaptation à l'environnement) ; la fonction de nutrition ; la fonction de reproduction.

2 Un tissu est un ensemble de cellules semblables qui participent en commun à une fonction déterminée.

3 Les 3 couches de la peau sont l'épiderme, le derme et l'hypoderme.

4 En dehors de la protection, la peau à une fonction de thermorégulation, d'excrétion, de sensibilité, la respiration, de production de vitamine D.

5 Enduire les lèvres d'une pommade grasse permet d'éviter les gerçures.

6 Le système nerveux est constitué :
– du système nerveux cérébro-spinal (sous l'influence de notre volonté) ;
– du système nerveux végétatif (indépendant de notre volonté, il régule nos fonctions vitales ; il est sous le contrôle de l'hypothalamus).

7 Le système nerveux central est constitué de l'encéphale et la moelle épinière.

8 L'encéphale comprend 3 parties : le cerveau (divisé en 2 hémisphères), le cervelet et le tronc cérébral.

9 Le système nerveux périphérique comprend 12 paires de nerfs crâniens et 31 paires de nerfs rachidiens.

10 Le neurone a pour propriétés :
– l'excitabilité (il engendre l'influx nerveux suite à une excitation, un stimulus) ;
– la conductibilité (il conduit l'influx nerveux).

11 La synapse est la jonction entre deux cellules d'un circuit nerveux.

12 L'activité réflexe est une réponse motrice involontaire, automatique et immédiate en réponse à une stimulation.

13 L'activité volontaire est un acte voulu et conscient qui implique une phase sensorielle, une phase centrale et une phase motrice.

14 – Les 3 membranes du globe oculaire : la sclérotique, la choroïde, la rétine.
– Les 4 milieux transparents : l'humeur aqueuse, le cristallin, le corps vitré, la cornée.

15 Les photorécepteurs de la rétine, cônes et bâtonnets, captent les photons déclenchant des réactions chimiques et électriques permettant de traduire l'image en influx nerveux, transmis dans le nerf optique.

16 Les 3 types d'os sont : les os plats, les os courts et les os longs.

17 Le muscle a 5 propriétés essentielles : l'excitabilité, la contractilité, l'élasticité, la tonicité et la fatigabilité.

18 – Classement selon le degré de mobilité des articulations : les articulations mobiles, les articulations semi-mobiles et les articulations immobiles.
– Classement selon leur structure : les articulations synoviales, les articulations cartilagineuses et les articulations fibreuses.

19 Le sang est un tissu dans un liquide (le plasma). Il est composé de cellules spécialisées : les hématies ou globules rouges, les leucocytes ou globules blancs (les lymphocytes, les polynucléaires et les monocytes) et les thrombocytes ou plaquettes sanguines.

20 Autres voies possibles de pénétration des micro-organismes : voie respiratoire, voie digestive, voie sexuelle, voie urinaire, voie sanguine.

Entraînement 3

1 Les nutriments énergétiques sont : les protéines, les lipides et les glucides.

2 Les éléments non-énergétiques sont : l'eau, les minéraux et les vitamines.

3 Groupe 1 : lait et produits laitiers
Groupe 2 : viandes – poissons – œufs
Groupe 3 : fruits et légumes frais
Groupe 4 : céréales (pain) – féculents – légumes secs
Groupe 5 : matières grasses
Groupe 6 : produits sucrés
Groupe 7 : boissons

4 Les constituants alimentaires sont : les glucides, les lipides, les protides, les éléments minéraux, les vitamines, l'eau et la cellulose.

5 Les trois types de besoins sont : énergétiques, structuraux et fonctionnels.

6 Une carence est une maladie engendrée par l'absence d'une substance que l'alimentation n'apporte pas.

7 Le rachitisme provient d'une déficience en calcium.

8 Les incisives (centrales) sont les premières dents du nourrisson.

9 Caractéristiques de l'appareil digestif du nourrisson :
– pas de dents ;
– glandes salivaires non fonctionnelles ;
– anatomie adaptée à la succion ;
– œsophage très court ;
– estomac très petit (volume) ;
– cardia mal fermé ;
– péristaltisme retardé ;
– absence d'amylase au niveau de l'intestin.

10 – Le brossage des dents évite la formation du tartre (trois fois par jour).
– La prise journalière de fluor renforce l'émail des dents.
– La consommation de sucreries ainsi que la prise de sirops sucrés doivent être limitées.
– Les visites chez le dentiste deux fois par an permettent de déceler les lésions à leur début.

11 – Il y a 3 fois moins de protéines dans le lait maternel que dans le lait de vache.
– La qualité des lipides est meilleure.
– Le lait maternel est plus riche en glucides et surtout en lactose.
– Le lait maternel a un pouvoir de protection anti-infectieuse.
– Le lait maternel permet une relation privilégiée entre la mère et l'enfant.

12 ALD signifie Aliments Lactés Diététiques.

13 Le lait artificiel 1er âge est proposé jusqu'à 5 mois environ.

14 Des selles liquides sont le premier signe permettant de détecter une diarrhée.

15 La fièvre, des vomissements, le manque d'appétit, des douleurs abdominales ou la soif peuvent accompagner une diarrhée.

16 L'intoxication alimentaire, l'infection, l'intolérance alimentaire, une poussée dentaire, un excès de fruits ou de légumes sont des causes possibles de diarrhée chez le nourrisson.

17 Le risque majeur d'une diarrhée aiguë est la déshydratation.

18 Riz, pomme, coing et banane sont conseillés en cas de diarrhée.

19 Boire immédiatement le jus permet d'éviter la perte de la vitamine C.

20 Se laver les mains, laver correctement les mains des enfants avant les repas, laver correctement les fruits et les légumes, bien cuire les aliments… sont des moyens d'éviter les parasites alimentaires.

Entraînement 4

1 La ventilation (qualité de l'air), le chauffage, la climatisation influencent la vie du logement.

2 Il est possible de parler moins fort, de manipuler les objets en les soulevant, d'isoler les lieux bruyants, d'insonoriser les locaux (double vitrage), de porter des casques…

3 Pour favoriser le repos, il faut :
– un endroit calme ;
– une température autour de 19°C ;
– des stores et rideaux pour créer de la pénombre ;
– du mobilier et une décoration réduits ;
– des lits adaptés à l'âge de l'enfant…

4 La brûlure, la chute, l'étouffement, la noyade, l'empoisonnement, l'électrocution sont des accidents domestiques fréquents chez le jeune enfant.

5 La production peut être instantanée (chauffe-eau) ou par accumulation (« ballon d'eau »).

6 Le classement UPEC définit la résistance des revêtements de sol par rapport à l'usure (U), au poinçonnement (P), à l'eau (E) et aux produits chimiques (C). L'indice (1, 2, 3, 4, 5) indique le degré de résistance pour chaque critère (U1, U2, U3, U4, U5).

7 Le classement au feu permet de classer les revêtements des sols, murs, textiles muraux et rideaux en fonction de leur degré de combustibilité (de M0 « incombustible » à M5 « très inflammable »).

8 – Laisser le produit dans son emballage d'origine.
– Ne pas mélanger les produits.
– Préférer les produits ayant un bouchon de sécurité.
– Mettre des gants si nécessaire.
– Bien lire et respecter l'étiquette.
– Utiliser en l'absence d'enfant…

9 – Le transat pour les nourrissons.
– La chaise haute.
– Des tables et des chaises adaptées à l'âge des enfants (à la taille).

10 Les différentes vitesses de la tétine d'un biberon permettent de fixer le débit.

11 La bague de serrage du biberon permet de réguler l'entrée d'air et le débit.

12 La lessive est un détergent.

13 « Conserver hors de portée des enfants » s'applique aux risques d'absorption ou d'ingestion, aux risques de projection au niveau des yeux et aux risques d'irritation ou de brûlure de la peau.

14 L'étiquetage comporte comme mentions : la dénomination du produit ; la liste des ingrédients ; la quantité nette du produit ; la date limite de consommation ou d'utilisation ; les coordonnées du fabricant ; les conditions de conservation.

15 Un détergent décolle et dissout les salissures.

16 Un bon détergent se dilue facilement ; se rince facilement ; son utilisation est facile ; il est sans risque pour l'environnement ; il n'est pas agressif pour la peau ; il n'abîme pas les matériaux.

17 Le nettoyage est l'opération qui consiste à débarrasser tous les revêtements des souillures, sans les abîmer (pour cela, il faut tenir compte de la concentration en détergent, de la durée d'action du produit, de la température de l'eau, de la nature des surfaces et des souillures et de la dureté de l'eau).

18 La décontamination élimine ou inactive les micro-organismes.

19 La désinfection élimine ou tue les micro-organismes sur la matière inerte contaminée.

20 La stérilisation est un procédé physique ou chimique durable et vérifiable, visant à éliminer ou tuer tous les micro-organismes portés par des milieux inertes contaminés.

FICHES DE RÉVISION

Techniques

professionnelles

5

Techniques professionnelles sanitaires

Des outils pour bien utiliser ces fiches

Ces fiches techniques professionnelles sanitaires vous permettront de vous préparer à l'épreuve EP1 : prise en charge de l'enfant à domicile.

1 S'adapter et s'évaluer

■ Pour chacune des situations professionnelles que vous réaliserez, il faudra, à partir de ces fiches, adapter votre geste. Pour cela vous devez **analyser la situation** :

Qui êtes-vous ? ex. un assistant maternel agréé salarié d'une crèche, un indépendant…

Où exercez-vous ? ex. à votre domicile, au domicile des parents, en visite dans une crèche…

À quel besoin de l'enfant répondez-vous ? ex. au besoin de confort, d'hygiène, de sécurité, de communication…

Quelles sont les tâches que vous allez effectuer ? Un change, une toilette, un habillage…

Qui est l'enfant ? Son nom, son âge, son degré d'autonomie (et donc son degré de participation), ses particularités…

À quel moment de la journée ? Le matin, le midi, le soir, l'heure avant/après la sieste, avant/après le repas, après une sortie…

■ Pour évaluer votre technique, voici des **critères d'évaluation** génériques qui seront valables pour toutes les situations :

- **l'organisation et l'ergonomie :** mise à disposition du matériel et des produits, bon positionnement devant le plan de travail ;
- **l'hygiène :** respect du circuit propre/sale, tenue propre ;
- **le confort :** choix de vêtements propres adaptés à l'âge de l'enfant, à son poids, à la saison, à la température, au moment de la journée, à l'activité prévue (couché, balade…) et manipulation de l'enfant adaptée et non brutale ;
- **la sécurité :** bon maintien de l'enfant pour éviter les chutes, ne pas s'éloigner du plan de travail ;
- **l'économie :** pas d'utilisation de matériel ou de produits non indispensables à la tâche, pas de change de vêtements si cela n'est pas demandé (ou pas nécessaire), respect des doses pour l'utilisation des produits (savon, détergent…).
- **la communication :** échanges avec l'enfant tout au long de la tâche, favoriser le contact des mains (permet également de rassurer l'enfant) ;
- **la qualité du résultat :** habillage correct de l'enfant (boutonné, enfilé dans le bon sens) et participation de l'enfant (habillage avec de l'aide, assis, debout ou couché).

■ Et enfin, voici les **critères de réussite** vous permettant de dire que vous avez accompli correctement votre tâche :

- **préparation** correcte des produits et du matériel.
- **maîtrise des techniques** mises en œuvre (pertinence du geste, ordre logique des opérations, utilisation correcte des produits et du matériel) ;
- **respect des règles** d'hygiène et de sécurité, respect de la pudeur de l'enfant ;
- **comportement** relationnel adapté ;
- **transmission** des informations.

2 Quelques remarques pour l'examen

■ La mise en tenue professionnelle

Elle n'est pas évaluée lors de l'épreuve EP1 puisque l'épreuve se déroule à domicile. En revanche, cela vous est utile pour vos stages et pour l'épreuve EP3.

De plus, même si à domicile il n'est pas exigé de tenue particulière, **il est nécessaire d'avoir une tenue adaptée à la situation de garde d'enfant** (tenue confortable et pratique, facilitant les mouvements : éviter les talons et chaussures glissantes…) et de respecter les règles d'hygiène et de sécurité (être propre, porter une tenue propre, avoir des ongles courts pour l'hygiène, mais aussi pour ne pas griffer les enfants…).

Le plan de travail

Pour chaque fiche, **nous partirons toujours du principe que le plan de travail et le matériel sont propres**, comme ils sont nettoyés et désinfectés à la fin de chaque technique professionnelle. Si cela n'était pas le cas lors d'une situation, vous auriez alors à le faire en début de tâche, puis à nouveau à la fin.

Nous vous rappelons qu'au domicile, vous n'avez pas de détergents/désinfectants, souvent utilisés en structure collective. On utilise des lingettes nettoyantes ou lavettes avec un produit nettoyant, mais il faut cependant régulièrement désinfecter le matelas de change.

Le circuit propre/sale

Ce circuit permet de respecter les règles d'hygiène et de sécurité. Il comprend un **côté propre** avec les vêtements, le matériel et les produits propres et un **côté sale** avec la poubelle et la corbeille de linge sale (→ Fiche 6 p. 122).

Le circuit propre est à gauche sur les schémas des fiches techniques, mais il peut arriver qu'il soit à droite dans la pratique : si la poubelle est à gauche et le lavabo à gauche du matelas de change par exemple, alors le propre sera mis à droite.

La communication

Elle est très importante lors des épreuves pratiques. Votre attitude influence le jury et elle laisse paraître votre façon de communiquer. Il est important de montrer que vous respectez l'enfant et les adultes avec lesquels vous travaillez. Pensez donc à communiquer avec l'enfant (pour favoriser l'apprentissage du langage, mais aussi pour le rassurer), soyez souriante, agréable, mais sans exagération !

L'hygiène et l'ergonomie

L'hygiène correspond à l'ensemble des méthodes et des pratiques tendant à préciser et à améliorer la santé. L'**ergonomie** permet en l'occurrence d'améliorer les conditions de travail ainsi qu'une meilleure adaptation du travail à l'homme ou de l'homme au travail.

Le personnel doit adopter de bonnes postures corporelles pour :
- prévenir la fatigue ;
- prévenir les douleurs et pathologies ostéoarticulaires ;
- réduire la pénibilité du travail ;
- assurer la sécurité et le confort de l'usager.

Il convient de soulever une charge de telle manière que les contraintes sur le disque intervertébral soient limitées. Pour cela, certains principes de base doivent être respectés.

Les principes du port de charges sont transposables à la manutention des nourrissons.

FICHE

1 Le lavage des mains

OBJECTIF : prévenir les contaminations manuportées pour assurer l'hygiène.

A Les différentes méthodes de lavage

Le lavage des mains s'effectue **au début et à la fin** de chaque tâche.
Le lavage simple et le lavage antiseptique permettent une élimination croissante de la flore des mains.
La désinfection hygiénique des mains par friction (surtout utilisée en structures collectives) est une méthode simple, rapide et efficace. Elle emploie un produit appelé **solution hydro-alcoolique** et se réalise sur des mains sèches, non lésées, non souillées visuellement et non revêtues de gants de protection. Cette méthode est pratique lorsque le poste de lavage des mains est éloigné ; il faut cependant un nouveau lavage de mains au bout d'un certain nombre de frictions (4-5).

B Quand se laver les mains ?

	Lavage simple	Lavage antiseptique
Vie quotidienne	– Avant de passer à table. – Après un passage aux toilettes. – Après des travaux salissants. – Avant de manipuler des aliments.	Avant de réaliser le soin d'une plaie simple.
Vie professionnelle	– Après des travaux d'entretien. – Après la manipulation des poubelles, du linge sale. – Après tout travail salissant.	– Dans les zones à risques avant tout travail et après toute opération contaminante. – Avant de réaliser un soin. – Après avoir réalisé un soin. – Avant de distribuer des repas.

C Le lavage simple des mains

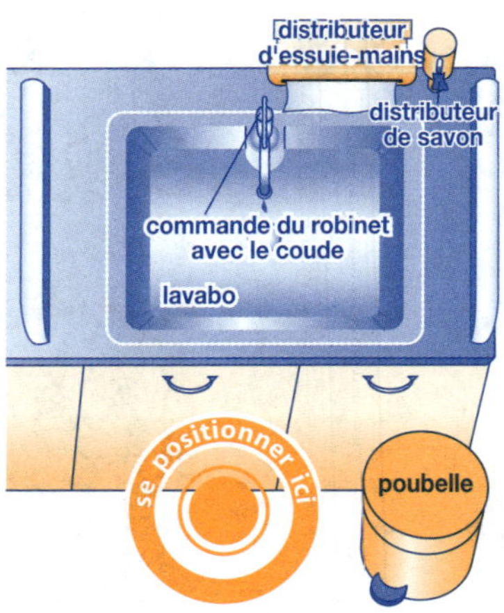

MATÉRIELS ET PRODUITS

- un poste d'eau
- un distributeur de savon liquide
- un distributeur d'essuie-mains
- une poubelle à pédale

Préparation

1 Porter une tenue adaptée : vêtements facilitant les mouvements, chaussures claires, confortables et silencieuses, cheveux attachés.

2 Préparer le lieu : vérification de la présence du poste de lavage, de la poubelle…

3 Préparer le matériel et des produits : mise en place correcte des éléments et à la bonne hauteur.

Exécution

1 Enlever les bijoux (bagues, bracelet de montre…).

2 Mouiller les mains et les poignets avec de l'eau.

3 Savonner les poignets et les mains en insistant sur les espaces interdigitaux du plus propre au plus sale (terminer par les ongles et le bout des doigts).

4 Rincer à l'eau courante (faire couler l'eau des doigts vers les poignets).

5 Sécher les mains avec du matériel à usage unique (en structure) en tapotant la peau.

Rangement et nettoyage

1 Fermer le robinet à l'aide d'un papier à usage unique (si lavabo à commande manuelle).

2 Jeter le papier à la poubelle en évitant tout contact entre la peau et la poubelle.

LES CRITÈRES D'ÉVALUATION

- **L'organisation et l'ergonomie** : mise à disposition du matériel et des produits près du poste de lavage et posture correcte durant le lavage des mains (dos droit).
- **L'hygiène** : tenue propre et nette ; cheveux attachés ; manches courtes ou relevées ; bijoux enlevés ; ongles courts et sans vernis.
- **Le confort** : tenue adaptée (possibilité de faire des mouvements sans compromettre votre sécurité ou celle de l'enfant) ; chaussures confortables et stables.
- **La sécurité** : projection d'eau au sol limitée ; utilisation d'une poubelle à pédale ou d'une poubelle sans couvercle.
- **L'économie** : respect des doses pour l'utilisation des produits (savon, savon antiseptique) et utilisation du papier feuille par feuille pour s'essuyer les mains.
- **La qualité du résultat** : mains sèches, sans savon et sans traces de saleté ; ongles propres (la durée moyenne du lavage ne doit pas être inférieure à 2 minutes) ; lavage des mains adapté à la situation (moment opportun).

FICHE

2 La tenue professionnelle

OBJECTIF : assurer les règles d'hygiène et prévenir les contaminations.

La tenue professionnelle varie en fonction du milieu professionnel. **Elle doit répondre à des critères d'hygiène, de sécurité, de confort, d'esthétique et doit permettre d'être reconnu par les usagers.**

A Les différents types de tenues professionnelles

Le choix du tissu

Deux familles de matériaux sont utilisées pour confectionner les tenues professionnelles :
– **les non tissés** : ils sont étanches aux micro-organismes, mais sont fragiles ; ils servent à confectionner des tenues ou des accessoires à usage unique ou à usage court (2 à 3 utilisations) ;
– **les tissés** : ce sont des tissus réalisés sur un métier à tisser ; ils servent à confectionner des tenues à usage long.

À chaque lieu, une tenue adaptée

– **En structure d'accueil petite enfance** : blouse blanche ou vêtements propres, repassés et réservés pour le milieu professionnel, manches courtes, chaussures silencieuses et souples utilisées uniquement pour la structure avec un talon de 3 cm maximum, cheveux propres et attachés.

– **Au domicile et en centre de loisirs** : vêtements de la vie courante, blouse pour les activités intérieures et tenue adaptées aux activités de plein air, chaussures adaptées, cheveux propres et attachés.

– **En école maternelle** : vêtements de la vie courante, tablier et blouse (autre que blanche), chaussures adaptées, cheveux propres et attachés.

Les compléments de tenue

Il existe en structure collective des compléments à cette tenue professionnelle selon les tâches effectuées :
– la charlotte (souvent jetable) qui retient les cheveux, est utilisée lors des préparations des collations ou des préparations culinaires ;
– le masque qui retient les postillons ;
– la surblouse (souvent jetable) pour l'entretien de locaux, qui permet de protéger la tenue professionnelle ;
– les gants, à usage unique, qui permettent d'effectuer des gestes « sales » ou de se protéger si les mains présentent des coupures, des irritations… ;
– les surchaussures à usage unique qui permettent de circuler dans des zones sensibles.

B La mise en tenue professionnelle

MATÉRIEL

• des vêtements propres

Préparation

1 Se laver les mains.

2 Préparer le lieu, fermer les fenêtres.

Exécution

1 Ôter ses vêtements de ville, les ranger au vestiaire (dans les structures).

2 Mettre des vêtements propres et nets (la tenue pour la journée en structure et à domicile).

3 Mettre des chaussures claires, confortables et silencieuses.

4 S'attacher les cheveux, enlever les boucles d'oreilles (« créoles » ou « pendantes ») que l'enfant peut attraper avec ses mains.

Rangement et nettoyage

Ne jamais mettre en contact le « propre » et le « sale » (la tenue professionnelle et les vêtements de ville).

LES CRITÈRES D'ÉVALUATION

- **L'organisation et l'ergonomie** : mise à disposition de la tenue (vêtements propres et chaussures) près du vestiaire ou de la pièce adaptée (à domicile : dans la chambre ou la salle de bains) ; posture correcte durant la mise en tenue (dos droit).
- **L'hygiène** : tenue propre et nette ; cheveux attachés ; manches courtes ou relevées ; bijoux enlevés ; ongles courts et sans vernis.
- **Le confort** : tenue adaptée (possibilité de faire des mouvements sans compromettre votre sécurité ou celle de l'enfant) ; chaussures confortables et stables.
- **La sécurité** : tenue non inflammable (coton ou polyester/coton), lavable à haute température (ou javellisation possible) ; chaussures antidérapantes.
- **La qualité du résultat** : tenue propre, repassée et agréable à voir.

FICHE

3 Le change d'un nourrisson

OBJECTIFS : assurer le confort, l'hygiène, le bien être de l'enfant et prévenir les érythèmes fessiers.

MATÉRIELS ET PRODUITS

- un matelas de change
- une poubelle
- une corbeille de linge sale
- une serviette
- un gant de toilette (ou lingettes jetables à domicile)
- du papier toilette
- un thermomètre
- un jouet ou le doudou
- des vêtements de rechange
- une couche adaptée au poids de l'enfant
- une lavette
- un savon doux
- un détergent/désinfectant

Préparation

1. Porter une tenue adaptée.
2. Se laver les mains.
3. Préparer le lieu, fermer les fenêtres.
4. Préparer le matériel et les produits. Mettre la serviette sur le matelas.

Organisation du plan de travail

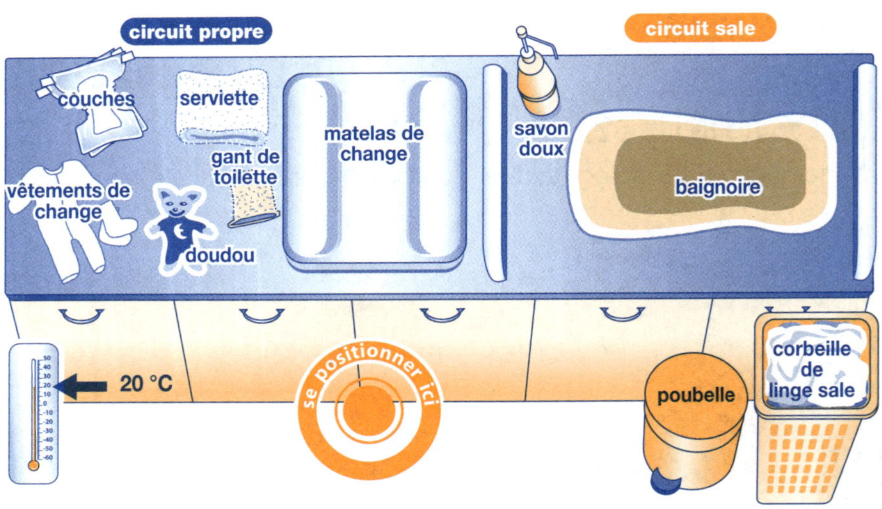

Exécution

1. Prévenir l'enfant.
2. Déshabiller le bas du corps de l'enfant (si le bas est sale, le mettre dans la corbeille de linge sale). Déboutonner le bas si l'enfant porte une grenouillère et la remonter sur l'abdomen de l'enfant en la roulant.
3. Essuyer le siège avec les parties propres de la couche ou avec du papier toilette si l'enfant a des selles (examiner les urines, les selles et l'état de la peau).
4. Ôter la couche sale en la repliant (enfermer les selles à l'intérieur) et la jeter à la poubelle (garder une main sur l'enfant).

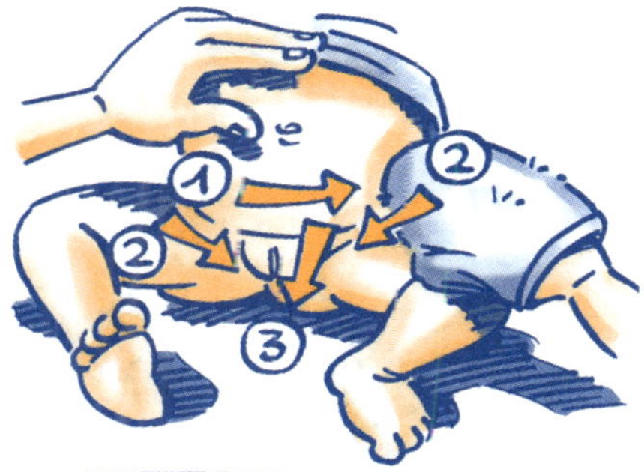

5 Savonner le siège de l'enfant :
- l'abdomen, les cuisses et les plis de l'aine, les organes génitaux (du pubis vers l'anus, en s'arrêtant avant) ;
- le bas du dos, les fesses, puis la région anale.

6 Rincer à l'eau dans le même ordre (avec le gant de toilette).

7 Sécher en tapotant et en insistant dans les plis.

8 Mettre la couche propre : fixer les adhésifs et passer deux doigts au niveau de l'abdomen et des cuisses pour vérifier si ce n'est pas trop serré.

9 Habiller l'enfant.

10 Installer l'enfant en sécurité : sur le transat, au lit…

Rangement et nettoyage

1 Ranger les produits sortis, le matelas, le thermomètre, mettre la serviette et le gant au sale.

2 Ne jamais mettre en contact le « propre » et le « sale » (mettre le linge « au sale » au fur et à mesure du côté sale).

3 Nettoyer et désinfecter le matériel et le plan de travail.

4 Se laver les mains.

Transmission des informations

- Décrire les tâches qui ont été effectuées.
- Informer du déroulement du change (coopération de l'enfant ou non…).
- Donner la date et l'heure.
- Transmettre les observations éventuelles (présence de rougeurs, d'érythème, de selles liquides…).

LES CRITÈRES D'ÉVALUATION

- **L'organisation et l'ergonomie** : mise à disposition du matériel, des produits et des vêtements de rechange sur le plan de travail ; choix du change couché (jusqu'à la mise sur le pot).
- **L'hygiène** : respect du circuit propre/sale.
- **Le confort** : choix de la couche adaptée à l'âge et au poids de l'enfant ; choix des vêtements adaptés à la saison, à la température et à l'activité prévue.
- **La sécurité** : bon maintien de l'enfant pour éviter les chutes ; pas d'absence ni d'éloignement du plan de travail.
- **L'économie** : pas de change de vêtements si cela n'est pas demandé (ou pas nécessaire) ; respect des doses pour l'utilisation des produits (savon, détergent…).
- **La communication** : importance de la communication orale avec l'enfant tout au long de la tâche et contact des mains favorisé.
- **La qualité du résultat** : couche propre ; habillage correct de l'enfant (bien boutonné, enfilé dans le bon sens…) ; sollicitation de l'enfant en fonction de son degré d'autonomie (habillage avec de l'aide, assis, debout ou couché).

FICHE

4 La toilette du visage

OBJECTIFS : assurer l'hygiène, la propreté de la peau et le confort de l'enfant.

MATÉRIELS ET PRODUITS

- un matelas de change
- une poubelle
- une corbeille de linge sale
- une serviette
- un gant de toilette ou cotons ou compresses
- du sérum physiologique
- un thermomètre
- un jouet ou le doudou
- une lavette
- un détergent/désinfectant
- des vêtements propres (si nécessaire)
- un haricot pour mettre les fusettes de coton sales et/ou les compresses

Préparation

1. Porter une tenue adaptée.
2. Se laver les mains.
3. Préparer le lieu, fermer les fenêtres.
4. Préparer le matériel et les produits : mettre la serviette sur le matelas de change.

Organisation du plan de travail

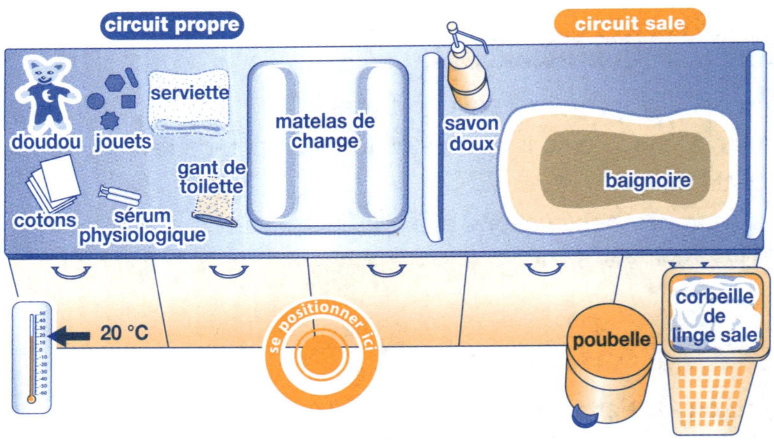

Exécution

1. Prévenir l'enfant (suite au bain et/ou à l'habillage).
2. Nettoyer les yeux :
   – mouiller la compresse (avec du sérum) ou le coton ou le gant de toilette (avec de l'eau) en ayant une main sur le robinet pour faire couler l'eau et une main sur l'enfant ;
   – passer la compresse (ou le coton ou le gant) de l'angle externe de l'œil vers l'angle interne (du plus propre au plus sale), ou en allant de l'angle interne de l'œil vers l'angle externe (pour ne pas boucher le canal lacrymal) ;
   – mettre dans le haricot ou à la poubelle les fusettes ou compresses, au fur et à mesure.

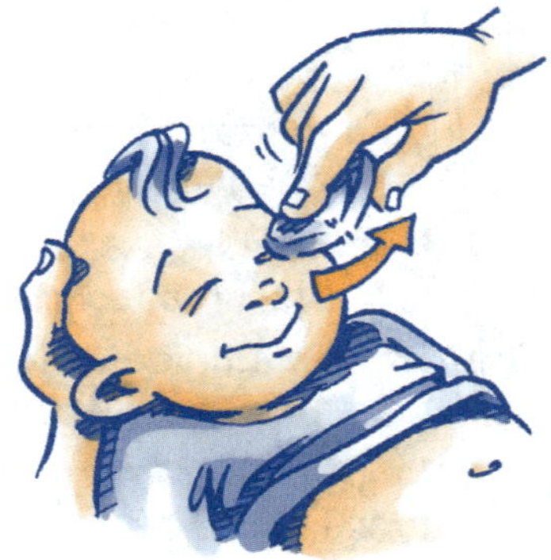

3 Nettoyer les oreilles (si nécessaire) à l'aide de fusettes de coton :
– utiliser une fusette sèche pour l'entrée du conduit auditif ;
– utiliser une fusette mouillée ou un gant mouillé (eau du robinet) pour le pavillon de l'oreille (non nécessaire si la toilette du visage fait suite au bain) ;
– mettre dans le haricot ou à la poubelle les fusettes au fur et à mesure.

4 Nettoyer le nez : utiliser une fusette de coton humidifiée (de sérum physiologique ou d'eau du robinet) et la faire tourner dans la narine pour récupérer les sécrétions (jeter ensuite la fusette dans le haricot ou à la poubelle).

> **Autre méthode**
> Instiller dans chaque narine du sérum et récupérer les sécrétions avec un coton (si l'enfant est encombré).

5 Nettoyer le visage : mouiller le coton ou le dos du gant de toilette (une main sur l'enfant et une main pour faire couler l'eau) ;
– nettoyer le front, les ailes du nez, les joues, le menton et la bouche (mettre le coton à la poubelle ou dans le haricot) ;
– sécher le visage avec la serviette en tapotant.

6 Installer l'enfant en sécurité : sur le transat, par exemple.

Rangement et nettoyage

1 Ranger le lieu : ranger les produits sortis, le matelas, le thermomètre…

2 Ne jamais mettre en contact le « propre » et le « sale » ; mettre le linge « au sale » au fur et à mesure du côté sale.

3 Nettoyer et désinfecter le matériel et le plan de travail.

4 Se laver les mains.

Transmission des informations

- Décrire les tâches qui ont été effectuées. Informer du déroulement de la toilette (coopération de l'enfant ou non, par exemple).
- Donner la date et l'heure. Transmettre les observations éventuelles (narines encombrées, yeux rouges…).

LES CRITÈRES D'ÉVALUATION

- **L'organisation et l'ergonomie** : mise à disposition du matériel et des produits sur le plan de travail ; choix de la toilette (couché jusqu'à 8-9 mois, puis à la fois assis et allongé jusqu'à 15 mois environ, assis et debout dès que l'enfant marche en utilisant le gant de toilette).
- **L'hygiène** : respect du circuit propre/sale ; utilisation de l'eau du robinet sans savon pour le visage (lait de toilette à rincer si nécessaire).
- **Le confort** : choix de la méthode adaptée à l'âge de l'enfant (compresse éventuellement jusqu'à 1 mois, puis coton jusqu'à 6 mois et gant de toilette ensuite, excepté pour le nez.
- **La sécurité** : bon maintien de l'enfant pour éviter les chutes ; pas d'absence ni d'éloignement du plan de travail.
- **L'économie** : pas d'utilisation excessive de cotons, de compresses, ou de sérum.
- **La communication** : importance de la communication avec l'enfant.
- **La qualité du résultat** : toilette correcte de l'enfant (visage, nez, yeux, oreilles propres) ; sollicitation de l'enfant en fonction de son degré d'autonomie (toilette du visage au gant de toilette debout avec la participation de l'enfant).

FICHE

5 La toilette partielle de l'enfant

OBJECTIFS : assurer l'hygiène, la propreté de la peau, le confort de l'enfant et favoriser le développement de l'autonomie.

MATÉRIELS ET PRODUITS

- une serviette
- un gant de toilette
- une brosse à dents adaptée à l'âge de l'enfant
- du dentifrice
- un verre d'eau
- du savon doux
- des vêtements propres (si nécessaire)
- une corbeille de linge sale
- une poubelle
- une lavette
- un détergent/désinfectant

Préparation

1. Porter une tenue adaptée.
2. Se laver les mains.
3. Préparer le lieu, fermer les fenêtres.
4. Préparer le matériel et les produits.

Organisation du plan de travail

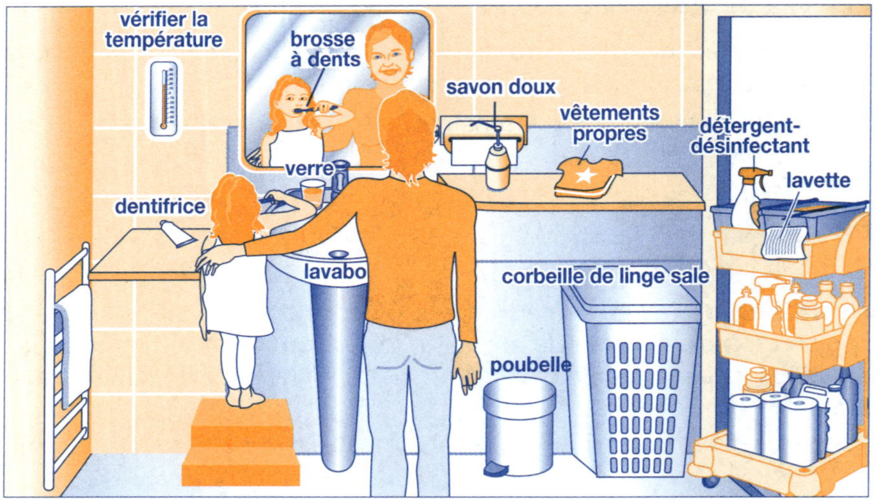

Exécution

1. Prévenir l'enfant.
2. Nettoyer le visage :
   – mouiller le gant de toilette (eau du robinet) ;
   – essorer le gant dans le lavabo ;
   – nettoyer les yeux, le front, les ailes du nez, les joues, le menton, la bouche et le nez.

3 Sécher le visage avec la serviette en tapotant.

4 Nettoyer les mains et les bras, soit avec le gant de toilette mouillé et imprégné d'une dose de savon, soit directement sous l'eau du robinet avec du savon.

5 Sécher les mains et les bras.

6 Le brossage des dents :
– de 1 an à 3 ans : brossage sans dentifrice avec une brosse à dents de petite taille (l'enfant ne sait pas encore rincer sa bouche) ;
– à partir de 4 ans : brossage avec du dentifrice à l'aide d'une brosse adaptée à l'âge et à la dentition de l'enfant ; lui faire rincer sa bouche.

7 Installer l'enfant en sécurité.

Rangement et nettoyage

1 Ranger les produits sortis : verre, serviettes…

2 Nettoyer et désinfecter le matériel et le plan de travail.

3 Se laver les mains ; mettre le linge « au sale » au fur et à mesure du côté sale.

4 Ne jamais mettre en contact le « propre » et le « sale ».

Transmission des informations

- Décrire les tâches qui ont été effectuées.
- Informer du déroulement de la toilette (coopération de l'enfant ou non par exemple).
- Donner la date et l'heure.
- Transmettre les observations éventuelles (rougeurs sur les joues, yeux rouges…).

LES CRITÈRES D'ÉVALUATION

- **L'organisation et l'ergonomie** : mise à disposition du matériel et des produits sur le plan de travail ; choix du brossage des dents adapté à l'âge (jusqu'à 3 ans l'adulte placé derrière l'enfant tient la brosse ; à partir de 3 ans l'enfant tient la brosse et l'adulte placé à côté lui montre et l'aide dans ses gestes).
- **L'hygiène** : respect du circuit propre/sale ; utilisation de l'eau du robinet pour le visage sans utilisation de savon (rincer si utilisation de lait de toilette) ; choix de la méthode de brossage des dents adapté à l'âge de l'enfant (à sa dentition).
- **Le confort** : utilisation d'un tabouret par l'enfant pour être à hauteur du lavabo.
- **La sécurité** : bon maintien de l'enfant pour éviter les chutes ; pas d'absence ni d'éloignement lors de la toilette ; utilisation d'une brosse à dents adaptée à l'enfant ; utilisation de dentifrice seulement si l'enfant sait se rincer la bouche.
- **L'économie** : pas d'utilisation excessive de dentifrice ou de savon.
- **La communication** : importance de la communication orale avec l'enfant tout au long de la tâche.
- **La qualité du résultat** : toilette correcte de l'enfant (visage, nez, yeux, oreilles, mains et dents propres) ; sollicitation de l'enfant en fonction de son degré d'autonomie (brossage des dents seul ou avec l'aide de l'adulte) ; qualité et pertinence des explications dans l'apprentissage des gestes du quotidien (toilette, brossage des dents).

FICHE

6 Le bain du nourrisson

OBJECTIFS : assurer l'hygiène, la propreté de la peau, le confort et le bien être de l'enfant.

MATÉRIELS ET PRODUITS

- un matelas de change
- 2 serviettes
- un gant de toilette
- du savon doux
- des vêtements propres (si nécessaire)
- une couche adaptée à l'âge de l'enfant
- un thermomètre pour le bain
- un jouet ou le doudou
- une brosse à cheveux
- une corbeille de linge sale
- une baignoire
- une poubelle
- une lavette
- un détergent/désinfectant

Préparation

1 Porter une tenue adaptée.

2 Se laver les mains.

3 Préparer le lieu, fermer les fenêtres.

4 Préparer le matériel et les produits : remplir la baignoire d'eau à une température de 38 °C (l'eau sera à 37 °C pour le bain ; le niveau d'eau ne doit pas dépasser les 2/3 de la baignoire pour le nourrisson).

Organisation du plan de travail

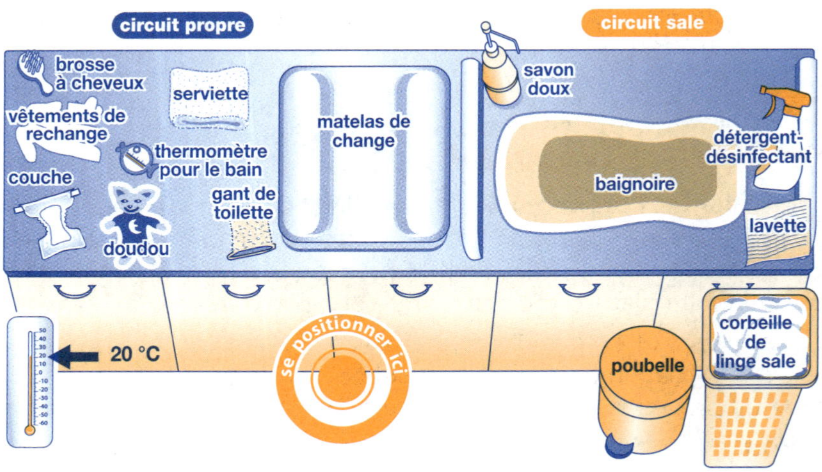

Exécution

1 Prévenir l'enfant et vérifier la température de l'eau.

2 Déshabiller l'enfant : si l'enfant a des selles, faire une toilette du siège.

3 Laver l'enfant :

– mouiller le gant dans l'eau du bain, l'essorer et mettre une dose de savon (possibilité d'utiliser les mains pour savonner) ;

– laver : la tête, les plis du cou, les aisselles, les bras, les mains, le thorax, le dos, l'abdomen, les pieds, les jambes, les cuisses, les plis inguinaux et le siège (→ Fiche 3 p. 116) ;

– poser le gant du côté sale et se rincer les mains.

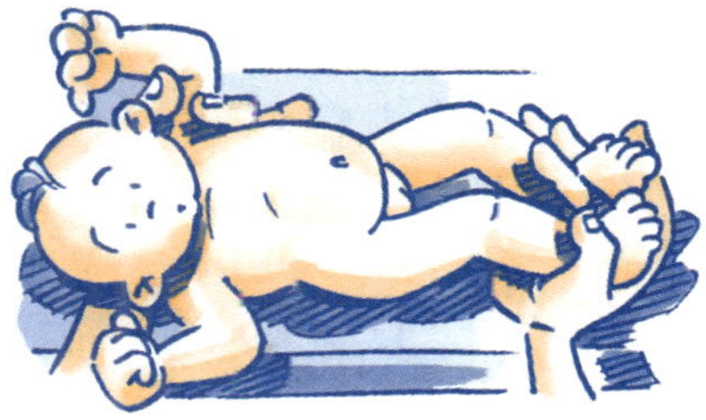

4. Rincer l'enfant dans le bain :
   – plonger lentement l'enfant dans le bain et le maintenir fermement (plonger d'abord les fesses et les jambes) ;
   – lâcher les pieds de l'enfant en le maintenant correctement sous le bras avec l'autre main ;
   – rincer avec la main libre sa tête, les plis du cou.
5. Sortir l'enfant du bain : le mettre sur la serviette posée sur le matelas de change (une main sous le bras de l'enfant et l'autre main attrapant les pieds) ; l'envelopper dans la serviette.
6. Sécher l'enfant en tapotant et en insistant dans les plis.
7. Mettre la couche propre (→ Fiche 3 p. 116).
8. Rhabiller l'enfant.
9. Installer l'enfant en sécurité : sur le transat ou au lit.

Rangement et nettoyage

1. Ranger les produits sortis, le matelas, le thermomètre…
2. Ne jamais mettre en contact le « propre » et le « sale » ; mettre le linge « au sale » au fur et à mesure du côté sale.
3. Nettoyer et désinfecter le matériel et le plan de travail.
4. Se laver les mains.

Transmission des informations

- Décrire les tâches qui ont été effectuées. Informer du déroulement de l'habillage et du déshabillage (coopération de l'enfant ou non par exemple).
- Donner la date et l'heure. Transmettre les observations éventuelles (présence de rougeurs, d'érythème, enfant fiévreux…).

LES CRITÈRES D'ÉVALUATION

- **L'organisation et l'ergonomie** : mise à disposition du matériel et des vêtements sur le plan de travail ; choix de l'habillage (→ Fiche 7 p. 124).
- **L'hygiène** : respect du circuit propre/sale.
- **Le confort** : choix des vêtements adaptés à l'âge de l'enfant, à son poids, à la saison, à la température et à l'activité prévue ; choix de la couche adaptée à l'âge de l'enfant et à son poids.
- **La sécurité** : bon maintien de l'enfant pour éviter les chutes (sur le matelas et dans la baignoire) ; pas d'absence ni d'éloignement du plan de travail.
- **L'économie** : pas de change de vêtements si cela n'est pas demandé (ou pas nécessaire) ; respect des doses pour l'utilisation des produits (savon, détergent…).
- **La communication** : importance de la communication orale avec l'enfant tout au long de la tâche et contact des mains favorisé.
- **La qualité du résultat** : couche propre ; toilette et habillage corrects de l'enfant (bien boutonné, enfilé dans le bon sens…) ; sollicitation de l'enfant en fonction de son degré d'autonomie (habillage avec de l'aide, assis, debout ou couché).

FICHE

7 Habillage et déshabillage de l'enfant

OBJECTIF : assurer le confort de l'enfant.

MATÉRIELS ET PRODUITS

- un matelas de change
- une poubelle
- une corbeille de linge sale
- une serviette
- un thermomètre
- un jouet ou le doudou
- une lavette
- un détergent/désinfectant
- des vêtements propres

Préparation

1. Porter une tenue adaptée.
2. Se laver les mains.
3. Préparer le lieu, fermer les fenêtres.
4. Préparer le matériel et les produits.

Organisation du plan de travail

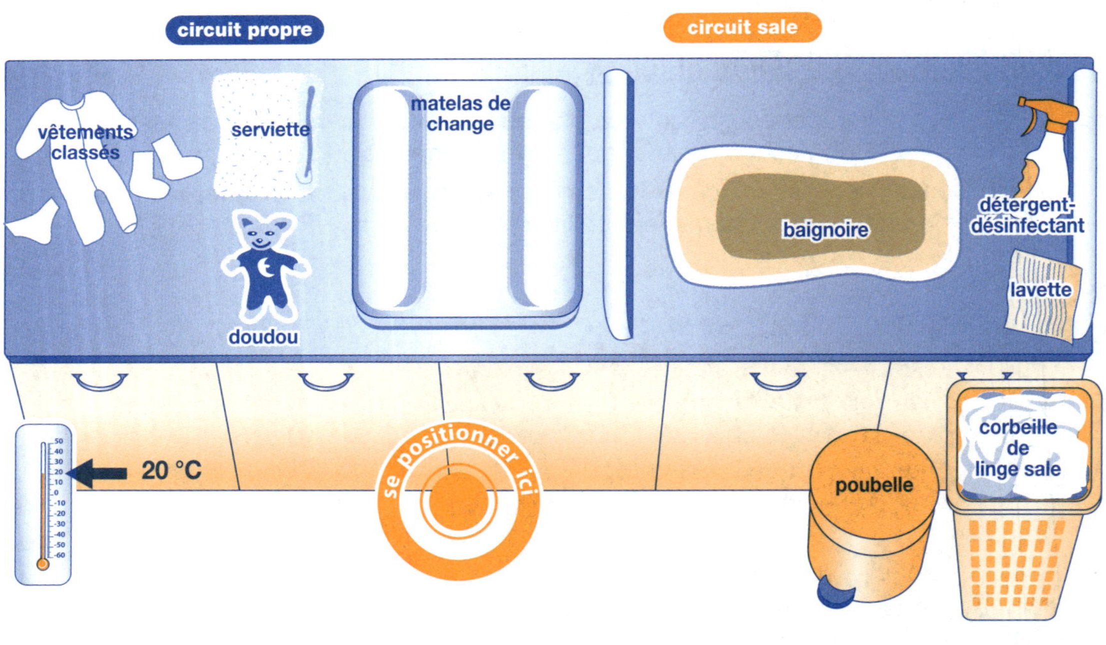

Exécution

1. Prévenir l'enfant
2. Déshabiller l'enfant :
   – enlever le bas (déboutonner le bas si l'enfant porte une grenouillère) ;

– ôter le haut : faire passer les bras, élargir l'encolure pour faire passer la tête (attention à ne pas l'étrangler) ;
– couvrir l'enfant.

3 Habiller l'enfant :
– enfiler le haut en élargissant le col ;
– faire passer les mains dans chaque manche ;
– enfiler le bas.

4 Installer l'enfant en sécurité : sur le transat, au lit…

Rangement et nettoyage

1 Ranger le lieu : ranger les produits sortis, le matelas, le thermomètre…

2 Ne jamais mettre en contact le « propre » et le « sale » ; mettre le linge « au sale » au fur et à mesure du côté sale.

3 Nettoyer et désinfecter : le matériel et le plan de travail.

4 Se laver les mains.

Transmission des informations

- Décrire les tâches qui ont été effectuées.
- Informer du déroulement de l'habillage et du déshabillage (coopération de l'enfant ou non, par exemple).
- Donner la date et l'heure.
- Transmettre les observations éventuelles (présence de rougeurs, d'érythème, enfant fiévreux…).

LES CRITÈRES D'ÉVALUATION

- **L'organisation et l'ergonomie** : mise à disposition du matériel et des vêtements sur le plan de travail ; choix de l'habillage couché (jusqu'à 8-9 mois, puis assis et allongé à la fois jusqu'à 15 mois environ, assis et debout dès que l'enfant marche).
- **L'hygiène** : respect du circuit propre/sale.
- **Le confort** : choix des vêtements adaptés à l'âge de l'enfant, à son poids, à la saison, à la température et à l'activité prévue.
- **La sécurité** : bon maintien de l'enfant pour éviter les chutes ; pas d'absence ni d'éloignement du plan de travail.
- **L'économie** : pas de change de vêtements si cela n'est pas demandé (ou pas nécessaire) ; respect des doses pour l'utilisation des produits (savon, détergent…).
- **La communication** : importance de la communication orale avec l'enfant tout au long de la tâche et contact des mains favorisé.
- **La qualité du résultat** : habillage correct de l'enfant (bien boutonné, enfilé dans le bon sens…) ; sollicitation de l'enfant en fonction de son degré d'autonomie (habillage avec de l'aide, assis, debout ou couché).

FICHE

8 Assurer la prise de repas du jeune enfant

OBJECTIFS : assurer les besoins nutritionnels, le confort de l'enfant et développer le goût.

MATÉRIELS ET PRODUITS

- une chaise haute pour un enfant de 8 mois et jusqu'à 3 ans (l'enfant doit bien se tenir), sangle de sécurité, tablette assez large, matériau facile d'entretien, stable ou un transat (en dessous de 8 mois).
- des couverts adaptés à l'enfant (gobelets à bec, à poignées…)
- un bavoir, une serviette de table
- une lavette, un détergent/désinfectant alimentaire
- du produit vaisselle

Préparation

1. Porter une tenue adaptée.
2. Se laver les mains.
3. Préparer le lieu, s'assurer de l'hygiène de l'environnement : propreté de la table, du plateau, propreté des instruments et des couverts.
4. Préparer le matériel et les produits.

Organisation du plan de travail

Exécution

1. Prévenir l'enfant : faire le change, faire passer aux toilettes, faire laver les mains, éventuellement le visage….
2. Installer l'enfant et s'assurer de son confort : siège adapté, dos calé, couverts adaptés.
3. Mettre une protection : bavoir, serviette de table…

4 Aider et faire participer au repas :
– respecter le goût, le refus, le rythme, les demandes (couper la viande…), éviter de mélanger les aliments (modifie le goût et entraîne la perte d'appétit) ;
– accompagner le geste selon l'âge pour apprendre à l'enfant l'autonomie, lui proposer de se servir lui-même ;
– apprendre les règles (ne pas se lever de table, ne pas manger avec les doigts, ne pas parler la bouche pleine…) ;
– faire boire, parler, dialoguer, stimuler, mais sans forcer.

5 Faire laver les mains, les dents, le visage à la fin du repas.

6 Installer l'enfant en sécurité sur le transat.

Rangement et nettoyage

1 Ranger le lieu : mettre dans l'évier les assiettes, les couverts, le plateau…

2 Ne jamais mettre en contact le « propre » et le « sale » (bavoirs ou serviettes de table).

3 Nettoyer et désinfecter les couverts, les assiettes, la salle, la table ou la chaise haute et remettre en ordre.

4 Se laver les mains.

Transmission des informations

- Décrire les tâches qui ont été effectuées.
- Informer du déroulement du repas (participation de l'enfant en tenant sa cuillère…).
- Donner la date et l'heure de la technique.
- Transmettre les observations éventuelles (pas d'appétit, quantités…).

LES CRITÈRES D'ÉVALUATION

- **L'organisation et l'ergonomie** : mise à disposition du matériel et du repas sur la table ou sur le plateau de la chaise haute (dans le transat tant que l'enfant ne peut tenir assis seul ; assis sur la chaise haute vers l'âge de 8/9 mois et assis sur une chaise basse autour d'une table à partir de 18 mois, en fonction de ses capacités motrices, notamment la maîtrise de la marche).
- **L'hygiène** : respect du circuit propre/sale.
- **Le confort** : installation correcte des accessoires de confort.
- **La sécurité** : bon maintien de l'enfant pour éviter les chutes ; pas d'absence ni d'éloignement de la table ou de la chaise haute ; pas d'instruments tranchants, piquants…
- **L'économie** : pas de quantités excessives par rapport à l'âge de l'enfant.
- **La communication** : importance de la présentation des aliments et de la communication orale avec l'enfant tout au long de la tâche.
- **La qualité du résultat** : repas adapté à l'enfant (capacités digestives) ; sollicitation de l'enfant en fonction de son degré d'autonomie (participation à la prise du repas), respect des désirs exprimés, satisfaction de l'usager…) ; durée du repas correspondant à l'âge de l'enfant (à ses caractéristiques).

FICHE

9 Donner le biberon

OBJECTIFS : assurer les besoins nutritionnels, le confort de l'enfant et développer le goût.

MATÉRIELS ET PRODUITS

- une chaise ou un fauteuil confortable pour l'adulte
- une table (pour poser le biberon)
- un chauffe-biberon
- un biberon de lait préparé (→ fiche 4 p. 78)
- un bavoir
- une serviette de table
- une lavette
- un détergent/désinfectant alimentaire
- un écouvillon (pour laver le biberon)
- du produit vaisselle

Préparation

1. Porter une tenue adaptée.
2. Se laver les mains.
3. Préparer le lieu, s'assurer de l'hygiène de l'environnement : propreté de la table, du confort du siège pour l'adulte.
4. Préparer le matériel et les produits : bavoir, biberon de lait chauffé dans le chauffe-biberon.

Exécution

1. Préparer le biberon puis bien agiter en roulant entre les mains. Vérifier la température sur le dos de la main (passer sous l'eau froide éventuellement) et remettre le capuchon sur le biberon.
2. Prévenir l'enfant (faire le change si nécessaire, puis se laver les mains).
3. S'installer confortablement et au calme, l'enfant sur les genoux en position semi-assise (pour éviter les régurgitations et les crampes).
4. Mettre une protection : bavoir, serviette de table…

5. Ôter le capuchon de la tétine (ne pas toucher la tétine avec les doigts) et donner le biberon. La tétine est toujours remplie de lait, le débit est adapté à l'âge de l'enfant et à la consistance de la préparation (position I.II.III). Faire des pauses si nécessaire ; favoriser les échanges non verbaux et laisser l'enfant libre de ses mouvements (bras).
6. À la fin du biberon, tenir le bébé redressé contre soi pour favoriser le rôt (et éviter ainsi l'étouffement), essuyer la bouche du bébé, faire le change si nécessaire.
7. Installer l'enfant en sécurité sur le transat (pour éviter les régurgitations).

Rangement et nettoyage

1. Ranger le lieu : mettre le biberon dans l'évier et le bavoir au sale.
2. Nettoyer et désinfecter : effectuer la vaisselle, mettre à égoutter les couverts, assiettes, biberon (ouvrir le biberon, le vider, le remplir d'eau et le laver avec un écouvillon puis le stériliser), laver la table, nettoyer et désinfecter le plan de travail (de la préparation du biberon) et remettre en ordre.
3. Se laver les mains.
4. Ne jamais mettre en contact le « propre » et le « sale » (bavoirs ou serviettes de table).

Transmission des informations

- Décrire les tâches qui ont été effectuées.
- Informer sur le déroulement du repas.
- Donner la date et l'heure de la technique.
- Transmettre les observations éventuelles (pas d'appétit, quantités ingérées, régurgitations…).

LES CRITÈRES D'ÉVALUATION

- **L'organisation et l'ergonomie** : mise à disposition du biberon sur la table ; installation confortable du nourrisson dans les bras.
- **L'hygiène** : respect du circuit propre/sale ; pas de contact de la main avec la tétine du biberon.
- **Le confort** : installation correcte des accessoires de confort.
- **La sécurité** : bon maintien de l'enfant pour éviter les chutes (prise du biberon) ; pas d'absence ni d'éloignement du fauteuil en laissant l'enfant seul.
- **L'économie** : respect des doses de lait pour le biberon en fonction de l'âge de l'enfant.
- **La communication** : importance de la communication orale avec l'enfant tout au long de la tâche et de la prise du biberon.
- **La qualité du résultat** : repas adapté à l'enfant (capacités digestives) ; sollicitation de l'enfant en fonction de son degré d'autonomie (participation à la prise du repas : il peut tenir le biberon) ; respect des désirs exprimés (il pousse le biberon, il ferme la bouche) ; respect de la durée du repas (pas trop long ni trop court).

Entraînement 5 Techniques professionnelles sanitaires

1. Quel est l'intérêt du circuit propre/sale ?
2. Pour prendre une charge au sol, faut-il courber le dos ou plier les jambes ?
3. Quel est l'objectif d'un lavage des mains ?
4. Quand doit-on procéder à un lavage des mains ?
5. Pour le change du nourrisson, faut-il déshabiller le haut du corps ou le bas du corps ?
6. Pour le change du nourrisson, dans quel ordre faut-il savonner le siège ?
7. Que peut-on noter dans la transmission suite à un change ?
8. Lors de la toilette du visage du nourrisson, quel est l'intérêt de nettoyer l'œil en allant de l'angle interne vers l'angle externe ?
9. Lors de la toilette du visage du nourrisson, quel est l'intérêt de nettoyer l'œil en allant de l'angle externe vers l'angle interne ?
10. L'entrée du conduit auditif se nettoie-t-elle à l'aide d'une fusette humide ou d'une fusette sèche ?
11. Lors de la toilette, quels sont les gestes importants pour la sécurité de l'enfant allongé sur le matelas de change ?
12. Quels peuvent être les critères de qualité du résultat lors de l'aide à la toilette partielle d'un enfant de 3 ans ?
13. À quelle température doit être l'eau du bain du nourrisson ?
14. Où faut-il laver le nourrisson pour faire le bain ?
15. Par quoi commence-t-on pour déshabiller l'enfant ?
16. Par quoi commence-t-on pour habiller l'enfant ?
17. Pour respecter les critères d'économie, que faut-il faire lors d'un habillage avec change de vêtements sales ?
18. À partir de quel âge peut-on installer un enfant sur la chaise haute pour le repas ?
19. Au moment du repas, quand l'adulte fait-il laver les mains aux enfants ?
20. Qu'est-ce qui permet de régler le débit de lait sur un biberon ?

voir corrigé p. 199

6

Prévention et sécurité

Des outils pour bien utiliser ces fiches

Ces fiches techniques vous permettront de vous préparer à l'épreuve **EP1 : prise en charge de l'enfant à domicile.**

1 S'adapter et s'évaluer

■ Pour chacune des situations professionnelles, il faudra, à partir de ces fiches, adapter votre geste. Pour cela vous devez **analyser la situation** :

Qui êtes-vous ? Un assistant maternel agréé salarié d'une crèche, un indépendant ?

Où ? À votre domicile, au domicile des parents, en visite dans une crèche…

À quel besoin de l'enfant répondez-vous ?

Quel problème devez-vous résoudre ?

Qui est l'enfant ? Son nom, son âge, son état, son degré d'autonomie (et donc son degré de participation), ses particularités…

Quel est le moment de la journée ? Le matin, le midi, le soir, l'heure, avant/après la sieste, avant/après le repas, après une sortie…

■ Pour évaluer votre technique, voici des **critères d'évaluation** génériques qui seront valables pour toutes les situations :

– **l'organisation et l'ergonomie :** l'examen et les décisions prises sont fonction de l'urgence de la situation ;

– **l'hygiène :** respecter le circuit propre/sale, avoir une tenue propre, se protéger des risques infectieux (port de gants jetables ou autre matériau isolant pour éviter le contact avec le sang, par exemple) ;

– **Le confort :** manipuler l'enfant de façon adaptée et non brutale ;

– **la sécurité :** s'assurer que l'intervention ne présente pas de risque pour soi, l'entourage et la victime ; supprimer les sources de risques ;

– **la communication :** échanger avec l'enfant tout au long de l'action (permet de rassurer l'enfant) et échanger avec l'entourage de façon claire et précise pour transmettre un message d'alerte ;

– **la qualité du résultat :** absence de risque persistant ; mettre en sécurité de l'enfant et l'entourage ; contrôler toutes les fonctions vitales et repérer les signes de détresse ; avoir une bonne qualité d'alerte ; donner un message précis au secours.

■ Et enfin, les **critères de réussite** cités ci-dessous vous permettent de dire que vous avez accompli correctement votre tâche :

– **préparation** correcte des produits et du matériel ;

– **maîtrise des techniques mises en œuvre** (respect des protocoles, pertinence du geste, ordre logique des opérations, identification et mise en œuvre de mesures de prévention et de secours d'urgence) ;

– **respect des règles** d'hygiène et de sécurité, respect de la personne ;

– **comportement** relationnel adapté ;

– **identification et transmission** d'observations et d'informations.

2 Quelques remarques pour l'examen

■ La mise en tenue professionnelle

Même si à domicile il n'est pas exigé de tenue particulière, **il est nécessaire d'avoir une tenue adaptée à la situation de garde d'enfant** (confortable et pratique, facilitant les mouvements : éviter les talons et chaussures glissantes…) et de respecter les règles d'hygiène et de sécurité (être propre, porter une tenue propre, avoir des ongles courts pour l'hygiène, mais aussi pour ne pas griffer les enfants…).

Le circuit propre sale

Ce circuit permet de respecter les règles d'hygiène et de sécurité (**un côté propre** et **un côté sale**).

La communication

Elle est très importante lors des épreuves pratiques. Votre attitude influence le jury et elle laisse paraître votre façon de communiquer. Il est important de montrer que vous respectez l'enfant et les adultes avec lesquels vous travaillez. Pensez donc à communiquer avec l'enfant (pour rassurer).

La prise de médicament

L'adulte ne peut donner un médicament à un enfant qu'à la demande des parents et sur prescription médicale.

PSC1 : Prévention et secours civiques de niveau 1

L'Attestation de Formation aux Premiers Secours (AFPS) n'existe plus, celle-ci est remplacée par la formation « Prévention et Secours Civiques de niveau 1 » (PSC 1) depuis le 1er août 2007.

Le CSST (certificat de sauveteur secouriste du travail) est une formation professionnelle liée au monde du travail. Un sauveteur secouriste du travail (SST) est un membre du personnel volontaire ou désigné pour porter secours en cas d'accident.

La protection

C'est la première action du secouriste, qui, en fonction de l'observation de la situation (risques persistants), prend des décisions (supprimer le risque, signaler la zone dangereuse, interdire l'accès) pour se protéger lui-même et protéger la victime et les témoins d'un sur-accident.

Il existe des risques mécaniques (une charge), chimiques (produit toxique), électriques, des risques d'incendies dus à des fils ou prises électriques (ne pas toucher la victime), et des risques d'explosion (moteur, gaz).

L'examen

L'examen de la victime se fait une fois la protection assurée. Il permet de secourir la victime et d'alerter.

L'examen consiste à rechercher les signes de détresse vitale qui mettent en danger la victime (atteinte des fonctions vitales) ou des signes anormaux de brûlure, de plaie, des difficultés pour effectuer des mouvements…

La victime est-elle consciente ? Pour vous en assurer, posez des questions, vérifiez qu'elle parle, donnez des ordres simples (serrez ma main…).

Respire-t-elle ? Dégrafez le col, cravate ou ceinture, posez une main sur le front et deux doigts sous le menton, faites basculer sa tête en arrière.

L'alerte

Elle consiste à appeler ou à faire appeler les secours et à transmettre les informations permettant leur intervention le plus rapidement possible : les pompiers (le 18) ; le SAMU (le 15) ; le n° européen (112) ; une infirmière scolaire…

Le message d'alerte contient :
- le nom et prénom de la personne qui alerte ;
- le lieu de l'accident ;
- la nature de l'accident ;
- le nombre de victimes ;
- l'état de la ou les victime(s) ;
- les gestes d'urgences entrepris ;
- les risques persistants.

FICHE 1

Trousse de secours et pansement d'une plaie simple

OBJECTIFS : prévoir le matériel de secours pour faire face aux accidents et soigner une plaie simple.

A La pharmacie

L'armoire à pharmacie doit être fermée à clé, placée en hauteur, loin d'une éventuelle source de chaleur et à l'abri de l'humidité.

Le matériel nécessaire aux soins

Il s'agit de compresses stériles, de bandes élastiques, de sparadrap, de boîtes de pansements adhésifs, d'une pince à échardes, d'une paire de ciseaux, d'un thermomètre (thermomètre frontal ou thermomètre électronique).

Les médicaments

Les médicaments nécessaires dans une petite collectivité sont ceux de première nécessité (ceux conditionnés en « unidose » sont préférables) :
- un produit de rinçage de l'œil ou du nez (du sérum physiologique) ;
- un produit pour les contusions (une crème ou pommade à l'arnica) ;
- un produit pour les brûlures (de type Biafine).

L'organisation de l'armoire à pharmacie

Il faut respecter quelques règles simples :
- séparer les médicaments prescrits par le médecin de ceux nécessaires aux troubles quotidiens ;
- regrouper séparément ceux pour les adultes de ceux pour les enfants ;
- conserver les médicaments dans leur emballage d'origine avec leurs notices (pour vérifier la date de péremption, les indications d'utilisation, les posologies et les contre-indications) ;

B La composition d'une trousse de secours

La trousse de secours est indispensable dans tout déplacement. Son contenu varie selon la destination, la durée du séjour et l'âge des utilisateurs.

- **Le matériel de soins :** des compresses stériles et des compresses alcoolisées (en boîtes), des pansements hypoallergéniques, des bandes, un téléphone portable ou une carte téléphonique.
- **Le petit matériel :** une paire de ciseaux, une couverture de survie, un thermomètre, des fils dentaires, une pince à échardes, des produits de soins à usage local, des sachets d'antiseptique cutané, une protection solaire.
- **Les médicaments courants :** un antipyrétique et un antalgique (aspirine ou paracétamol), un antiseptique intestinal (ces médicaments seront accompagnés de leurs ordonnances).

C Technique de soin d'une plaie simple

Une plaie simple est une petite coupure ou éraflure atteignant les couches supérieures de l'épiderme : elle est peu profonde, peu étendue, ne contient pas de corps étranger et ne se situe pas sur le visage, le ventre ou la poitrine.

Préparation

1. Faire asseoir et rassurer l'enfant.
2. Se laver les mains.
3. Préparer le matériel et les produits : un plateau, une compresse ou gant de toilette, une poubelle, un antiseptique non coloré, un pansement.
4. Mettre des gants jetables.

Exécution

1. Laver la plaie à l'eau et au savon en allant de l'intérieur vers l'extérieur.
2. Appliquer l'antiseptique soit par vaporisation, soit avec une compresse (de l'intérieur vers l'extérieur).
3. Protéger la plaie avec un pansement.
4. Signaler la plaie et vérifier que le vaccin antitétanique a bien été fait.

Les cas particuliers

– **Présence d'un corps étranger dans la plaie** → il ne faut pas le retirer, pour éviter tout risque d'aggravation ou de saignement abondant.
– **Saignement de nez** → asseoir l'enfant et comprimer la narine, tête penchée.
– **Saignement par un orifice naturel** → alerter les secours et mettre la victime au repos tout en la rassurant.
– **Plaie au thorax** → mettre la personne au sol en position demi assise.
– **Plaie à l'abdomen** → mettre la victime à plat sur le dos au sol, cuisses relevées, jambes horizontales.
– **Plaie à l'œil** → mettre la victime au sol à plat dos, tête calée.
– **Section de doigt** → récupérer le doigt dans un sac plastique propre, l'entourer d'un linge et le mettre dans des glaçons.

D Autres accidents courants

Types d'accidents	Gestes de secourisme
Chutes	Pour une « bosse » et s'il n'y a pas de saignement, n'appliquer une pommade qu'après avoir eu l'autorisation des parents. S'il y a suspicion de traumatisme crânien : – ne pas relever l'accidenté pour éviter une aggravation de la fracture supposée ; – observer son état de conscience.
Brûlures (thermiques, chimiques, électriques)	– immerger le membre brûlé dans l'eau froide ou faire couler l'eau sur le membre ; – ne rien mettre sur la brûlure. Pour les brûlures électriques : ne pas toucher l'accidenté, couper le courant.
Intoxications (aux produits toxiques, médicaments, plantes)	– ne pas donner de lait ; – ne pas faire vomir si le produit est moussant ; – retrouver l'emballage ou la notice du produit ; – estimer la quantité prise par l'enfant ; – contacter le centre anti-poison.
Morsures	– demander si l'animal est vacciné contre la rage ; – emmener la victime chez le médecin.
Piqûres	– observer s'il y a un gonflement ; – prévenir un œdème de Quincke en consultant un médecin ou un pharmacien.

FICHE

2 La fièvre et la prise de la température

OBJECTIF : prendre la température de l'enfant pour adopter une conduite adaptée à la situation.

A Les variations de la température et la fièvre

La température du corps

C'est le degré de chaleur de l'organisme. La température est de 36,5 °C à 37 °C le matin, et de 37 °C à 37,5 °C le soir. La température peut s'élever (hyperthermie) ou diminuer (hypothermie).

Les variations de la température

	Hypothermie	Hyperthermie
Définition	Température corporelle inférieure à 36 °C.	Température corporelle supérieure à 38 °C.
Causes	– État de choc. – Refroidissement.	– Poussée dentaire. – Vaccination. – Coup de chaleur, maladie.
Conséquences	Hypoglycémie.	– Déshydratation. – Convulsions.
Signes cliniques	– Peau blanche ou cyanosée (bleue) et froide. – Frissons.	– Peau rouge, moite, chaude. – Modifications du comportement (dort trop, joue moins…).
Conduite à tenir	– réchauffer l'enfant ; – bien sécher l'enfant après un bain chaud ; – l'habiller chaudement et lui donner une boisson chaude.	– aérer la pièce ; – prendre la température de l'enfant ; – le dévêtir ; – le faire boire ; – faire baisser la fièvre (le couvrir au besoin de linges humides et frais, donner des médicaments).

B Les méthodes de prise de température

Il existe plusieurs moyens de prendre la température d'un enfant :
– **par voie rectale** (par le rectum) : la variation normale de la température se situe entre : 36,6 °C et 38,0 °C ;
– **par voie buccale** (par la bouche) : la variation normale de la température se situe entre 35,5 °C et 37,5 °C ;
– **par voie axillaire** (sous l'aisselle) : la variation normale de la température se situe entre 34,7 °C et 37,3 °C ; la prise de température axillaire se fait quand la température rectale est déconseillée (diarrhée, enfant prématuré) ;
– **par l'artère temporale** (sur le front) ;
– **par voie tympanique** (par l'oreille) : la variation normale de la température se situe entre 35,8 °C et 38,0 °C.

Le choix de la méthode

Le choix de la méthode dépend de l'âge de l'enfant.

Il est important de prendre une mesure précise : la température rectale est la plus précise pour les enfants de moins de 2 ans ; la prise de la température sous l'aisselle n'est pas aussi fiable, mais peut servir pour savoir si un enfant a de la fièvre.

Âge	Techniques recommandées
De la naissance à 2 ans	1. Rectum (pour obtenir une lecture exacte). 2. Aisselle.
De 2 à 5 ans	1. Rectum (pour obtenir une lecture exacte). 2. Oreille, aisselle.
Plus de 5 ans	1. Bouche (pour obtenir une lecture exacte). 2. Oreille, aisselle.

Les thermomètres

Les bandelettes thermosensibles (sur le front) ne sont pas recommandées, car leur lecture n'est pas précise. Les thermomètres tympaniques sont chers et peuvent être complexes à utiliser.

C Prendre la température

Préparation

1. Se laver les mains.
2. Préparer le matériel et les produits : un thermomètre, une compresse, un embout jetable, une poubelle, un plateau, un détergent/désinfectant.
3. Prévenir l'enfant.
4. Nettoyer le thermomètre.

Exécution

Méthode choisie	Technique
Rectum	1. Placer le bébé sur le dos, les genoux pliés. 2. Insérer doucement le thermomètre dans le rectum, à une distance d'environ 2,5 cm, tout en le maintenant entre les doigts. 3. Attendre le signal sonore. 4. Retirer le thermomètre et lire la température.
Bouche	1. Placer le bout du thermomètre sous la langue de l'enfant. 2. Attendre le signal sonore. 3. Retirer le thermomètre et lire la température.
Aisselle	1. Placer le bout du thermomètre au centre de l'aisselle. 2. S'assurer que le bras de l'enfant est bien collé sur son corps. 3. Attendre le signal sonore. 4. Retirer le thermomètre et lire la température.
Oreille	1. Utiliser un embout propre (ou couvre-sonde) à chaque prise et suivre les directives du fabricant. 2. Tirer doucement vers l'arrière sur l'oreille pour libérer la voie jusqu'au tympan. 3. Insérer doucement le thermomètre jusqu'à ce que le conduit auditif soit entièrement bloqué. 4. Appuyer sur le bouton et le maintenir enfoncé pendant une seconde. 5. Retirer le thermomètre et lire la température.

Rangement et nettoyage

Nettoyer et désinfecter le thermomètre.
Pour le thermomètre tympanique, nettoyer et désinfecter l'embout propre.

FICHE

3 Repérer les signes de détresse et intervenir

OBJECTIFS : pratiquer le bon geste de secourisme et donner une alerte conforme à l'urgence de la situation.

Pour repérer les signes de détresse, il faut identifier l'urgence vitale à traiter :
– l'hémorragie ;
– la respiration ;
– l'inconscience.

A Intervenir en cas d'hémorragie

Une hémorragie est un écoulement de sang hors des vaisseaux. Il existe 3 types d'hémorragies :
– l'hémorragie externe : une plaie ;
– l'hémorragie interne : le sang s'écoule dans une cavité de l'organisme ;
– l'hémorragie extériorisée : le sang s'écoule par un orifice naturel (nez, bouche).

Exécution

1. Allonger la victime et la rassurer.
2. Porter des gants ou mettre un sac plastique sur l'hémorragie (pour éviter tout contact avec le sang de la victime).
3. Faire une compression directe si le saignement est important : arrêter l'hémorragie en exerçant une pression de la main sur l'endroit qui saigne, quelle que soit la grosseur de la plaie.

B Intervenir en cas d'étouffement

Il faut pratiquer une désobstruction des voies respiratoires. En cas d'obstruction partielle, il faut mettre l'enfant au repos et le rassurer jusqu'à la venue d'un médecin.

Exécution

1. – Si la victime a plus d'un an : la laisser debout ou assise ; la rassurer.
   – Si l'enfant a moins d'un an : le coucher la tête penchée en avant sur l'avant-bras.
2. Donner 1 à 5 claques dans le dos entre les deux omoplates jusqu'à désobstruction.
3. – Si les claques sont inefficaces pour la personne de plus d'un an, faire jusqu'à 5 compressions abdominales (méthode d'Heimlich) : se mettre derrière la personne, l'entourer avec ses bras et avec le point en dessous du sternum et le ramener vers soi.

– Si les claques sont inefficaces pour l'enfant de moins d'un an, faire des compressions thoraciques (jusqu'à 5) : retourner le nourrisson, l'allonger tête basse sur l'avant-bras et la cuisse de l'adulte.
Réaliser à nouveau 5 claques dans le dos et ainsi de suite jusqu'à désobstruction.

4 Demander un avis médical.

C Intervenir en cas d'inconscience

Il faut libérer les voies aériennes. Si l'enfant est sur le ventre, il faudra le mettre sur le dos.

D Intervenir en cas d'inconscience et de détresse respiratoire

La détresse ventilatoire peut être due à :
– une intoxication par l'air inhalé (asphyxie par gaz toxique) ;
– une obstruction ventilatoire (objet dans la gorge) ;
– un trouble de la commande respiratoire.

Il faut dans ce cas rétablir une respiration artificielle et une circulation sanguine efficace et mettre en œuvre une DAE (défibrillation automatisée externe).

Exécution

1 Faire le bouche-à-bouche ou le bouche-nez ou bien bouche-à-bouche et bouche-nez chez le nourrisson : faire 5 insufflations et observer la réaction (seulement pour l'enfant et le nourisson ; pour l'adulte, il faut directement commencer par les deux compressions.

2 Compresser le cœur.
– Chez l'adulte : 30 compressions au milieu de la poitrine avec le talon de la main, l'autre main aidant à appuyer (commencer directement par les compressions).
– Chez l'enfant (de 1 à 8 ans) : 30 compressions au milieu de la poitrine avec le talon de la main.
– Chez le nourrisson : 30 compressions au milieu de la ligne mamellaire avec deux doigts.

3 Pratiquer alternativement 30 compressions pour 2 insufflations pour l'adulte, pour l'enfant et le nourrisson (jusqu'à l'arrivée des secours ou de la DAE).

Entraînement 6 Prévention et sécurité

1. L'adulte peut-il décider de donner un médicament à un enfant ?
2. Que veulent dire les initiales PSC 1 ?
3. Que remplace le PSC 1 ?
4. Quelle est la 1re action du secouriste ?
5. En quoi consiste l'examen d'une victime ?
6. Comment vérifier la conscience chez la victime ?
7. En quoi consiste l'alerte ?
8. Que contient le message d'alerte ?
9. Comment procéder pour laver une plaie simple ?
10. Comment peut-on protéger la plaie (des frottements, des salissures…) ?
11. Si un corps étranger est présent dans une plaie, que faut-il faire ?
12. Quel geste faut-il adopter devant une personne qui présente une plaie à l'abdomen ?
13. Que faut-il faire si un enfant se brûle la main avec du lait très chaud ?
14. Que faut-il faire si un enfant ingère un produit toxique ?
15. Quelles peuvent être les causes d'une hyperthermie ?
16. Que faut-il faire en cas d'hyperthermie chez un enfant ?
17. Citer deux méthodes pour prendre la température d'un enfant.
18. Quel geste faut-il faire si un enfant présente une plaie qui saigne abondamment au niveau du bras ?
19. Un enfant de 2 ans s'étouffe, que faut-il faire ?
20. Que faut-il faire en cas d'inconscience et de détresse respiratoire chez un enfant ?

voir corrigé p. 200

7

Techniques professionnelles socio-éducatives

Des outils pour bien utiliser ces fiches

Ces fiches techniques professionnelles socio-éducatives vous permettront de vous préparer à l'épreuve EP2 (accompagnement éducatif de l'enfant), en vous proposant des idées qui pourront vous inspirer pour présenter vos activités dans votre dossier. Elles vous permettront également d'argumenter et de développer vos techniques lors de l'entretien oral, dont le support sera votre dossier professionnel.

1 Évaluation de vos compétences

Ces connaissances socio-éducatives permettront au jury d'évaluer vos compétences pour :
- traiter des informations à caractère professionnel ;
- identifier les besoins de l'enfant (dans un contexte professionnel) ;
- organiser les activités des enfants ;
- organiser un programme de travail ;
- installer et sécuriser les espaces de vie de l'enfant (jeu, repas, repos) ;
- aménager des espaces d'activités collectives ;
- contribuer au développement et à la socialisation de l'enfant ;
- établir des relations professionnelles ;
- vous intégrer dans une équipe.

2 Quelques remarques pour l'examen

■ Qu'est-ce que l'animation ?

L'animation vient du latin « animar », c'est-à-dire donner une âme, rendre vivant.

L'animation a donc pour fonction de **rendre vivant** un individu ou un groupe d'individus. L'expression « rendre vivant » peut être comprise comme « **prendre sa vie en main** », c'est-à-dire être **autonome**. L'animation a donc pour objectif à long terme de rendre autonomes les individus à qui l'on s'adresse ; à court terme, l'objectif de l'animation est de permettre à chaque individu de développer l'ensemble de ses possibilités.

L'animateur doit donc stimuler les individus à travers des activités.

■ Qu'est-ce que le projet d'animation ?

Qui le construit ?

C'est le responsable de la politique de l'établissement, avec la participation des personnes qui travaillent auprès des enfants.

Quand ?

Lors de la création de l'établissement en référence aux objectifs de l'organisme fondateur :
- le projet d'association ;
- la politique sanitaire et sociale.

Ce projet global est réactualisé régulièrement, ce qui donne naissance au projet annuel voire à un projet spécifique propre à une période ou à un événement donné.

Sur quelles bases ?

- Selon les objectifs de l'organisme fondateur (soins, loisirs, éducation…) tels qu'ils peuvent être énoncés dans les statuts de cet organisme ou dans les textes réglementaires constitutifs (école, centre de loisirs…).
- Selon les caractéristiques des enfants accueillis : âge, état de santé…
- Selon la nature ou la durée du séjour.

Où le trouver ?

Auprès des responsables de l'établissement.

■ Quels sont les modes d'animation ?

Vous devez être capable de justifier le choix d'un mode d'animation pour un public et une activité donnée et d'indiquer des moyens à mettre en œuvre pour obtenir l'adhésion de la personne ou la participation d'un groupe.

L'animateur choisit son mode d'animation en fonction du public, de l'activité et/ou des objectifs qu'il s'est fixé.

On trouve 4 grandes attitudes en animation :
– le laisser-faire ;
– le faire faire ;
– le faire avec ;
– favoriser, donner à faire.
Au cours d'une même activité, l'animateur peut avoir à utiliser différents modes d'animation.

Le déroulement de l'animation

L'animateur doit :
– veiller à la sécurité physique en proposant du matériel adapté ;
– favoriser la coopération entre les individus dans l'utilisation du matériel, dans l'aide apportée… ;
– éviter les interventions intempestives de personnes extérieures ;
– ne pas porter de jugements esthétiques bloquant l'individu. En effet, le beau et le laid n'existent que pour soi et se fondent sur des critères propres ;
– éviter que les personnes portent des jugements sur ce qu'ont fait les autres ;
– être conscient que la réalisation d'une personne lui appartient totalement et qu'elle peut vouloir la détruire.

Certains moments de la journée sont plus favorables aux activités intellectuelles, d'autres au repos.
Pour que l'enfant exploite au maximum les temps de jeux et de sortie, temps durant lesquels le cerveau est à l'état de veille, il est indispensable que l'adulte ait satisfait les besoins affectifs et le rythme de base sommeil/alimentation du nourrisson.

À quel besoin de l'enfant je réponds ?

L'adulte doit cibler les besoins auxquels il va répondre :
– les besoins physiologiques : respirer, boire, manger, dormir, éliminer… ;
– le besoin de sécurité : être hors de danger physiquement, psychologiquement… ;
– les besoins affectifs, de communication, de stimulation ;
– le besoin de mouvement ;
– les besoins de jeu et de plaisir ;
– le besoin de calme ;
– le besoin de socialisation (règles du jeu, jeu de société, jeu de groupe…) ;
– le besoin d'autonomie (choix des activités et du matériel, s'habiller seul, manger seul…) ;
– les besoins d'expression et de communication ;
– le besoin de découverte ;
– le besoin de se connaître et de se situer dans l'espace (se déguiser, se maquiller, découvrir son image (miroir), faire des puzzles, des activités motrices…) ;
– le besoin de manipulation des objets pour compter ; de matériaux (sable, pâte à modeler, pâte à sel, argile…) ; de dessiner ;
– le besoin de création et d'imagination (lire des contes, dessiner librement, jouer librement, peindre…).

En jouant, l'enfant apprend des comportements de base, tels que l'ordre, le soin, l'application, la patience, la concentration et des comportements sociaux positifs, tels que l'attention à l'autre, le partage, la limitation de ses propres désirs, la distinction entre « le mien et le tien ».

Le local, les matériaux et matériels

Il n'existe pas d'activité qui ne nécessite ni matériaux, ni matériel, ni local ou lieu d'exercice.

L'animateur aura donc toujours à s'en préoccuper dès la conception même de son activité. Dans tous les cas, il devra se poser un certain nombre de questions toujours identiques (pour éviter le gaspillage, assurer la sécurité…).

FICHE

1 Préparer les matériaux, matériels et locaux

OBJECTIF : préparer et installer le matériel et les matériaux de façon adaptée à la situation pour une meilleure réalisation de l'activité.

De qui vient la demande ?

Quelle est l'origine de la demande ?

Un supérieur hiérarchique (maîtresse, directeur du centre…), un autre animateur, un des usagers, l'animateur lui-même…

Pour qui cette demande est-elle faite ? Qui sera l'utilisateur ?

La personne qui a formulé la demande, les personnes dont elle s'occupe…

Quelles sont les caractéristiques de l'utilisateur terminal ?

Leurs âges (bébé, enfant…), leurs capacités physiques, leurs capacités intellectuelles (possibilité par exemple de percevoir le danger).

À quel type d'activité ces matériaux, matériels, locaux, sont-ils destinés ?

– des activités d'intérieur ou d'extérieur (veillée, kermesse, activité scolaire…) ;

– des activités individuelles ou en groupes : dans ce cas, il faut connaître le nombre de personnes ou le nombre de groupes ;

– des activités accompagnées ou non : dans ce cas on peut se demander comment sera assurée la sécurité.

Quand ces matériaux, matériels, locaux, lieux, doivent-ils être prêts ?

Date, jour, heure…

Où ces matériaux, ce matériel doivent-ils être utilisés ou stockés ? Où le local (le lieu) se trouve-t-il ? Sur place, ailleurs ? Le lieu est-il connu des utilisateurs, le matériel doit-il être déplacé ?

Quel doit être l'état d'avancement du travail de préparation ?

Prêt à l'usage ou à utilisation immédiate, devant être terminé par l'utilisateur ou par l'animateur…

Comment ces matériaux, ce matériel doivent-ils être installés ?

Quels sont les matériaux et matériels dont vous avez besoin ?

De quel matériau ou de quel matériel s'agit-il ?

La réponse doit être précise, tous les papiers ou toutes les peintures ne sont pas équivalents, tous les pinceaux ou tous les instruments de musique ne permettent pas les mêmes performances…

Quelles sont ses caractéristiques propres ?

– D'utilisation (âge proposé par le fabricant ; fragilité ou solidité : résistance à l'humidité ou à la chaleur ; nécessité de matériel ou de matériaux complémentaires tels que pinceaux et godets ; règles de sécurité à respecter…) et de préparation (durée de préparation, délai de repos, variété et complexité des opérations de préparation selon la fiche technique, règles de sécurité à respecter…) ?

– De stockage après préparation (température, couverture nécessaire, durée de conservation…) ?

Quelles quantités faut-il préparer, comment faut-il le conditionner pour répondre à la demande ?

Quel est le temps nécessaire pour faire cette préparation ?

Plus la quantité à préparer est grande, plus les opérations sont complexes, plus les conditionnements sont petits ou divers et plus le temps de préparation est important (sans tenir compte des temps de poses parfois nécessaires).

Quel lieu ou quel local allez-vous utiliser ?

Le local ou le lieu sont-ils adaptés à l'activité proposée ? Accès facilité, dimensions adaptées, sécurité…

Le local ou le lieu sont-ils équipés de façon satisfaisante pour répondre aux besoins du public ?
Sécurité, circulation, accueil, sanitaires et à ceux de l'activité (mobilier, sièges, éclairage…).

Le local ou le lieu seront-ils libres pour permettre la préparation ? Quand ? Dans quelles conditions ? Seront-ils disponibles après l'utilisation pour permettre le rangement ?

Quelles sont vos compétences ?

Maîtrisez-vous la compétence ?
La réponse négative à cette question nécessite de prévoir la recherche de documentation et peut-être un délai supplémentaire d'expérimentation.

Avez-vous besoin d'une documentation particulière (mode d'emploi, fiche technique, patron…) ?
Si c'est le cas, vous devez réfléchir à l'endroit où cette documentation peut être acquise ou consultée et aux délais nécessaires pour l'obtenir.

Comment allez vous prévoir, vérifier, remettre en état ?

Que veut dire « prévoir » ?
Sans matériel en état, l'animation devient un exercice compliqué et onéreux. L'animateur veille donc à avoir du matériel toujours en état d'être utilisé.

Que veut dire « vérifier » ?
Lorsqu'il s'agit de matériaux, vérifier peut vouloir dire « contrôler le stock » (en qualité et en quantité), la « consistance », « l'état de l'emballage ».
Lorsqu'il s'agit de jeux, cela peut signifier « contrôler la présence des dés, des pions, des jetons, des différents éléments, des cartes » ; « les compter, les reclasser » ; « contrôler qu'il y a bien le fond de jeu, la règle » ; « s'assurer que les différents morceaux ou éléments du jeu sont en bon état ».
Lorsqu'il s'agit de matériel, cela veut dire « s'assurer que les outils sont propres, non cassés, normalement aiguisés », qu'ils sont « rangés dans leurs boîtes ou leurs étuis », « s'assurer que les appareils électriques sont en état de fonctionnement, que les fils ne sont pas dénudés, qu'il y a des piles, que les rallonges électriques sont correctement rangées… », que « les cassettes sont rangées dans la bonne boite et qu'elles sont étiquetées… », « s'assurer que les crayons sont taillés, que les crayons feutres ne sont pas desséchés, qu'ils sont bien refermés… ».

Que veut dire « remettre en état » ?
Remettre en état, c'est garantir une utilisation ultérieure :
- en vérifiant la fermeture des récipients contenant des produits susceptibles de se renverser, de sécher ou de s'évaporer (par exemple, un tube de colle ou de peinture, des crayons feutres, de la pâte modelable, de l'encre…) ;
- en pelotonnant laine, ficelle, raphia ;
- en triant ce qui est neuf ou entamé, réutilisable ou à jeter ;
- en lavant et en faisant sécher pinceaux, toiles cirées, spatules, cuvettes… ;
- en reclassant par matériau, par couleur… ;
- en remettant dans les boîtes d'origine, sans oublier les modes d'emploi ;
- en contrôlant l'intégralité des boîtes ou paquets : nombre de tubes, nombre de cartes ou de jetons…

FICHE

2 Les papiers et cartons

OBJECTIF :
utiliser le papier et le carton pour développer le toucher et la manipulation chez l'enfant.

Dans l'animation, les éléments naturels (comme le sable, l'eau, la terre) sont souvent exploités avec les enfants. Il est important d'introduire d'autres matériaux qui leur permettent de connaître les couleurs ou de développer le toucher, l'odorat…
Le papier est un matériau qui offre de multiples possibilités d'expérimentation. Il peut être chiffonné, roulé en boules, déchiré, lacéré, perforé à l'aide de crayons ou de stylo, découpé.

A Les intérêts du papier et du carton

Le papier et le carton ont plusieurs intérêts :
– la découverte : des coloris, de l'épaisseur, de l'aspect (plus ou moins lisse) ;
– selon le degré de préhension, l'enfant peut le déchiqueter en plus ou moins gros morceaux ;
– le défoulement ;
– la maîtrise du geste et la patience ;
– la découverte du résultat final.
La manipulation permet le plaisir de toucher, le plaisir de découvrir et la latéralisation qui est importante dans l'évolution de la personnalité de l'enfant (être gaucher ou droitier, c'est-à-dire le côté du corps humain qui domine certaines fonctions). Elle participe à l'idée que l'enfant se fait de lui-même, à l'établissement du schéma corporel, à la perception de son corps et de son environnement.

B Les applications possibles

Le dessin →

C'est un moyen d'expression privilégié du petit enfant, c'est un langage.
Les premiers vrais dessins se situent vers l'âge de 18 mois : il est capable de préhension fine pour tenir son crayon, d'une maîtrise du tonus musculaire (bras/avant-bras/main) et d'action intentionnelle.
Vers 3 ans, c'est l'âge du bonhomme têtard, l'enfant commence à bien prendre conscience de son propre corps et peut le reproduire.
Les dessins évoluent en fonction de l'âge.
Vers 6-7 ans, c'est l'expression écrite, le stade le plus avancé de l'évolution de l'enfant. Elle nécessite l'apprentissage de la lecture.

La décoration (ribambelles, guirlandes, mobiles, calendrier d'anniversaire, papier mâché, pliages…) →

La décoration a un rôle important au niveau de l'éveil de l'enfant car elle stimule leurs sens :
– leur vue : avec les différentes formes, les couleurs, les mouvements (mobiles) ;
– leur ouïe : les mobiles musicaux, le bruit du contact des différents matériaux… ;
– leur toucher.

Exemple d'activité : des guirlandes de Noël

Type d'activité : manuelle
Lieu : salle de classe
Durée : 30 minutes
Nombre d'enfants : 6
Âge des enfants : 5/6 ans
Matériel : papiers de couleurs différentes, règle, ciseaux à bouts ronds, scotch, gommettes, modèles de motifs à reproduire.

Les objectifs de l'activité :
- réaliser une guirlande en ribambelle ;
- développer la préhension fine (→ Fiche 3 p. 20) ;
- stimuler la concentration ;
- favoriser la créativité ;
- favoriser le travail en groupe, le partage du matériel ;
- développer l'autonomie.

Installation du lieu

Placer 6 chaises autour d'une table.

Préparation de l'activité

1 Mettre à disposition des enfants des ciseaux et des gommettes au milieu de la table.
2 Préparer des bandes de 6 cm de haut sur lesquelles sont tracés des carrés ou des rectangles.
3 Préparer un gabarit du motif souhaité et donner une bande à chaque enfant.

Sécurité

Utiliser des ciseaux à bouts ronds.

Déroulement de l'activité

1 Installer les enfants autour de la table.
→ L'adulte donne les consignes, les précautions à prendre.

2 Leur présenter un modèle de guirlande et répondre à leurs questions.
3 Réaliser les guirlandes :
- les enfants plient la bande en accordéon en suivant le tracé sur la partie supérieure de l'accordéon ;
- ils tracent les contours du motif (à partir du gabarit) en laissant une partie non coupée des 2 côtés de l'accordéon ;
→ L'adulte aide, stimule et vérifie que les bords de l'accordéon ne sont pas découpés.
- ils découpent le modèle et le déplient délicatement pour éviter de déchirer la ribambelle ;
- ils décorent la ribambelle avec les gommettes.

4 Accrocher avec les enfants la ribambelle terminée.
→ L'adulte valorise le travail réalisé puis il informe de la fin de l'activité.

5 Faire un bilan de satisfaction avec les enfants.
6 Ranger le matériel ; nettoyer les tables et les outils.
→ L'adulte fait participer les enfants au rangement.

7 Aider au lavage des mains des enfants.
8 Accompagner les enfants vers le reste du groupe et un professionnel.

Rôle de l'adulte (voir flèches ci-dessus)

Transmission orale

Transmettre les observations sur le groupe, les difficultés des enfants.

Évaluation de l'animation

■ Les règles de sécurité ont-elles été respectées ? Le groupe a-t-il respecté les consignes ? Les objectifs sont-ils atteints ? Les enfants ont-ils suivi l'activité jusqu'à sa fin ? Les difficultés des enfants ont-elles été surmontées ? Le vocabulaire était-il adapté ?

■ Proposer des réajustements en fonction des difficultés rencontrées et des résultats de l'évaluation de l'activité (gestion du groupe, sécurité, manque de matériel, vocabulaire plus clair…).

FICHE

3 La peinture

OBJECTIFS : découvrir de nouvelles sensations, développer le toucher et favoriser la préhension.

Il est possible de proposer une activité peinture dès l'âge de 18 mois, mais il faut veiller à utiliser du matériel et des matériaux adaptés à l'âge de l'enfant.

A Les intérêts de la peinture

La peinture permet à l'enfant d'exprimer ses sentiments, ses émotions, ses humeurs, de découvrir les couleurs.
Peindre ou dessiner lui procure une détente (la peinture à doigt a notamment un effet calmant sur les enfants excitables ou agressifs).

B Des applications possibles

Les différentes façons de peindre	Caractéristiques
Peindre avec les mains ou peindre avec les pieds (cette activité est possible avec de très jeunes enfants, car il n'y a pas d'utilisation de matériel dangereux pour les enfants).	– permet une exploration de la couleur par la main ; – permet un contact direct avec la matière molle ; – aide à avoir une meilleure connaissance de son schéma corporel par les traces de ses mains et celles de ses camarades ; – permet de remarquer les différentes formes. Attention aux très jeunes enfants, c'est une activité salissante.
Peindre avec des outils (peindre debout autour d'une table ou peindre debout sur un mur à hauteur des enfants).	Il est possible d'utiliser un grand nombre d'outils, cependant l'outil choisi est fonction de l'âge de l'enfant : – pinceaux (pas avant 3 ans) ; – rouleau ; – paille (pas avec les jeunes enfants car ils peuvent aspirer la peinture) ; – pochoirs (l'adulte réalise lui-même le pochoir en papier, pomme de Terre...).

Les différentes façons de dessiner	Caractéristiques
Dessiner sur de grands tableaux (tableaux noirs et craies de couleur ou tableaux blancs et feutres).	Verticalement au mur, ils permettent des mouvements très larges (en effet, l'enfant de 18 mois à 2 ans utilise pour dessiner tout son bras et non pas seulement son poignet comme l'enfant plus grand).
Dessiner sur de grandes feuilles (blanches ou de couleur).	Ces feuilles peuvent être posées sur le sol ce qui rend le mouvement plus étriqué : l'enfant doit utiliser son poignet pour diriger le mouvement (profitable avec des enfants de 2 à 3 ans).
Dessiner sur de petites feuilles (elles peuvent être fixées sur une table avec de la pâte adhésive ou du scotch).	Des feutres fins permettent à l'enfant d'exercer sa motricité fine. L'usage de crayons de couleur n'est pas recommandé chez le jeune enfant, car ils sont trop fragiles : les mines se cassent facilement, ce qui peut décourager l'enfant.

Exemple d'activité : les empreintes de mains

Type d'activité : manuelle
Lieu : salle d'activité (structure d'accueil petite enfance)
Durée : 30 minutes
Nombre d'enfants : 4
Âge des enfants : 3 ans
Matériel : 4 feuilles blanches de papier à dessin, 4 assiettes plates de peinture (gouache) de couleurs différentes, nappe, 4 tabliers, un point d'eau, des torchons, une table.

Les objectifs de l'activité :
- réaliser les empreintes de ses mains ;
- découvrir les couleurs ;
- découvrir la matière ;
- développer la motricité fine et le toucher ;
- favoriser la créativité.

Installation du lieu

1 Disposer une table et 4 chaises autour : l'installation doit permettre de peindre debout (pour faciliter la pose des mains sur la feuille).

2 Protéger la table avec la nappe.

Préparation de l'activité

1 Positionner les 4 feuilles blanches en face de chaque chaise.

2 Placer les assiettes contenant les différentes couleurs de peinture.

Remarque

La gouache peut être utilisée avec les enfants

Déroulement de l'activité

1 Mettre un tablier à chaque enfant et les faire s'installer autour de la table.

2 Présenter l'activité et un modèle d'empreintes et répondre aux questions.

→ L'adulte donne les consignes, les précautions à prendre.

3 Réalisation des empreintes :
- les enfants déposent une main dans une assiette au choix puis l'autre main ;
- ils déposent leurs 2 mains sur la feuille de dessin avec l'aide de l'adulte, en écartant tous les doigts ;
- leurs mains sont essuyées avec un torchon.

→ L'adulte aide, stimule et vérifie que les doigts sont bien écartés. Il valorise le travail fait.

→ L'adulte met le nom de l'enfant sur le dessin et le met à sécher.

4 Laver les mains des enfants.

5 Faire un bilan de satisfaction avec les enfants en les faisant par exemple comparer leurs empreintes.

→ L'adulte informe de la fin de l'activité.

6 Ranger le matériel et les produits, nettoyer les tables et les outils.

→ L'adulte fait participer les enfants au rangement.

7 Accompagner les enfants vers le reste du groupe et un professionnel.

Rôle de l'adulte

Transmission

Transmettre de façon orale ou écrite les observations et les difficultés rencontrées par les enfants.

Évaluation de l'animation

■ Les règles de sécurité ont-elles été respectées ? Le groupe a-t-il respecté les consignes ? Les objectifs sont-ils atteints ? Les enfants ont-ils suivi l'activité jusqu'à sa fin ? Les difficultés des enfants ont-elles été surmontées ? Le vocabulaire était-il adapté ?

■ L'adulte propose des réajustements en fonction des difficultés rencontrées et des résultats de l'évaluation de l'activité (gestion du groupe, sécurité, organisation, vocabulaire plus clair…).

FICHE

4 La pâte à sel

OBJECTIFS :
faire découvrir les matériaux, favoriser la manipulation et le toucher.

Les enfants aiment malaxer les pâtes, les transformer en boules, les faire passer entre les doigts…
Il existe différentes pâtes : la pâte à sel, la pâte à modeler, la pâte à gâteau… : leur intérêt est sensiblement identique.
Les activités comme la pâte à sel, le collage ou la pâte à modeler, sont proposées la plupart du temps à un petit groupe d'enfants avec un adulte qui anime l'atelier.
Ces activités permettent aux enfants d'explorer et d'exploiter les matériaux à étaler ou à modeler et de découvrir de nouveaux matériaux.

A Les intérêts des pâtes

La manipulation de la pâte apporte le plaisir de toucher, de découvrir, et procure du plaisir aux plus jeunes qui s'amusent à pousser, tirer, écraser et manipuler la pâte avant même de « faire quelque chose ».
Elle développe le langage : parler de la couleur, de la texture (douce, molle), du poids de la pâte ; à quoi elle ressemble lorsque les couleurs sont mélangées, ce que les enfants confectionnent (« biscuits, serpents, tartes »).
Cette manipulation apprend à l'enfant la différence entre le sel et la farine (texture, goût, odeur) et permet d'expérimenter les mesures et de partager avec le groupe.
C'est également l'occasion de se défouler (il peut frapper la pâte).

B Les applications possibles

La manipulation d'éléments naturel

- l'eau (bac à eau, la piscine…)
- la terre (bac à argile, bac à terre)
- le sable (bac à sable, bac à sciure, bac à farine, bac à semoule…)

→ Elle permet à l'enfant de découvrir et exploiter les qualités plastiques de son environnement quotidien.
L'enfant exerce son sens du toucher et précise ses gestes (par les activités de transvasement « vider/remplir » et la préhension qui va devenir de plus en plus minutieuse).

Les pâtes (pâte à modeler, pâte à gâteau, pâte à sel…)

→ Elles permettent à l'enfant :
– de développer l'autonomie en lui donnant des outils d'expression et de communication ;
– de transformer des matériaux en ajustant progressivement son geste en fonction de leurs qualités physiques et plastiques ;
– de combiner des formes, des couleurs, des matières et des objets ;
– de se familiariser à la diversité des matières et des techniques.

Exemple d'activité : un mouton en pâte à sel

Type d'activité : manuelle
Lieu : salle d'activité structure d'accueil petite enfance
Durée : 30 minutes
Nombre d'enfants : 4
Âge des enfants : 3 ans
Matériels et produits : nappe, point d'eau, 4 tabliers, des torchons, 1 saladier, 1 gobelet, 1 spatule en bois, farine (2 verres), sel (1 verre), eau (1 verre).

Les objectifs de l'activité :
- réaliser un mouton ;
- découvrir la matière, les dosages ;
- développer la motricité fine et le toucher ;
- favoriser le travail en groupe.

Installation du lieu

Disposer une table et 4 chaises autour, de façon à pouvoir être debout (pour faciliter le mélange dans le saladier).

Préparation de l'activité

1 Préparer les ingrédients, les ustensiles et l'emporte-pièce (mouton).

2 Disposer les ingrédients au milieu de la table, à disposition des enfants.

3 Préparer une affiche avec le nombre de gobelet(s) schématisés pour chaque ingrédient.

Remarque

Les enfants ne sachant pas lire, il faut représenter le nombre de verres et les dessins des ingrédients.

Déroulement de l'activité

1 Mettre un tablier à chaque enfant et les faire s'installer autour de la table.

2 Présenter l'activité et un modèle de mouton en pâte à sel ; répondre à leurs premières questions.
→ L'adulte donne les consignes, les précautions à prendre.

3 Réaliser le mouton :
- chaque enfant dépose 1 gobelet : 1 gobelet de farine 2 fois, 1 gobelet de sel une fois et 1 gobelet d'eau 1 fois ;
→ Il aide, stimule et vérifie que la pâte est suffisamment mélangée (ne pas forcer les enfants à malaxer)
- ils mélangent chacun leur tour à l'aide de la spatule, puis avec les mains jusqu'à ce que la pâte soit lisse ;
→ L'adulte valorise le travail réalisé.
- partager la pâte en 4 morceaux pour chacun des enfants qui va l'aplatir avec les mains ;
- chaque enfant dépose l'emporte-pièce sur sa pâte étalée et retire les débords.
→ Il accompagne le geste en maintenant l'emporte-pièce.

4 Les enfants déposent leur mouton sur une feuille pour qu'il sèche.

5 Faire un bilan de satisfaction avec les enfants.
→ Il informe de la fin de l'activité.

6 Ranger le matériel et les produits, nettoyer les tables et les outils.
→ L'adulte fait participer les enfants au rangement.

7 Aider au lavage des mains puis accompagner les enfants vers le reste du groupe et un professionnel.

(Colonne « Rôle de l'adulte » : les flèches → renvoient aux étapes.)

Rôle de l'adulte

Transmission

Elle peut être orale ou écrite. Transmettre ses observations et les difficultés éventuelles des enfants à réaliser les moutons.

Évaluation de l'animation

■ Les règles de sécurité ont-elles été respectées ? Le groupe a-t-il respecté les consignes ? Les objectifs sont-ils atteints ? Les enfants ont-ils suivi l'activité jusqu'à sa fin ? Les difficultés des enfants ont-elles été surmontées ? Le vocabulaire était-il adapté ?

■ Proposer des réajustements en fonction des difficultés rencontrées et des résultats de l'évaluation de l'activité (gestion du groupe, sécurité, organisation, vocabulaire plus clair).

FICHE

5 Les déguisements

OBJECTIF : développer l'imagination et la créativité.

A Les intérêts des déguisements

Souvent à base de tissus, les déguisements permettent à l'enfant de découvrir de nouvelles textures, d'assembler et de superposer les matières, de faire une production. Ils permettent à l'enfant de développer son imagination, de se mettre en scène, d'imiter en se déguisant.
Le déguisement permet à l'enfant de changer de personnalité, de se transformer, de ressembler à un héros, de s'extérioriser, de se cacher, de se sentir plus fort, plus beau ou plus belle…

B Des applications possibles

Les marionnettes : en cacahuètes, en papier, en mouchoirs ou plus complexes (boule de polystyrène, bâton, tissu...)

→ Le plaisir est plus grand quand les enfants fabriquent eux-mêmes leurs personnages.

Les masques : en carton, en papier, en plâtre… Ils sont utilisés avec des enfants plus grands (à partir de 3-4 ans environ), et peuvent s'accompagner de vêtements complétant le masque.

→ L'enfant peut les fabriquer ce qui permet de développer l'habileté et le repérage spatial ; ils permettent à des enfants plus grands de se mettre en scène, de s'exprimer, en jouant un rôle ; ils développent l'assurance et l'imagination.

Le maquillage : adapté à la peau des enfants protégée d'une crème. Il peut être : abstrait (des rayures, des étoiles…) ou concret (un clown, un homme barbu, une femme, une fleur, un animal).

→ Il permet à l'enfant de se « transformer », sans masque, c'est le plaisir de changer d'identité, d'être « plus beau ou plus belle », ceci développe son imagination…
Mais attention aux allergies !

Exemple d'activité : le masque de carnaval

Type d'activité : manuelle
Lieu : salle d'activité structure d'accueil petite enfance
Durée : 30 minutes
Nombre d'enfants : 6
Âge des enfants : 2/3 ans
Matériel : papiers cartonnés (Bristol® ou Canson®), 1 paire de ciseaux et un cutter pour l'adulte, un crayon, une perforatrice, du fil élastique, un gabarit (masque loup), des gommettes, du matériel de décoration.

Les objectifs de l'activité :
- réaliser un masque ;
- développer la préhension fine ;
- favoriser la communication ;
- favoriser la créativité ;
- favoriser le travail en groupe, le partage.

Installation du lieu

Disposer une table et 6 chaises autour.

Sécurité

Les ciseaux et le cutter doivent être hors de portée des enfants.

Préparation de l'activité

1 Préparer les 6 loups (masques à partir du gabarit) : tracer les yeux et les évider.

2 Répartir des gommettes et autres éléments de décoration au milieu de la table à disposition des enfants.

Déroulement de l'activité

1 Installer les enfants.

2 Présenter l'activité et un modèle de loup décoré. Répondre aux questions des enfants.

3 Réaliser le masque :
- les enfants décorent leur loup avec des gommettes au choix et différents éléments de décoration ;
- perforer chaque masque de chaque côté et attacher le fil élastique (adapté au tour de tête de l'enfant) ;
- indiquer le nom de l'enfant.

4 Bilan de satisfaction avec les enfants.

5 Ranger le matériel et les produits, nettoyer les tables et les outils.

6 Aider au lavage des mains.

7 Accompagner les enfants vers le reste du groupe et un professionnel.

Rôle de l'adulte

→ L'adulte donne les consignes, les précautions à prendre.

→ L'adulte aide, stimule et vérifie que les décorations ne débordent pas à l'extérieur du masque ou sur les yeux. Il valorise le travail effectué.

→ L'adulte informe de la fin de l'activité.

→ L'adulte fait participer les enfants au rangement.

Transmission

L'adulte transmet ses observations, les difficultés des enfants…

Évaluation de l'activité

■ Les règles de sécurité ont-elles été respectées ? Le groupe a-t-il respecté les consignes ? Les objectifs sont-ils atteints ? Les enfants ont-ils suivi l'activité jusqu'à sa fin ? Les difficultés des enfants ont-elles été surmontées ? Le vocabulaire était-il adapté ?

■ L'adulte propose des réajustements en fonction des difficultés rencontrées et des résultats de l'évaluation de l'activité (gestion du groupe, sécurité, organisation, vocabulaire plus clair…).

FICHE

6 Les contes et les récits

OBJECTIF : développer l'imaginaire, le langage et l'attention.

Une **histoire** est un récit ; un **conte** est un récit d'aventures imaginaires. Le conte a un but éducatif : le bien est valorisé, le mal est dévalorisé.

A Les intérêts du livre chez les petits

Quels rôles jouent les livres ?

Le livre favorise les découvertes sensorielles : l'enfant le voit, le touche, le sent, le porte à sa bouche, écoute le bruit du papier. Il est donc important de varier la texture des livres : en papier, en tissu (feutrine, coton, laine) ou en plastique (pour le bain).

Le livre permet d'effectuer des activités motrices : en manipulant le livre, l'enfant apprend à maîtriser ses gestes (ouvrir et fermer le livre, tourner les pages, détacher des images…).

Le livre est un bon moyen d'entrer dans le monde du langage : écouter, regarder et nommer vont conduire l'enfant sur le chemin de la lecture.

Pourquoi raconter une histoire ?

Cela va répondre aux besoins de l'enfant : ses besoins d'imaginaire et de merveilleux ; son besoin de sécurité (un monde que les histoires expliquent) ; le besoin de connaître les autres (imitation, identification aux personnages) ; ses besoins intellectuels ; l'acquisition du langage et du vocabulaire, du sens social.

B Les applications possibles

Quelles histoires choisir ?

Il faut tenir compte de la maturité de l'enfant, de ses besoins affectifs, des activités pratiquées…

Chez les petits : l'histoire est simple, proche de la réalité des enfants ; les personnages sont souvent des animaux humanisés ou des enfants.

Chez les grands : les personnages sont plus nombreux, hors du cadre familial ; les textes et les illustrations sont plus riches que chez les petits.

Comment raconter une histoire ?

Le moment	Choisir un moment favorable, calme.
Le cadre	Le petit groupe d'enfants est confortablement installé en demi-cercle autour de l'adulte ; le conteur doit être visible par tous.
Attitude du conteur	Il doit prendre l'histoire au sérieux (sans trop la jouer), maîtriser l'histoire, mettre l'intonation, avoir une voix posée, prendre son temps, laisser le temps aux enfants de regarder les images, regarder les enfants pour maintenir l'attention ; faire du moment de l'histoire un temps agréable.
La durée de l'histoire	5 minutes maximum pour les petits, 5 à 10 minutes pour les 3 à 5 ans, 15 minutes pour les 5 à 6 ans. Si elle est trop courte, l'enfant n'a pas le temps d'être pris par l'histoire, et si elle est trop longue, il se lasse. Il faut raconter une seule histoire à la fois et éviter les histoires à épisodes, car l'attente est angoissante pour l'enfant.

Le prolongement d'une histoire

Il est possible de faire répéter l'histoire (pour exercer la mémorisation, le vocabulaire, l'expression orale), de faire un mime, un dessin, de la peinture, du collage ou des marionnettes en lien avec l'histoire.

Exemple d'activité : un conte

Type d'activité : calme (après une activité intense, avant le repas, avant la sieste)
Lieu : coin repos (structure d'accueil petite enfance)
Durée : 10 minutes
Nombre d'enfants : 4
Âge des enfants : 2-3 ans
Matériel : des coussins, le conte et les éventuels décors associés.

Les objectifs de l'activité :
- favoriser la communication ;
- favoriser l'attention et la concentration ;
- stimuler la mémoire, l'imaginaire ;
- apporter du vocabulaire ;
- favoriser les relations.

Installation et préparation

1 S'installer dans un endroit calme, disposer des coussins.
2 Prendre connaissance de l'histoire en amont pour savoir la raconter.
3 Mettre le conte à disposition près du coin.

Déroulement de l'activité

1 Installer les enfants.
→ L'adulte installe les enfants à côté de lui pour les entendre et les voir facilement.

2 Leur présenter l'activité : introduire l'histoire avant la narration (personnages, climat, lieux, intrigue…).

3 Lecture du conte :
→ Il demande le silence.
- narrer en respectant le rythme de l'histoire ; s'assurer que tout le monde suit en posant des questions, en regardant les enfants dans les yeux… ;
→ L'adulte fait participer les enfants, explique les mots difficiles ; il valorise les interventions des enfants.
- veiller à distinguer les situations et les personnages par l'intonation de la voix, les changements de rythme, l'expression du visage, les gestes… ;
- annoncer la fin du conte.

4 Faire un bilan de satisfaction avec les enfants.

5 Ranger les coussins, le matériel.
→ L'adulte fait participer les enfants au rangement.

6 Accompagner les enfants vers le reste du groupe et un professionnel.

Rôle de l'adulte

- L'adulte installe les enfants à côté de lui pour les entendre et les voir facilement.
- Il demande le silence.
- L'adulte fait participer les enfants, explique les mots difficiles ; il valorise les interventions des enfants.
- L'adulte fait participer les enfants au rangement.

Transmission

Transmettre oralement ses observations et les remarques des enfants.

Évaluation de l'activité

- Les règles de sécurité ont-elles été respectées ? Le groupe a-t-il respecté les consignes ? Les objectifs sont-ils atteints ? Les enfants ont-ils été attentifs jusqu'à la fin de l'activité ? Le vocabulaire était-il adapté ?
- Proposer des réajustements en fonction des difficultés rencontrées et des résultats de l'évaluation de l'activité (gestion du groupe, sécurité, organisation de l'espace, vocabulaire plus clair, conte plus adapté…).

FICHE

7 Les comptines et le chant

OBJECTIFS : favoriser la mémorisation, l'apprentissage du vocabulaire et du rythme, développer le toucher et l'acquisition du schéma corporel.

Les comptines

Les comptines (jeux chantés) permettent à l'enfant de mieux connaître son corps (par exemple : « savez-vous planter les choux ? »). Ils sont mémorisés par l'enfant et lui servent de repère.
Plus ou moins rimées, parlées, chantées, accompagnées de gestes ou de frappés de mains, les comptines ont souvent des fonctions utilitaires.

Les chansons

Les chansons peuvent être variées :
– les berceuses sont chuchotées et mélodieuses ; elles servent à endormir ;
– les chansons de gestes font appel au « mime » et favorisent la mémorisation (des nombres, des jours de la semaine, des doigts de la main, des couleurs…) ;
– les chansons de texte s'écoutent comme un conte ;
– les chansons de jeux accompagnent des activités ludiques (ex. la rythmique).

L'adulte ne doit pas tenir compte de ses goûts, mais élargir au maximum les goûts de l'enfant. Parmi les disques, les uns sont écoutés à certains moments de la journée (au cours du repos, au réveil), les autres rythment certaines activités (rondes, rythmique, jeux moteurs, fête, bal…).

A L'intérêt de l'éveil musical

La musique encourage l'enfant à répondre avec des mouvements spontanés de son corps et l'initie au sens du rythme et du temps (frapper dans les mains au son de la musique). Elle développe également sa sensibilité auditive, en distinguant différentes notes (hautes, basses).
Le chant procure du plaisir (les enfants aiment chanter) et aide ainsi l'enfant à affiner son intérêt et son goût pour la musique. Enfin, c'est un bon moyen de développer la mémoire (compréhension et assimilation de mots nouveaux) et le sens du toucher (les comptines accompagnées de gestes).

B Les applications possibles

Activités associées à la musique : la peinture, les jeux d'eau, les jeux moteurs.

Activité avec des instruments de musique : maracas, tambourins, cymbales peuvent être proposés aux enfants pour leur éveil musical (les instruments peuvent être réalisés avec les enfants).

– L'adulte doit être attentif aux sons ;
– chanter en invitant l'enfant à l'accompagner ;
– organiser des séances de musique en utilisant différents instruments ;
– s'assurer de la qualité du matériel proposé (sécurité…) ;
– diversifier le matériel sonore ;
– inventer des jeux sonores ;
– lier l'éveil musical au jeu et non à une activité pédagogique.

Exemple d'activité : chanter une comptine

Type d'activité : calme (après une activité intense, avant le repas, avant la sieste)
Lieu : coin repos d'une structure d'accueil petite enfance
Durée : 5 minutes
Nombre d'enfants : 4
Âge des enfants : 2-3 ans

Les objectifs de l'activité :
- initier au chant, au sens du rythme ;
- favoriser l'attention, la concentration, la diction ;
- favoriser la motricité fine, la coordination du geste et de la parole, l'acquisition du schéma corporel ;
- favoriser la communication.

Installation et préparation

1. Installer le coin de façon confortable avec des coussins.
2. Choisir une comptine adaptée à l'âge des enfants.
3. S'imprégner de la comptine pour la connaître avant de la présenter aux enfants.

Déroulement de l'activité

1. Installer les enfants confortablement.
2. Leur présenter l'activité : introduire la comptine.
3. Lecture de la comptine :

– présenter la comptine globalement puis la reprendre point par point ;
– répéter un maximum de fois en articulant, en parlant ni trop vite ni trop lentement, en mettant l'intonation, en utilisant des gestes précis et amples ;
– annoncer la fin du conte.

4. Faire un bilan de satisfaction avec les enfants.
5. Ranger les coussins, le matériel.
6. Accompagner les enfants vers le reste du groupe et un professionnel.

Rôle de l'adulte

→ L'adulte installe les enfants en face de lui pour les entendre et les voir facilement.
→ L'adulte demande le silence.
→ L'adulte fait participer les enfants.
→ L'adulte fait participer les enfants au rangement.

Transmission

L'adulte transmet ses observations, les remarques des enfants…

Évaluation de l'activité

■ Les règles de sécurité ont-elles été respectées ? Le groupe a-t-il respecté les consignes ? Les objectifs sont-ils atteints ? Les enfants ont-ils été attentifs jusqu'à sa fin ? Les enfants ont-ils participés ?

■ Proposer des réajustements en fonction des difficultés rencontrées et des résultats de l'évaluation de l'activité (gestion du groupe, sécurité, organisation de l'espace, vocabulaire plus clair, comptine plus adaptée…).

FICHE

8 L'expression corporelle

OBJECTIFS : développer la motricité, l'acquisition du schéma corporel, la connaissance de l'environnement.

L'expression corporelle favorise l'équilibre physique et psychique de l'enfant ; elle conditionne son épanouissement et permet l'élaboration du schéma corporel.
Dans la mesure où il maîtrise son corps, l'enfant se sent mieux dans sa peau et a de meilleures relations avec son entourage, ses copains…
Les exercices doivent s'adapter à l'âge et aux capacités motrices de l'enfant.
Ces activités corporelles peuvent se faire avec le corps (les bras, les doigts, la main et le souffle, les mains sur les yeux), avec un objet ou à l'aide d'une comptine, d'une histoire.

A L'intérêt de l'activité corporelle

Elle développe :
– la motricité globale : l'équilibre, le maintien, la maîtrise du corps, la coordination des gestes ;
– les sens : le toucher, la vue, l'ouïe ;
– la connaissance de soi et des limites de son corps (de son schéma corporel, de ses capacités motrices) et la confiance en soi ;
– la connaissance de l'autre : par les contacts verbaux et corporels ;
– la connaissance de l'espace (direction, orientation…) et des matériaux (le dur, le souple, le léger…) ;
– la socialisation : le respect des règles communes ;
– les activités physiques répondent aussi aux besoins de bouger.

B Les objectifs associés

La rythmique →	Vers l'âge de 2 à 3 ans, l'enfant aime particulièrement le rythme, la musique, les activités de groupe, les déguisements, les cerceaux… Les rondes permettent de s'adapter au temps de la musique, de réagir à des rythmes différents.
La détente et le retour au calme →	Pour préserver l'équilibre des enfants, il est important de ménager des moments de calme, de détente et de repos. La relaxation suppose une bonne connaissance de son corps. Elle peut se réaliser à tout moment de la journée (quand les enfants sont agités, pour terminer une séance de motricité, pour commencer une activité demandant de la concentration…).
La socialisation (jeux de groupe comme les rondes : le fermier dans son pré, savez-vous planter les choux…) →	Les rondes permettent aux enfants d'ajuster leur déplacement (vitesse, sens) au déplacement du groupe, de s'orienter et de se socialiser. C'est une activité difficile pour les petits, car il faut accepter de donner la main à l'autre.

Exemple d'activité : la danse

Type d'activité : physique
Lieu : pièce spacieuse (structure de loisirs)
Durée : 10 minutes
Nombre d'enfants : 6
Âge des enfants : 4/5 ans

Les objectifs de l'activité :
- acquérir de la souplesse et la maîtrise de son corps ;
- favoriser la motricité et la coordination motrice ;
- favoriser l'équilibre ;
- favoriser l'organisation spatiale et temporelle ;
- favoriser la socialisation.

Installation du lieu

1 Choisir un lieu sans meubles dangereux ou encombrants.
2 Bien aérer et éclairer la pièce.
3 Placer des tapis au sol.

Préparation de l'activité

Prévoir les enchaînements qui seront présentés aux enfants.

Déroulement de l'activité

1 S'assurer que les enfants sont en tenue légère, ample et souple et les pieds nus.
2 Placer les enfants en cercle et leur présenter l'activité.
3 Réalisation de la danse :
– se mettre avec les enfants en cercle et indiquer les mouvements et les déplacements au fur et à mesure aux enfants : marche en avant, en arrière, sur le côté, de l'autre, tourner sur soi… ;
– annoncer suffisamment en amont le prochain enchaînement pour que le groupe soit coordonné ;
– annoncer la fin de la danse.
4 Faire un bilan de satisfaction avec les enfants.
5 Remettre le lieu en état : ranger les tapis.
6 Accompagner les enfants vers le reste du groupe et un professionnel.

Rôle de l'adulte

→ L'adulte demande le silence. (étape 2)
→ L'adulte fait participer les enfants. (se mettre en cercle)
→ L'adulte encourage et stimule les enfants : il valorise le travail de tous et insiste sur la notion de groupe.
→ L'adulte fait participer les enfants au rangement. (étape 5)

Transmission

L'adulte transmet ses observations, les difficultés des enfants…

Évaluation de l'activité

■ Les règles de sécurité ont-elles été respectées ? Le groupe a-t-il respecté les consignes ? Les objectifs sont-ils atteints ? Les enfants ont-ils été attentifs jusqu'à la fin ? Les difficultés des enfants ont-elles été surmontées ? Le vocabulaire était-il adapté ?

■ L'adulte propose des réajustements en fonction des difficultés rencontrées et des résultats de l'évaluation de l'activité (gestion du groupe, sécurité, coordination des gestes, meilleure adaptation aux capacités des enfants…).

FICHE

9 Les jeux individuels

OBJECTIFS :
stimuler la concentration, l'observation, la réflexion et favoriser la créativité et l'autonomie.

Le jeu est un besoin essentiel ; les coins jeux permettent aux enfants de se concentrer sur un thème : ils sont rassurants, permettent l'isolement, l'activité, l'imitation, l'imagination, l'autonomie et favorisent la socialisation.
Le jeu est un besoin vital auquel l'enfant ne peut résister : il joue dans le bain, au lit, sur le pot, à table, lorsqu'il est malade. Il joue en oubliant les dangers ou en les ignorant.

A Les intérêts des jeux

Le jeu permet à l'enfant :
- d'expérimenter ses sentiments ;
- d'établir des contacts avec les objets ;
- de développer son adresse ;
- d'acquérir le contrôle de son corps ;
- de coordonner ses mouvements ;
- de développer sa personnalité.

B Des exemples de coins de jeux

Le coin « maisonnette » (jeu d'imitation) →	Il permet à l'enfant de revivre des situations de la vie quotidienne comme prendre un repas, cuisiner, parler au téléphone, conduire l'auto, se déguiser en adulte. Il encourage l'enfant à participer librement à des activités variées. L'enfant y exprime par le jeu certaines expériences stressantes : par exemple s'il a été puni ou grondé, il grondera la poupée, l'ours en peluche…
Les coins « construction » →	Ils initient l'enfant à certains concepts mathématiques et scientifiques : pour construire efficacement, l'enfant doit avoir un bon sens de l'équilibre, des hauteurs… Ils développent le schéma corporel de l'enfant et ses relations dans l'espace en lui permettant de construire de grandes structures à l'intérieur desquelles il peut monter. Ils permettent des jeux d'imagination : l'enfant construit des maisons, des routes, même des villes entières.
Le bac à sable →	En se servant de ses mains, l'enfant peut creuser, entasser, mouler, tamiser et construire de façon créative. Le sable lui permet d'expérimenter avec des contenants de grosseurs et de formes variées (il développe alors son langage : « gros », « plus gros », « profondeur », « haut »…).

Exemple d'activité : des formes à encastrer

Type d'activité : éducative
Lieu : coin calme structure petite enfance
Durée : 5 minutes
Nombre d'enfants : 1
Âge des enfants : 2 ans
Matériel : jeu de formes à encastrer.

Les objectifs de l'activité :
- encastrer les formes géométriques ;
- développer la préhension fine, manipuler les formes ;
- stimuler la concentration, l'observation, la réflexion ;
- favoriser la créativité.

Installation et préparation

1 Choisir un jeu adapté à l'âge de l'enfant (de grande taille).
2 Installer un tapis et y positionner les formes.

Déroulement de l'activité

1 Installer l'enfant sur le tapis.
2 Lui expliquer le jeu et lui en faire une démonstration en encastrant des formes. → L'adulte donne les consignes.
3 Réalisation de l'activité :
- se tenir près de l'enfant et l'accompagner dans ses gestes ; → Il aide et stimule.
- nommer les différentes formes à l'enfant et l'inciter à observer pour pouvoir encastrer ;
- mettre à sa disposition les formes en soutenant l'attention de l'enfant pour éviter la lassitude. → Il l'encourage lors des réussites et l'aide à ne pas se décourager.

4 Lorsque toutes les formes sont encastrées, féliciter l'enfant. → L'adulte informe de la fin de l'activité (quand toutes les pièces sont encastrées).
5 Faire un bilan de satisfaction avec l'enfant.
6 Ranger le jeu et le tapis. → L'adulte fait participer les enfants au rangement.
7 Accompagner les enfants vers le reste du groupe et un professionnel.

Rôle de l'adulte

L'adulte donne les consignes.
Il aide et stimule.
Il l'encourage lors des réussites et l'aide à ne pas se décourager.
L'adulte informe de la fin de l'activité (quand toutes les pièces sont encastrées).
L'adulte fait participer les enfants au rangement.

Transmission

L'adulte transmet ses observations, les difficultés des enfants…

Évaluation de l'activité

■ L'enfant a-t-il respecté les consignes ? Les objectifs sont-ils atteints ? L'enfant a-t-il suivi l'activité jusqu'à sa fin ? Les difficultés de l'enfant ont-elles été surmontées ? Le vocabulaire était-il adapté ? L'enfant a-t-il repéré les formes et compris le principe du jeu ?

■ L'adulte propose des réajustements en fonction des difficultés rencontrées et des résultats de l'évaluation de l'activité ? (gestion de l'enfant, vocabulaire plus clair, jeu plus adapté…)

FICHE

10 Les jeux de groupes

OBJECTIF : favoriser la socialisation à travers les règles du jeu et les relations avec le groupe.

Les jeux en groupes aident l'enfant à mieux se connaître et à mieux comprendre ses relations avec les autres. Ils stimulent le développement du langage, les aptitudes d'écoute et de concentration ; ils favorisent la socialisation.

A Les intérêts des jeux avec des règles

Ils permettent :
– de découvrir la règle et de la respecter ;
– d'apprendre à vivre l'entente, la collaboration et l'opposition ;
– de vivre la position de leader à un moment du jeu ;
– d'établir une relation basée sur le respect des règles établies ;
– d'évaluer ses compétences et de les dépasser ;
– de faire l'expérience des autres : de constater qu'ensemble on s'amuse mieux, que l'on peut s'aider mutuellement.

Le choix des jeux

Il faut tenir compte : du nombre de joueurs, du lieu du jeu, des dispositions du local, du mobilier, de la cour…, de la préparation du matériel (foulard, dossards, crayons, feutres, ficelles, cordes, bâtons, cerceaux, sifflet…).

Organiser et animer une séance de jeux

Une séance de jeux doit être construite sur un rythme :
– une phase d'accrochage et de mise en train ;
– une phase de rendement ;
– une phase de reprise en main ;
– le retour au calme.

Perdre ou gagner

Le fait de perdre doit être dédramatisé, ne pas être vécu comme un échec ; le but est d'accepter le résultat. Le fait de multiplier les jeux et donc de gagner et perdre, permet de minimiser l'effet des résultats du jeu. L'adulte doit montrer une attitude positive (en félicitant le gagnant, en réconfortant le perdant…).

B Des exemples de jeux

Les jeux d'extérieur : dynamiques et remuants (ex. : jeux de ballon, jeux d'équipe…) →	Ils permettent à l'enfant de s'aérer, de prendre le soleil, de se détendre et de se défouler lorsqu'il est plus grand, de découvrir l'environnement, de s'éveiller, d'entretenir une relation privilégiée avec l'adulte qui l'accompagne, de rencontrer d'autres enfants et d'autres adultes.
Les jeux d'intérieur : (ex. : jeux de mémoire, d'éveil des sens, d'attention et d'observation) →	Ils permettent de multiplier ses contacts avec les autres dans un intérêt commun pour le jeu et de développer certaines compétences en fonction du jeu : facultés intellectuelles, motrices, sociales…

Exemple d'activité : les chaises musicales

Type d'activité : de loisirs
Lieu : salle centre de loisirs
Durée : 20 minutes
Nombre d'enfants : 10
Âge des enfants : 6 ans
Matériel : 10 chaises, un magnétophone, des musiques.

Les objectifs de l'activité :
- respecter les règles du jeu ;
- stimuler la concentration ;
- développer la rapidité et les réflexes ;
- favoriser la socialisation.

Installation et préparation

1. Installer les chaises dos à dos, en plaçant 5 chaises de chaque côté.
2. Disposer le magnétophone et choisir la musique.

Déroulement de l'activité

1. Installer les enfants : 10 enfants assis sur les 10 chaises (chacun assis sur une chaise).
2. Expliquer les règles du jeu aux enfants. → L'adulte donne les consignes.
3. Réalisation de l'activité :
- enlever une chaise et mettre la musique ;
- les enfants tournent autour des chaises dans le même sens sans se doubler ;
- à l'arrêt de la musique chacun doit s'asseoir et celui qui se retrouve sans chaise est éliminé ; → L'adulte arrête la musique.
- remettre la musique et le jeu recommence en enlevant une chaise à chaque tour, jusqu'à la finale avec une seule chaise prise par le gagnant du jeu ; → L'adulte encourage, stimule et vérifie que les règles sont respectées.
- féliciter le gagnant de la partie et inciter les autres enfants à le faire.
4. Faire un bilan de satisfaction avec les enfants. → L'adulte informe de la fin de l'activité.
5. Ranger le matériel (chaises, magnétophone). → L'adulte fait participer les enfants au rangement.
6. Accompagner les enfants vers le reste du groupe et un professionnel.

Rôle de l'adulte

- L'adulte donne les consignes.
- L'adulte arrête la musique.
- L'adulte encourage, stimule et vérifie que les règles sont respectées.
- L'adulte informe de la fin de l'activité.
- L'adulte fait participer les enfants au rangement.

Transmission

Il transmet ses observations, les difficultés des enfants, leur comportement face au respect des règles…

Évaluation de l'activité

- Les règles de sécurité ont-elles été respectées ? Le groupe a-t-il respecté les consignes ? Les objectifs sont-ils atteints ? Les enfants ont-ils suivi l'activité jusqu'à sa fin ? Les difficultés des enfants ont-elles été surmontées ? Le vocabulaire était-il adapté ?
- L'adulte propose des réajustements en fonction des difficultés rencontrées et des résultats de l'évaluation de l'activité ? (gestion du groupe, sécurité, manque de matériel, vocabulaire plus clair…).

Entraînement 7 Techniques professionnelles socio-éducatives

1 Citer 4 attitudes possibles de l'animateur lors d'une animation.

2 Citer 5 possibilités d'expérimentation avec le papier lors d'une animation.

3 Que permet la manipulation de matériaux comme le papier ou le carton ?

4 Citer 3 intérêts du dessin chez l'enfant.

5 Quel rôle joue la décoration au niveau de l'éveil de l'enfant ?

6 Citer 3 attitudes que l'animateur peut avoir lors de la conduite d'une activité manuelle avec des enfants de 6 ans.

7 Citer 3 façons de peindre.

8 Quel est l'intérêt de peindre ou dessiner sur de grands tableaux ?

9 Quel est l'intérêt de la peinture avec les mains ?

10 Quel peut être le problème d'une mise en contact de la matière avec la peau de l'enfant ?

11 Citer 4 intérêts de la manipulation de la pâte à sel avec les enfants.

12 Citer 4 intérêts des déguisements et du masque.

13 Lors de la fabrication d'un masque avec découpage, quels sont les outils qui ne sont pas mis à la disposition des enfants ?

14 Qu'est-ce qu'un conte ?

15 Quel est l'intérêt des comptines ?

16 Citer 4 intérêts de l'activité corporelle chez l'enfant.

17 Quel est l'intérêt pour l'enfant des coins jeux ?

18 Donner 2 exemples de jeux d'imitation.

19 Citer 2 intérêts des jeux de groupe.

20 Proposer 3 jeux de groupes d'extérieur.

voir corrigé p. 200

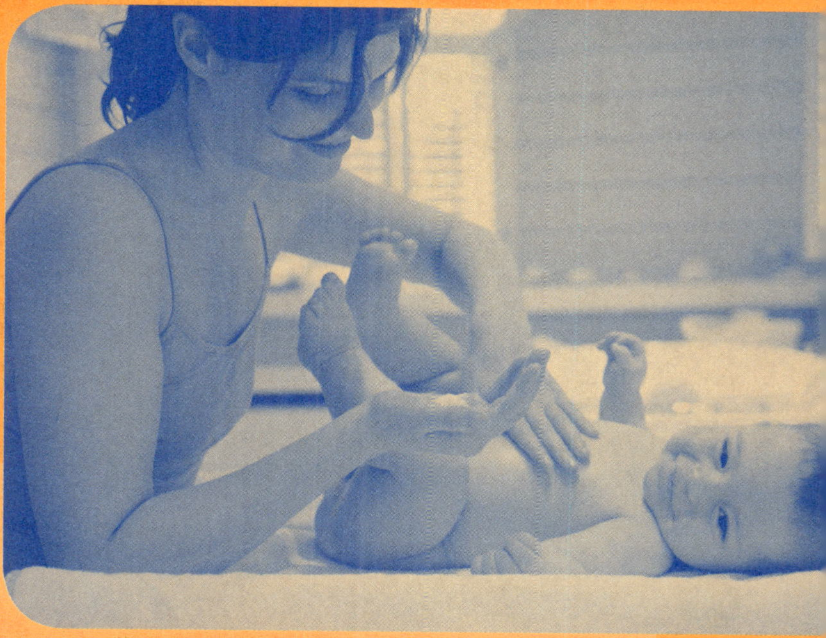

8

Techniques professionnelles culinaires

Des outils pour bien utiliser ces fiches

Ces fiches techniques vous permettront de vous préparer à l'épreuve **EP3 : techniques de services à l'usager**. Ces connaissances permettront au jury d'évaluer vos compétences pour :
- gérer un poste de travail ;
- entretenir les locaux et les équipements ;
- préparer et servir des collations et des repas ;
- contrôler la qualité du travail effectué.

1 S'adapter et s'évaluer

■ Pour chacune des situations professionnelles, il faudra, à partir de ces fiches, adapter votre geste. Pour cela vous devez **analyser la situation** :

Qui êtes-vous ? Un assistant maternel agréé salarié d'une crèche, un indépendant ?

Où ? À votre domicile, au domicile des parents, en visite dans une crèche... ?

Quelles sont les tâches que vous allez effectuer ? Un repas, une collation... ?

Qui sont les enfants ? Leurs noms, leurs âges, leurs particularités...

Quel est le moment de la journée ? Le matin, le midi, le soir, l'heure...

■ Pour évaluer votre technique, voici des **critères d'évaluation** génériques qui seront valables pour toutes les situations :

– **l'organisation et l'ergonomie :** respect de la marche en avant, c'est-à-dire d'une progression de travail dans le même sens pour les opérations d'épluchage, de lavage, de taillage (ne pas mélanger le propre et le sale) ;

– **l'hygiène :** respect du circuit propre/sale, tenue propre, lavage des mains dès que nécessaire, plan de travail maintenu propre pour éviter de contaminer les denrées ;

– **la sécurité :** utilisation correcte et adaptée du matériel : planche à découper, couteau (jamais pointe vers le haut) ;

– **l'économie :** pas d'utilisation de matériel ou de produits non indispensables à la tâche ; utilisation d'un économe ou grattage des légumes ;

– **la qualité du résultat :** évaluation visuelle sur l'absence de parties non comestibles, l'absence de salissures après lavage des légumes, l'esthétique...

■ Et enfin, les **critères de réussite** vous permettant de dire que vous avez accompli correctement votre tâche :

– **préparation** correcte des produits, du matériel, des denrées ;

– **maîtrise des techniques** mises en œuvre (respect des procédures, des recettes, ordre logique des opérations, utilisation correcte des produits et du matériel, respect du temps imparti) ;

– **respect des règles** d'hygiène et de sécurité, d'ergonomie.

2 Quelques remarques pour l'examen

■ La préparation des denrées

Elle facilite la cuisson, améliore la présentation et les qualités organoleptiques de l'aliment (c'est-à-dire qui affectent les organes des sens). Elle concerne principalement les fruits et les légumes.

– **L'épluchage** consiste à enlever les parties non comestibles d'une denrée : peau, tige, feuilles, racines... C'est la première action à effectuer, souvent il s'effectue après le lavage ou après la cuisson.

– **Le lavage** consiste à éliminer les impuretés : terre, insectes, poussières... Il se fait par immersion de l'aliment dans l'eau froide. Les aliments fragiles peuvent être lavés à l'eau courante.

– **Le taillage** consiste à couper les denrées en tranches, rondelle, cubes… pour une meilleure cuisson et une meilleure présentation.

■ La mise en tenue professionnelle

Même si à domicile il n'est pas exigé de tenue particulière, il est nécessaire d'avoir une tenue adaptée à la situation de préparation de techniques culinaires.

L'utilisation d'un tablier sur sa tenue pourra donc être nécessaire, tout comme le port d'une charlotte ou d'un foulard.

■ Le circuit propre/sale

La mise en place de circuits permet d'éviter le croisement du propre et du sale pour éviter ainsi toute contamination du matériel ou produit propre : c'est la marche en avant.

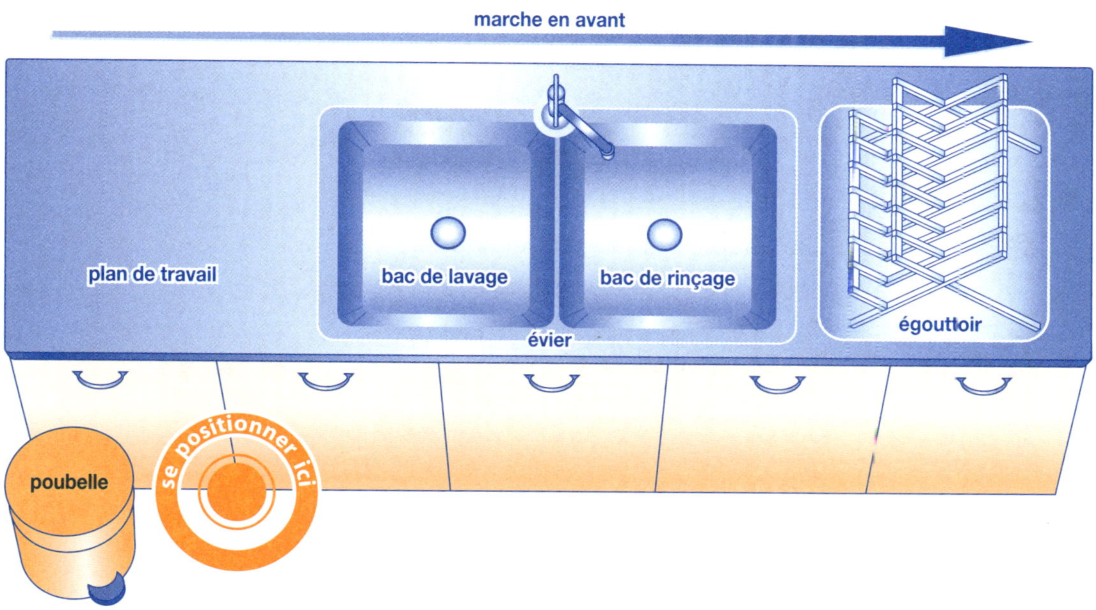

FICHE

1 Préparer des légumes et des fruits frais

OBJECTIFS : faciliter la cuisson, améliorer la présentation et les qualités organoleptiques de l'aliment.

Bien préparer les denrées, c'est prévenir les risques d'infections alimentaires.

MATÉRIELS ET PRODUITS

- un couteau économe
- un couteau d'office
- une planche à découper
- un saladier
- une passoire
- un bac de lavage ou une bassine
- une assiette
- une assiette ou plaque pour la poubelle
- du vinaigre

Préparation

1. Porter une tenue adaptée : blouse et charlotte.
2. Se laver les mains.
3. Préparer le lieu.
4. Préparer les denrées et le poste d'épluchage.

Organisation du plan de travail

Le préparateur travaille en ligne, selon le principe de la « marche en avant » des denrées (→ p. 167).

Exécution

1. **Éplucher les denrées :** enlever les tiges, les racines, les feuilles et éplucher la peau. Retirer les parties abîmées avec la pointe du couteau.
2. **Éliminer les déchets :** vider les déchets et les épluchures à la poubelle et laver la planche à découper.
3. **Laver les légumes ou les fruits** : remplir le bac d'eau (avec du vinaigre pour certains légumes) et laver les fruits ou légumes.
4. **Découper** les légumes ou fruits : couper à la main (à l'aide d'un couteau) ou mécaniquement (à l'aide d'un coupe-légumes) sous différentes formes : le ciselage (fines lamelles), le taillage (morceaux réguliers), le tournage (formes particulières).

Rangement et nettoyage

1. Laver et ranger le matériel.
2. Nettoyer le plan de travail.
3. Se laver les mains.

LES CRITÈRES D'ÉVALUATION

- **L'organisation et l'ergonomie** : mise à disposition du matériel, des produits sur le plan de travail ; respect de la marche en avant (progression de travail dans le même sens pour les opérations d'épluchage, de lavage, de taillage).
- **L'hygiène** : respect du circuit propre/sale ; tenue propre ; lavage des mains dès que nécessaire ; plan de travail propre.
- **La sécurité** : utilisation correcte et adaptée de la planche à découper, du couteau (sans pointe vers le haut).
- **L'économie** : utilisation d'un économe, ou grattage des légumes.
- **La qualité du résultat** : absence de parties non comestibles, absence de salissure après lavage des légumes, présentation esthétique de la préparation.

Exemple de recette : *carottes vinaigrette*

Ingrédients :

– Carottes : 0,200 kg
– Persil : 2 branches
– Menthe ciselée : 5 feuilles
– Sel
– Poivre
– Huile d'olive
– Vinaigre de cidre

Les étapes de la préparation

– Peler les carottes.
– Éliminer les déchets : vider les déchets et les épluchures à la poubelle et laver la planche à découper.
– Laver les carottes.
– Les râper au robot ou avec une râpe dans une assiette.
– Verser le vinaigre de cidre et l'huile d'olive dans un grand saladier : fouetter à la main et ajouter les feuilles de menthe, saler et poivrer.
– Goûter et ajuster au goût.
– Ajouter les carottes râpées, bien mélanger et servir bien frais.

Présentation

Ces carottes peuvent être présentées dans un saladier, une assiette ou des ramequins.
Vous pouvez rajouter quelques feuilles de menthe pour décorer.
Cette salade peut accompagner une viande, un poisson ou une volaille et peut faire partie d'une salade mixte.

FICHE

2 La cuisson dans un liquide

OBJECTIFS : faciliter la digestion, améliorer la présentation et les qualités organoleptiques de l'aliment.

Cette cuisson consiste à immerger un aliment dans un liquide (eau) bouillant : pour les potages, les courts-bouillons, les viandes pour potages, les légumes.
La fabrication de certaines collations exige la connaissance de « recettes ».

MATÉRIELS ET PRODUITS

- un autocuiseur ou une marmite
- une casserole
- une louche
- un bol
- une planche à découper
- un couteau
- un saladier ou plat
- un mixeur ou moulin à légumes pour les potages éventuellement
- les légumes, l'eau, les aromates, le sel…

Préparation

1. Porter une tenue adaptée : blouse et charlotte.
2. Se laver les mains.
3. Préparer le lieu.
4. Préparer les denrées et sortir le matériel nécessaire.

Organisation du plan de travail

Le préparateur travaille en ligne, selon le principe de la « marche en avant » des denrées (→ p. 167).

Exécution

1. Éplucher et couper les légumes.
2. Mettre l'eau dans l'autocuiseur et y ajouter les légumes, les aromates…
3. Faire chauffer jusqu'à cuisson totale des légumes (laisser cuire 15 minutes environ après le sifflement de la soupape pour l'autocuiseur).
4. Sortir les légumes et les égoutter. Garder le liquide de cuisson pour les potages et, en fonction de la préparation, mixer ou présenter directement dans un saladier ou un plat.

Rangement et nettoyage

1. Nettoyer et ranger le plan de travail.
2. Laver et essuyer la vaisselle.
3. Ranger le matériel.
4. Se laver les mains.

LES CRITÈRES D'ÉVALUATION

- **L'organisation et l'ergonomie** : mise à disposition du matériel et des produits sur le plan de travail ; respect de la marche en avant, c'est-à-dire progression de travail dans le même sens pour les opérations d'épluchage, de lavage et de taillage.
- **L'hygiène** : respect du circuit propre/sale ; tenue propre ; lavage des mains dès que nécessaire ; plan de travail propre.
- **La sécurité** : utilisation correcte et adaptée de la planche à découper, du couteau (jamais pointe vers le haut), de l'autocuiseur.
- **L'économie** : utilisation d'un économe, ou grattage des légumes.
- **La qualité du résultat** : absence de parties non comestibles ; absence de salissure après le lavage des légumes ; présentation de la préparation esthétique ; cuisson correcte des légumes.

Exemple de recette : *potage de pommes de terre et poireaux*

Ingrédients :

– Poireaux : 150 g
– Pommes de Terre : 200 g
– Lait : 2 dl
– Eau : 1/2 litre
– Noix de muscade
– Sel

Les étapes de la préparation

– Éplucher les poireaux et peler les pommes de Terre.
– Émincer les poireaux et couper les pommes de Terre en lamelles.
– Mettre l'eau et le lait dans l'autocuiseur ; ajouter les pommes de terre et les poireaux ; assaisonner de sel, de poivre et de noix de muscade.
– Faire chauffer jusqu'à la cuisson des légumes.
– Sortir les légumes et les égoutter.
– Mixer le potage en fin de cuisson.

Présentation

Servir dans une soupière ou dans des petits bols.

FICHE

3 La cuisson à la vapeur

OBJECTIFS : faciliter la digestion, préserver la texture de l'aliment, son goût, ses qualités nutritionnelles.

Cette cuisson consiste à cuire un aliment sans l'immerger dans l'eau (le poser au-dessus de l'eau, par exemple) pour préserver ses qualités nutritionnelles. Elle est utilisée pour cuire les poissons, les légumes, les fruits.

MATÉRIELS ET PRODUITS

- un autocuiseur ou une marmite avec panier
- une casserole
- une louche
- un bol
- une planche à découper
- un couteau
- une assiette
- un plat
- les légumes, l'eau, les aromates, le sel…

Préparation

1. Porter une tenue adaptée : blouse et charlotte
2. Se laver les mains.
3. Préparer le lieu.
4. Préparer les denrées et sortir le matériel.

Organisation du plan de travail

Le préparateur travaille en ligne, selon le principe de la « marche en avant » des denrées (→ p. 167).

Exécution

1. Éplucher et couper les légumes.
2. Mettre l'eau dans le fond de l'autocuiseur et poser les légumes dans le panier métallique, puis fermer l'appareil.
3. Faire chauffer jusqu'à cuisson des légumes (vérifier la cuisson avec le couteau).
4. Sortir le panier de légumes et poser sur une assiette puis présenter dans un plat.

Rangement et nettoyage

1. Nettoyer et ranger le plan de travail.
2. Laver et essuyer la vaisselle.
3. Ranger le matériel.
4. Se laver les mains.

LES CRITÈRES D'ÉVALUATION

- **L'organisation et l'ergonomie** : mise à disposition du matériel, des produits sur le plan de travail ; respect de la marche en avant : progression de travail dans le même sens pour les opérations d'épluchage, de lavage, de taillage.
- **L'hygiène** : respect du circuit propre/sale ; tenue propre, lavage des mains dès que nécessaire, plan de travail propre.
- **La sécurité** : utilisation correcte et adaptée de la planche à découper, du couteau (jamais pointe vers le haut), de l'autocuiseur.
- **L'économie** : utilisation d'un économe, ou grattage des légumes.
- **La qualité du résultat** : absence de parties non comestibles, absence de salissure après lavage des légumes, présentation de la préparation esthétique, cuisson correcte des légumes.

Exemple de recette : *carottes Vichy*

Ingrédients :

– Carottes : 500 g
– Beurre : 30 g
– Sel
– Poivre
– Persil : quelques brins

Les étapes de la préparation

– Laver, gratter et couper les carottes en fines rondelles.
– Mettre l'eau dans le fond de l'autocuiseur et poser les légumes dans le panier métallique puis fermer l'appareil ; laisser cuire 35 minutes environ.
– Sortir le panier de légumes.
– Mettre les rondelles de carottes dans un plat.
– Ajouter des noisettes de beurre, du persil haché et servir tout de suite.

Présentation

Le beurre peut être remplacé par 2 à 3 cuillères de crème liquide.
Il est possible de poser d'abord sur une assiette puis de présenter dans un plat.

FICHE

4 Les grillades, rôtis, sautés

OBJECTIF : éviter les pertes d'éléments nutritifs.

A La cuisson à la poêle ou à la sauteuse

Sauter un aliment, c'est le faire revenir rapidement sur feu vif. Il y a alors la coagulation rapide des protéines : pour les viandes blanches, les crêpes…
Cette cuisson consiste à :
– mettre la poêle ou la sauteuse sur le feu avec le corps gras (huile ou margarine) ;
– mettre l'aliment dans la poêle et faire dorer les 2 faces ;
– continuer la cuisson sur feu doux jusqu'à la cuisson désirée.

MATÉRIELS ET PRODUITS

- un four
- une plaque à rôtir
- des cuillères
- une écumoire
- des gants isolants
- la viande à rôtir
- des aromates

Préparation

1. Porter une tenue adaptée : une blouse et une charlotte.
2. Se laver les mains.
3. Préparer le lieu.
4. Préparer le matériel et les produits : préchauffer le four à la température demandée, préparer les denrées et sortir le matériel.

Organisation du plan de travail

Le préparateur travaille en ligne, selon le principe de la « marche en avant » des denrées (→ p. 167).

B La cuisson au four

Cette cuisson consiste à faire coaguler l'aliment sous l'action de la chaleur sèche.

Exécution

1. Disposer le rôti sur la plaque et mettre les aromates.
2. Enfourner dans le four (suffisamment chaud) à la bonne hauteur et le laisser cuire.
3. Apprécier régulièrement la cuisson du rôti en le sortant du four et l'humecter avec le jus de cuisson.
4. Sortir le rôti, le couper en tranches et le servir dans un plat.

Rangement et nettoyage

1. Nettoyer et ranger le plan de travail.
2. Laver et essuyer la vaisselle.
3. Ranger le matériel.
4. Se laver les mains.

LES CRITÈRES D'ÉVALUATION

- **L'organisation et l'ergonomie** : mise à disposition du matériel et des produits sur le plan de travail ; respect de la marche en avant (progression de travail dans le même sens).
- **L'hygiène** : respect du circuit propre/sale ; tenue propre ; lavage des mains dès que nécessaire ; plan de travail propre.
- **La sécurité** : utilisation correcte et adaptée de la planche à découper, du couteau (jamais pointe vers le haut), du four.
- **La qualité du résultat** : absence de salissure sur le plan de travail, présentation de la préparation de manière esthétique, cuisson correcte du rôti.

Exemple de recette : *escalopes de poulet*

Ingrédients :

– Poulet : 4 escalopes
– Huile d'olive : 2 cuillères
– Gousse d'ail : 1
– Sel
– Poivre
– Salade mesclun
– Tomates-cerise coupées en deux
– Noix de Grenoble

Les étapes de la préparation

– Tremper les escalopes de poulet dans 2 cuillères à café d'huile et ajouter de l'ail.
– Faire sauter les escalopes dans une poêle chaude pendant 2 à 3 minutes de chaque côté.
– Dresser la salade dans une assiette et garnir des tomates.
– Déposer les escalopes dans l'assiette une fois cuites et parsemer de noix de Grenoble.
– Servir aussitôt.

FICHE

5 La pâte à crêpe

OBJECTIF : réaliser une pâte simple cuite à la poêle.

MATÉRIELS ET PRODUITS

- 1 poêle à crêpes
- un saladier
- une louche
- un verre mesureur
- un fouet
- une spatule
- une assiette
- 250 g de farine
- 3 œufs
- 2 cuillères à soupe d'huile
- ½ litre de lait

Préparation

1. Porter une tenue adaptée : blouse et charlotte.
2. Se laver les mains.
3. Préparer le lieu.
4. Préparer les denrées et sortir le matériel, puis tamiser la farine.

Organisation du plan de travail

Le préparateur travaille en ligne, selon le principe de la « marche en avant » des denrées (→ p. 167).

Exécution

1. Verser la farine dans le saladier et faire une fontaine au milieu ; mettre l'huile, les œufs, le sel au milieu de la fontaine.
2. Mélanger en commençant par le centre à l'aide du fouet. Ajouter progressivement le lait en incorporant petit à petit la farine, sans faire de grumeaux.
3. Laisser reposer la pâte.
4. Cuire les crêpes :
   - huiler la poêle et la faire chauffer ;
   - verser une louche de pâte à répartir dans la poêle ;
   - laisser cuire et retourner la pâte à l'aide de la spatule ;
   - mettre la crêpe dans l'assiette et recommencer l'opération.

Rangement et nettoyage

1. Nettoyer et ranger le plan de travail.
2. Laver et essuyer la vaisselle.
3. Ranger le matériel.
4. Se laver les mains.

LES CRITÈRES D'ÉVALUATION

- **L'organisation et l'ergonomie** : mise à disposition du matériel, des produits sur le plan de travail ; respect de la marche en avant (progression de travail dans le même sens pour les opérations de préparation de la pâte).
- **L'hygiène** : respect du circuit propre/sale ; tenue propre, lavage des mains dès que nécessaire, plan de travail propre.
- **La sécurité** : utilisation correcte et adaptée de la poêle.
- **L'économie** : utilisation d'un verre mesureur.
- **La qualité du résultat** : absence de parties non comestibles ; absence de grumeaux dans la pâte ; cuisson correcte des crêpes ; présentation esthétique de la préparation.

Exemple de recette : *les crêpes Suzette*

Ingrédients :

Pour les crêpes

– Farine : 250 g
– Œufs : 4
– Lait : 1/2 litre
– Huile : 1 cuillerée à soupe
– Sel : 1 pincée
– Beurre : 60 g
– Liqueur à l'orange : 4 cuillères à soupe

Pour la préparation Suzette

– Beurre : 125 g
– Orange : 1
– Cognac : 1 verre
– Liqueur à l'orange : 1 verre
– Sucre semoule : 125 g

Les étapes de la préparation

– Dans une terrine : mettre la farine tamisée, le sel, les œufs. Délayer en ajoutant le lait petit à petit pour obtenir une pâte sans grumeaux. Ajouter l'huile et laisser reposer 2 heures.
Au moment de faire les crêpes, la pâte doit être assez fluide pour recouvrir rapidement le fond de la poêle. Ajouter de l'eau si besoin, après la liqueur.
– Graisser la poêle avec une noisette de beurre à chaque crêpe. Les faire très fines, les retourner à la spatule (les crêpes fines ne sautent pas, les entasser sans les sucrer et laisser en attente).

Les crêpes Suzette se préparent au moment de servir, mais les crêpes doivent être faites d'avance.

– Dans un bol, mélanger les 125 g de beurre avec le zeste de l'orange râpé en l'écrasant avec le dos de la fourchette.
– Pour flamber les crêpes, mettre une noix de beurre orangé dans la poêle sur feu moyen, poser une crêpe, la retourner aussitôt, la sucrer légèrement, la plier en quatre, la déposer sur une assiette chaude. Faire de même avec toutes les crêpes.
– Les remettre dans la poêle, arroser avec les alcools mélangés, saupoudrer de sucre, amener à ébullition, flamber et servir.

FICHE

6 La pâte brisée

OBJECTIF : être capable de réaliser un fond de tarte sucré ou salé.

MATÉRIELS ET PRODUITS

- un saladier
- un verre mesureur
- un couteau d'office
- un plat à tarte
- un rouleau à pâtisserie
- une fourchette
- 200 g de farine
- 100 g de margarine ou de beurre
- de l'eau (environ 1 dl)
- 1 pincée de sel

Préparation

1. Porter une tenue adaptée : une blouse et une charlotte.
2. Se laver les mains.
3. Préparer le lieu.
4. Préparer les denrées et sortir le matériel.

Organisation du plan de travail

Le préparateur travaille en ligne, selon le principe de la « marche en avant » des denrées (→ p. 167).

Exécution

1. Verser la farine dans le saladier et ajouter la margarine en petits morceaux en l'écrasant avec les doigts (obtention de petits grains).
2. Faire une fontaine et verser l'eau progressivement ; pétrir la pâte 3 minutes pour obtenir une boule homogène.
3. Fariner la pâte et la couvrir puis la laisser reposer en la mettant au réfrigérateur (1 heure) ; préchauffer le four (15 à 30 minutes avant la cuisson).
4. Sortir la pâte et l'étaler au rouleau sur le plan de travail légèrement fariné. Disposer la pâte dans le plat à tarte (retourner les débords ou les couper).
5. Garnir la pâte de fruits (ou de légumes).
6. Faire cuire au four : thermostat 7 (ou 210 °C) pendant 20 minutes environ.

Rangement et nettoyage

1. Nettoyer et ranger le plan de travail.
2. Laver et essuyer la vaisselle.
3. Ranger le matériel.
4. Se laver les mains.

LES CRITÈRES D'ÉVALUATION

- **L'organisation et l'ergonomie** : mise à disposition du matériel et des produits sur le plan de travail ; respect de la marche en avant (progression de travail dans le même sens pour les opérations).
- **L'hygiène** : respect du circuit propre/sale ; tenue propre ; lavage des mains dès que nécessaire ; plan de travail propre.
- **La sécurité** : utilisation correcte et adaptée du couteau (jamais pointe vers le haut), du rouleau, du four.
- **L'économie** : utilisation d'un verre mesureur.
- **La qualité du résultat** : absence de parties non comestibles ; absence de salissures ; présentation de la préparation esthétique ; cuisson correcte.

Exemple de recette : *tarte à la tomate*

Ingrédients :

- *Pâte brisée : 1*
- *Tomates : 4/5*
- *Herbes de Provence*
- *Moutarde de Dijon*
- *Sel*
- *Huile d'olive*
- *Mozzarella ou gruyère*

Les étapes de la préparation

- *Faire préchauffer le four à 200 °C.*
- *Mettre la pâte brisée dans un plat à tarte et la piquer avec une fourchette*
- *Mettre de la moutarde dans le fond.*
- *Couper en morceaux le fromage (mozzarella ou gruyère) et le placer sur la moutarde comme pour une tarte aux fruits.*
- *Couper les tomates en rondelles et les mettre sur le fromage.*
- *Saupoudrer d'herbes de Provence, de sel et d'une cuillère à soupe d'huile d'olive.*
- *Enfourner pour 30 minutes à 200 °C.*

FICHE 7

La pâte levée à la levure chimique

OBJECTIF : obtenir des gâteaux plus légers.

MATÉRIELS ET PRODUITS

- un saladier
- un verre mesureur
- un moule
- œufs : 3
- farine : 240 g
- margarine ou beurre : 120 g
- sucre : 120 g
- levure chimique

Préparation

1. Porter une tenue adaptée : une blouse et une charlotte.
2. Se laver les mains.
3. Préparer le lieu.
4. Préparer les denrées et sortir le matériel.

Organisation du plan de travail

Le préparateur travaille en ligne, selon le principe de la « marche en avant » des denrées (→ p. 167).

Exécution

1. Mélanger dans le saladier les œufs, le sucre et la margarine (ou le beurre).
2. Ajouter la farine puis la levure en dernier.
3. Faire cuire au four : thermostat 5 (ou 150 °C) pendant 30 minutes environ.
4. Ne pas ouvrir la porte du four en début de cuisson.

Rangement et nettoyage

1. Nettoyer et ranger le plan de travail.
2. Laver et essuyer la vaisselle.
3. Ranger le matériel.
4. Se laver les mains.

LES CRITÈRES D'ÉVALUATION

- **L'organisation et l'ergonomie** : mise à disposition du matériel et des produits sur le plan de travail ; respect de la marche en avant (progression de travail dans le même sens pour les opérations).
- **L'hygiène** : respect du circuit propre/sale ; tenue propre ; lavage des mains dès que nécessaire ; plan de travail propre.
- **La sécurité** : utilisation correcte et adaptée du four.
- **L'économie** : utilisation d'un verre mesureur.
- **La qualité du résultat** : absence de parties non comestibles ; absence de salissures ; présentation de la préparation esthétique ; cuisson correcte du gâteau.

Exemple de recette : *gâteau au yaourt*

Ingrédients :

– yaourt : 1 pot
– sucre : 2 pots
– farine : 3 pots
– œufs : 2
– huile : 1 cuillère à soupe
– levure : 1 paquet
– parfum vanille ou citron : 1 cuillère à soupe

Les étapes de la préparation

– Préchauffer le four pendant 15 minutes.
– Vider le yaourt dans un saladier, nettoyer le pot à l'eau et bien l'essuyer.
– Ajouter les 2 œufs et l'huile.
– Remplir 2 fois le pot de yaourt de sucre et mélanger le tout.
– Ajouter 3 pots de farine, la levure et le parfum.
– Bien remuer avec la cuillère jusqu'à obtenir une belle pâte.
– Huiler le moule et verser la pâte.
– Mettre au four et laisser cuire 35 à 40 minutes, à chaleur moyenne.
– Vérifier la cuisson avec une lame de couteau qui doit ressortir propre.

FICHE

8 La préparation du biberon

OBJECTIF : assurer le repas du nourrisson.

MATÉRIELS ET PRODUITS

- biberon de verre
- chauffe-biberon ou casserole
- couteau
- assiette
- goupillon
- boîte de lait en poudre 1er âge ou 2e âge (avec sa mesurette)
- bouteille d'eau faiblement minéralisée (Évian)
- détergent à usage alimentaire

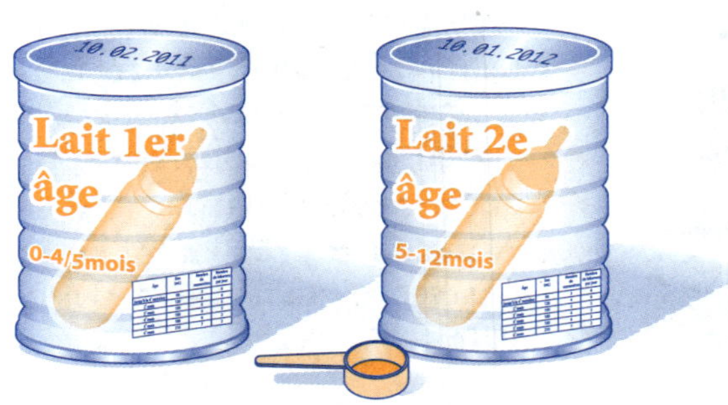

Préparation

1. Porter une tenue adaptée : une blouse et une charlotte.
2. Se laver les mains.
3. Préparer le lieu.
4. Préparer le lait en poudre, l'eau et le biberon et sortir le matériel.

Organisation du plan de travail

Le préparateur travaille en ligne, selon le principe de la « marche en avant » des denrées (→ p. 167).

Exécution

1. Lire le mode d'emploi sur la boîte de lait (vérifier les dates de péremption).
2. Dévisser la tétine avec le capuchon et les poser sur l'assiette ; ouvrir la bouteille d'eau et mettre le bouchon dans l'assiette.
3. Verser l'eau dans le biberon : quantité adaptée à l'âge et au poids de l'enfant.

Âge du nourrisson	Quantité d'eau (mL)	Nombre de mesures de lait	Nombre de biberons (par jour)
1er mois	90	3	6
2e mois	120	4	6
3e mois	150	5	5
4e mois	180	6	5
5e mois	180	6	3
Du 6e au 12e mois	210	7	2

Exemple de dosage de lait infantile.

4 Verser les mesures de lait en poudre en les arasant avec le dos du couteau ; fermer la boîte.

5 Fermer le biberon et mélanger en roulant le biberon entre les mains.

6 Faire chauffer le biberon au chauffe-biberon ou dans une casserole (ou au micro-onde) ; vérifier la température avant de donner à l'enfant.

Rangement et nettoyage

1 Nettoyer et ranger le plan de travail.

2 Laver et essuyer la vaisselle :
– jeter le reste de lait ;
– nettoyer le biberon, la tétine et la bague du biberon avec le goupillon.

3 Ranger le matériel.

4 Se laver les mains.

LES CRITÈRES D'ÉVALUATION

- **L'organisation et l'ergonomie** : mise à disposition du matériel et des produits sur le plan de travail.
- **L'hygiène** : respect du circuit propre/sale ; tenue propre ; lavage des mains dès que nécessaire ; plan de travail propre.
- **La sécurité** : utilisation correcte et adaptée du chauffe-biberon, du couteau (jamais pointe vers le haut) ; vérification de la température du lait avant de donner à l'enfant ; dosage respecté.
- **L'économie** : utilisation de la mesurette, de la graduation du biberon (eau).
- **la qualité du résultat** : dosage correct du biberon ; absence de grumeaux ; biberon chaud ; plan de travail propre.

Entraînement 8 Techniques professionnelles culinaires

1. En quoi consiste l'épluchage ?
2. En quoi consiste le lavage d'un légume ?
3. En quoi consiste le taillage d'un légume ?
4. Pourquoi utiliser un couteau économe ?
5. Que permet la cuisson d'un aliment ?
6. Quel est l'intérêt d'une cuisson des légumes à la vapeur par rapport à une cuisson dans un liquide ?
7. Comment utiliser un autocuiseur pour cuire des légumes à la vapeur ?
8. Que veut dire « sauter un aliment » ?
9. Quel est le principe de la marche en avant ?
10. Comment peut-on vérifier la cuisson d'un légume ?
11. Comment procéder pour faire sauter un aliment ?
12. Pour cuire un rôti au four, faut-il enfourner le rôti dès l'allumage du four ?
13. Quels sont les ingrédients nécessaires pour réaliser une pâte à crêpes ?
14. Comment procéder pour ne pas faire de grumeaux lors de la préparation de la pâte à crêpes ?
15. Quels sont les ingrédients nécessaires pour réaliser une pâte brisée ?
16. Lors de la préparation d'un gâteau, à quel moment faut-il mettre la levure chimique ?
17. Lors de la préparation d'un biberon, que faut-il faire pour bien doser les mesures de lait en poudre ?
18. Comment procéder pour mélanger le lait en poudre à l'eau du biberon ?
19. Après avoir fait chauffer le biberon et avant de le donner à l'enfant, que faut-il vérifier ?
20. Quel type d'eau faut-il utiliser pour la préparation d'un biberon à partir de lait en poudre ?

voir corrigé p. 201

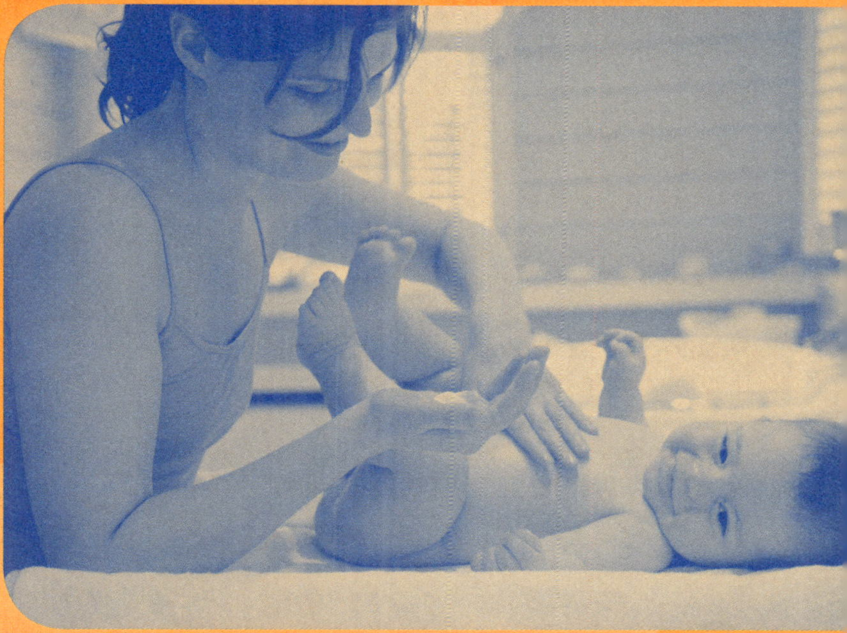

9

Entretien des locaux et des équipements

Des outils pour bien utiliser ces fiches

Ces connaissances permettront au jury d'évaluer vos compétences pour :
– gérer un poste de travail ;
– entretenir les locaux et les équipements ;
– contrôler la qualité du travail effectué.

Ces fiches techniques vous permettront de vous préparer à l'épreuve **EP3 : techniques de services à l'usager.**

1 S'adapter et s'évaluer

■ Pour chacune des situations professionnelles, il faudra, à partir de ces fiches, adapter votre geste. Pour cela vous devez **analyser la situation** :
Qui êtes-vous ? Un assistant maternel agréé salarié d'une crèche, un indépendant ?
Où ? À votre domicile, au domicile des parents, en visite dans une crèche…
Quelles sont les tâches que vous allez effectuer ? Un nettoyage, une désinfection, un dépoussiérage…

■ Pour évaluer votre technique, voici des **critères d'évaluation** génériques qui seront valables pour toutes les situations.
– **L'organisation et l'ergonomie :** mise à disposition du matériel et des produits, en fonction du type de salissures, du niveau d'encrassement, de la nature des supports à entretenir ; en respectant un ordre logique et en tenant compte des contraintes.
– **L'hygiène :** respect du circuit propre/sale, tenue propre.
– **La sécurité :** respect des consignes d'utilisation des produits et des matériels ; port de gant.
– **L'économie :** pas d'utilisation de matériel ou de produits non indispensables à la tâche, respect des doses pour l'utilisation des produits, quantité suffisante de produit en fonction de la surface…
– **La communication :** information des usagers sur les tâches à effectuer pour limiter les désagréments, limiter le risque d'accident…
– **La qualité du résultat :** évaluation visuelle sur l'absence de poussière, de salissure, de traces…

■ Et enfin, les **critères de réussite** vous permettant de dire que vous avez accompli correctement votre tâche :
– **préparation** correcte des produits, du matériel, des accessoires ;
– **maîtrise des techniques** mises en œuvre (respect des procédures, pertinence du geste, ordre logique des opérations, utilisation correcte des produits et du matériel) ;
– **respect des règles** d'hygiène, de sécurité, d'ergonomie ;
– **comportement** relationnel adapté.

2 Quelques remarques pour l'examen

■ L'entretien des locaux et des équipements

L'entretien quotidien permet de maintenir dans un bon état de propreté et d'utilisation des locaux et des équipements.

■ La mise en tenue professionnelle

Même si à domicile il n'est pas exigé de tenue particulière, il est nécessaire d'avoir une tenue adaptée à la situation de garde d'enfant, à l'entretien des locaux et des équipements et à la préparation de techniques culinaires.
L'utilisation d'un tablier sur sa tenue pourra donc être nécessaire ainsi que le port de gants d'entretien, selon la tâche demandée.

■ Le circuit propre sale

Ce circuit permet de respecter les règles d'hygiène et de sécurité (**un côté propre** et **un**

côté sale) lors de l'entretien avec l'utilisation du chariot d'entretien (→ Fiche 6 p. 98).

■ Le chariot de ménage (→ Fiche 7 p. 101)

Sa fonction globale est de :

– transporter en une seule fois le matériel et les produits nécessaires pour effectuer les travaux de ménage ;

– collecter les déchets ;

– constituer un élément de rangement, car il peut rester chargé et prêt à l'emploi.

Il permet une économie de temps et d'énergie.

Il doit être rangé dans un local bien fermé à clefs, hors de portée des enfants en raison des produits qui restent en place.

Les opérations d'entretien du chariot consistent à :

– vider le sac-poubelle ;

– vider les seaux, les nettoyer, les rincer, les essuyer ;

– rincer, nettoyer les gazes recyclables, les lavettes, les franges du balai avant de les envoyer en blanchisserie ;

– nettoyer le chariot chaque jour (ainsi que les roues).

■ L'ergonomie

Le personnel doit adopter de bonnes postures corporelles pour :

– prévenir la fatigue ;

– prévenir les douleurs et pathologies ostéo-articulaires ;

– réduire la pénibilité du travail ;

– assurer la sécurité et le confort de l'usager.

FICHE

1 Technique de dépoussiérage des sols : le balayage humide

OBJECTIF :
collecter les poussières (facteurs de micro-organismes) pour éviter leur suspension dans l'environnement.

Pour dépoussiérer, 3 techniques sont utilisées : **l'essuyage humide** sur les surfaces, **le balayage humide** sur les sols lisses et secs, **le dépoussiérage par aspiration**.
Le balayage humide n'est pas un lavage, les poussières se collent sur le support légèrement humide (gaze pré-imprégnée).
Le travail de dépoussiérage s'effectue toujours **du plus propre au plus sale et de haut en bas** : essuyage humide des parties hautes (plafonds, luminaires, encadrement des fenêtres, tringles à rideaux), puis du mobilier.
L'aération de la salle se fait avant ou après le dépoussiérage, mais pas pendant l'activité car elle favorise le déplacement des poussières.

MATÉRIELS ET PRODUITS

- un balai trapèze
- une gaze jetable pré-imprégnée d'un agglutinant
- une pelle
- une poubelle

Préparation

1. Porter une tenue adaptée.
2. Se laver les mains.
3. Préparer le lieu, fermer les fenêtres.
4. Préparer le matériel et les produits : fixer la gaze sur le balai.

Organisation

Le chariot reste à l'extérieur de la pièce.

Exécution

1. Le détourage : se mettre devant la porte et balayer en faisant le contour de la pièce, le long des murs.
2. Le balayage : se mettre au fond de la pièce (à l'opposé de la porte) et balayer à reculons en tirant le balai vers soi, en faisant des mouvements en S sur le sol (« à la godille »).
3. Vérifier l'absence de salissures.

Rangement et nettoyage

1. Décrocher la gaze en la pliant pour récupérer les déchets.
2. Jeter la gaze et les déchets à la poubelle.
3. Nettoyer et ranger le matériel.
4. Se laver les mains.

LES CRITÈRES D'ÉVALUATION

- **L'organisation et l'ergonomie** : mise à disposition du matériel et des produits ; ordre logique des opérations.
- **L'hygiène** : respect du circuit propre/sale ; tenue propre.
- **La sécurité** : respect des consignes d'utilisation des produits et des matériels ; port de gants.
- **L'économie** : pas d'utilisation de matériel ou de produits non indispensables à la tâche ; nombre suffisant de gazes.
- **La communication** : information sur les tâches à effectuer.
- **La qualité du résultat** : absence de poussières, de salissures, de traces.

FICHE

2 Techniques de lavage et de séchage

OBJECTIF : éliminer les salissures et les micro-organismes (le lavage complète le dépoussiérage).

A Le lavage manuel des surfaces

MATÉRIELS ET PRODUITS

- lavettes bleues
- 2 seaux (pour la solution et pour le rinçage)
- gants
- détergent

Préparation

1. Porter une tenue adaptée.
2. Se laver les mains et mettre les gants.
3. Préparer le lieu et aérer la pièce.
4. Préparer le matériel et les produits : préparer la solution détergente (faire le dosage selon les indications de l'étiquette) et prévoir suffisamment de lavettes.

Organisation

Le chariot reste à l'extérieur de la pièce.

Exécution

1. Mouiller la lavette de produit, la plier : la tremper dans le seau.
2. Faire le détourage de la surface (plan de travail ou mobilier...), puis passer la lavette à l'intérieur de la surface en faisant des bandes.
3. Rincer si nécessaire selon le produit.
4. Vérification du résultat : vérifier l'absence de salissures et de traces.

Rangement et nettoyage

1. Mettre les lavettes au sale (lavage en machine).
2. Nettoyer et ranger le matériel.
3. Se laver les mains.

B Le lavage manuel des sols

MATÉRIELS ET PRODUITS

- un chariot de lavage
- une presse
- un seau bleu (solution de détergent)
- un seau rouge (eau de rinçage)
- un balai de lavage
- un bandeau de lavage
- des gants

Préparation

1. Porter une tenue adaptée.
2. Se laver les mains et mettre les gants.
3. Préparer le lieu en aérant la pièce.
4. Préparer le matériel et les produits :
   – verser la solution détergente dans le seau bleu (dosage selon les indications de l'étiquette : 8 litres pour une dose) ;
   – remplir le seau rouge d'eau claire ;
   – installer les seaux et la presse sur le chariot (il reste à l'extérieur de la pièce).

Exécution

1. Tremper le bandeau de lavage dans la solution détergente et essorer en utilisant la presse.
2. Laver le sol : détourage le long des murs (contour de la pièce) puis laver à reculons en tirant le balai vers soi, en faisant des mouvements en S sur le sol (« à la godille »)
3. Rincer le bandeau dans le seau rouge et essorer (certains produits ne se rincent pas).
4. Vérifier l'absence de salissures.

Rangement et nettoyage

1. Mettre les bandeaux au sale (lavage en machine).
2. Nettoyer et ranger le matériel.
3. Se laver les mains.

LES CRITÈRES D'ÉVALUATION

- **L'organisation et l'ergonomie** : mise à disposition du matériel et des produits ; ordre logique des opérations.
- **L'hygiène** : respect du circuit propre/sale ; tenue propre.
- **La sécurité** : respect des consignes d'utilisation des produits et des matériels ; port de gants.
- **L'économie** : pas d'utilisation de matériel ou de produits non indispensables à la tâche ; respect des doses pour l'utilisation du détergent ; quantité suffisante de détergent en fonction de la surface.
- **La communication** : information sur les tâches à effectuer ; zone de lavage balisée.
- **La qualité du résultat** : absence de poussières, de salissures, de traces.

FICHE

3 Techniques de décontamination des locaux et des équipements

OBJECTIF : réduire le nombre de micro-organismes présents sur les surfaces.

Le **bionettoyage** est obtenu par combinaison d'un nettoyage, d'un rinçage et d'une désinfection. Le rinçage élimine le détergent et les salissures.
Les produits détergents désinfectants (dD) permettent de réaliser le nettoyage et la désinfection en même temps.

A Le bionettoyage des surfaces avec un détergent, puis un désinfectant

MATÉRIELS ET PRODUITS

- un chariot de lavage
- 3 lavettes bleues
- 3 seaux de couleurs différentes (solution de détergent, eau de rinçage, solution de désinfectant)
- un filet de récupération des lavettes sales
- des gants
- 1 dose de détergent
- 1 dose de désinfectant

Préparation

1. Porter une tenue adaptée.
2. Se laver les mains et mettre les gants.
3. Préparer le lieu en aérant. Le chariot reste à l'extérieur de la pièce.
4. Préparer le matériel et les produits :
   – verser la solution détergente (1) dans un seau ;
   – remplir un seau d'eau claire (2) ;
   – préparer la solution désinfectante (3) dans le 3e seau ;
   – installer les seaux et la presse sur le chariot ;
   – tremper les lavettes.

Exécution

1. Laver la surface avec une lavette imprégnée de détergent (1) : effectuer un détourage puis laver toute la surface par bandes et mettre la lavette au sale (filet de récupération).
2. Rincer de la même façon que le lavage (détourage et bandes) avec une lavette imprégnée d'eau (2), puis mettre la lavette au sale.
3. Désinfecter : passer une lavette imprégnée de désinfectant (3), de la même façon que le lavage et le rinçage (détourage et bandes). Un rinçage peut être nécessaire selon les désinfectants, il faut alors attendre un temps d'action avant de rincer le produit désinfectant.
4. Vérification du résultat : vérifier l'absence de salissures et de traces.

Rangement et nettoyage

1. Mettre les lavettes au sale (lavage en machine).
2. Nettoyer et ranger le matériel (laver et désinfecter les seaux).
3. Se laver les mains.

B Bionettoyage avec un détergent/désinfectant

MATÉRIELS ET PRODUITS

- un chariot de lavage
- 1 ou 2 lavettes bleues
- 1 ou 2 seaux de couleurs différentes (solution de détergent/désinfectant et eau de rinçage)
- un filet de récupération des lavettes sales
- des gants
- 1 dose de détergent/désinfectant (dD)

Préparation

1. Porter une tenue adaptée.
2. Se laver les mains et mettre les gants.
3. Préparer le lieu en aérant. Le chariot reste à l'extérieur de la pièce.
4. Préparer le matériel et les produits :
   – préparer la solution détergente désinfectante (1) dans un seau (ou désinfectant prêt à l'emploi à pulvériser) ;
   – remplir un seau d'eau claire (2) ;
   – installer les seaux et la presse sur le chariot ;
   – tremper les lavettes.

Exécution

1. Faire le bionettoyage de la surface avec une lavette imprégnée d'une solution de détergent/désinfectant (1) : faire un détourage puis le nettoyage de toute la surface par bandes ; mettre la lavette au sale (filet de récupération).
2. Rincer de la même façon que le bionettoyage (détourage et bandes) avec une lavette imprégnée d'eau (2), puis mettre la lavette au sale (selon les dD, il faut alors attendre un temps d'action avant de rincer le produit).
3. Vérifier l'absence de salissures et de traces.

Rangement et nettoyage

1. Mettre les lavettes au sale (lavage en machine).
2. Nettoyer et ranger le matériel (laver et désinfecter les seaux).
3. Se laver les mains.

LES CRITÈRES D'ÉVALUATION

- **L'organisation et l'ergonomie** : mise à disposition du matériel et des produits ; ordre logique des opérations.
- **L'hygiène** : respect du circuit propre/sale, tenue propre, port de gants.
- **La sécurité** : respect des consignes d'utilisation des produits et des matériels.
- **L'économie** : pas d'utilisation de matériel ou de produits non indispensables à la tâche, respect des doses pour l'utilisation du détergent/désinfectant.
- **La communication** : information sur les tâches à effectuer, zone de lavage balisée.
- **La qualité du résultat** : absence de poussières, de salissures, de traces.

FICHE

4 Techniques de stérilisation et de désinfection de matériels

OBJECTIF : détruire les micro-organismes.

La stérilisation et la désinfection nécessitent un nettoyage préalable bien soigné.

La **désinfection** permet de tuer les micro-organismes. C'est une opération momentanée : le matériel, une fois désinfecté, est en contact avec l'environnement.

La **stérilisation** permet de détruire les micro-organismes et de maintenir le matériel dans un état stérile avec un conditionnement adapté (à l'abri de zones contaminées : environnement…).

A La désinfection chimique du matériel

MATÉRIELS ET PRODUITS

- du produit désinfectant (pour les biberons souvent des comprimés de stérilisation)
- un bac de désinfection
- une pince
- des gants à usage unique
- un tablier

Organisation

Organiser son plan de travail dans des locaux adaptés (sur un plan de travail avec évier).

Préparation

1. Porter une tenue adaptée.
2. Se laver les mains et mettre les gants.
3. Préparer le lieu.
4. Préparer la solution désinfectante (dosage selon les indications de l'étiquette ou comprimés pour les biberons).

Exécution

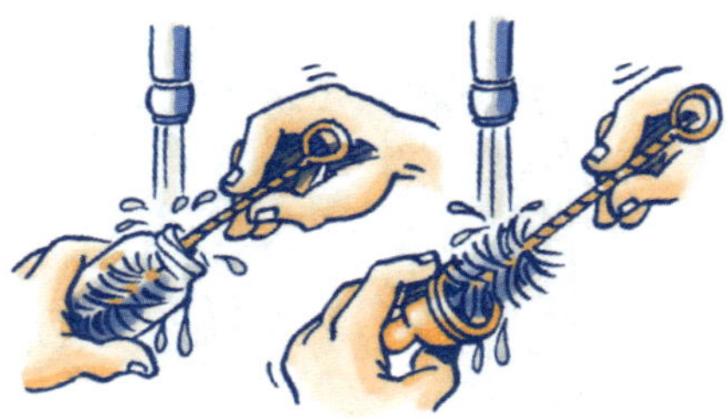

1. Nettoyer le matériel avec un détergent : utiliser un écouvillon pour les parties creuses (comme la tétine du biberon).
2. Rincer à l'eau et faire égoutter.
3. Tremper le matériel dans la solution désinfectante (noter la date, l'heure) : immerger 10 à 20 minutes selon les produits.
4. Rincer et sécher le matériel et l'emballer éventuellement dans une protection stérile pour stockage.

Rangement et nettoyage

1. Nettoyer et désinfecter le bac de désinfection.
2. Désinfecter les écouvillons.
3. Se laver les mains.

B La stérilisation par chaleur humide : l'exemple des biberons

MATÉRIELS ET PRODUITS

- un tablier
- une pince à biberon
- un panier pour biberons
- une casserole ou un appareil type Soxhlet (ou appareil électrique ou appareil pour four micro-ondes)

Organisation

Organiser son plan de travail dans des locaux adaptés (évier, cuisine).

Préparation

1 Porter une tenue adaptée.

2 Se laver les mains.

3 Préparer le lieu.

4 Préparer l'appareil ou la casserole, le panier à biberons.

Exécution

1 Nettoyer les biberons avec un détergent et utiliser un écouvillon pour les parties creuses (par exemple la tétine du biberon…).

2 Rincer à l'eau et faire égoutter.

3 Mettre les biberons, les bagues, les capuchons et les tétines dans une casserole ou dans l'appareil avec de l'eau.

4 Mettre à chauffer soit sur la plaque à gaz (ou la plaque électrique), soit au micro-onde pour l'appareil à four micro-ondes (attendre 5 minutes après l'ébullition à la casserole ou Soxhlet, ou respecter le temps pour les autres appareils).

5 Sortir les biberons avec la pince, les mettre dans un panier pour biberons.

Rangement et nettoyage

1 Nettoyer et désinfecter.

2 Désinfecter les écouvillons.

3 Se laver les mains.

LES CRITÈRES D'ÉVALUATION

- **L'organisation et l'ergonomie** : mise à disposition du matériel et des produits ; ordre logique des opérations.
- **L'hygiène** : respect du circuit propre/sale, tenue propre, port de gants (désinfection chimique).
- **La sécurité** : respect des consignes d'utilisation des produits et des appareils ; port de gants.
- **L'économie** : pas d'utilisation de matériel ou de produits non indispensables à la tâche, respect des doses pour l'utilisation du désinfectant.
- **La communication** : information sur les tâches à effectuer.
- **La qualité du résultat** : absence de salissures, de traces.

FICHE

5 La couture et le repassage

OBJECTIFS : défroisser, assainir le linge, faciliter le rangement et redonner vie à du linge ou des vêtements (couture).

A La réfection du linge : la couture

- **Les ourlets** : rabattre deux fois le bord du tissu et piquer au plus près avec une machine à coudre ou à la main (fil et aiguille). Il a également la possibilité d'utiliser une bande thermocollante.
- **Les reprises** : couvrir le tissu abîmé en faisant une couture à la main ou à la machine avec la possibilité, si le trou est grand, de mettre une pièce.
- **Les boutons** : passer l'aiguille et le fil à travers le tissu et le trou du bouton (emplacement de l'ancien bouton) ; utiliser du fil de la même couleur que le bouton.

B Le repassage

MATÉRIELS ET PRODUITS

- une table à repasser
- un fer à repasser
- un plan de travail pour déposer le linge repassé ou une corbeille à linge

Préparation

1. Porter une tenue adaptée.
2. Se laver les mains.
3. Préparer la table à repasser à la bonne hauteur et y déposer le fer à repasser. S'assurer qu'il y a un plan de travail ou la corbeille à linge à proximité pour déposer le linge.
4. Trier le linge en fonction du textile (position du thermostat) et du type de linge (soit plat type torchons, soit avec des formes comme les pantalons).

Étiquette des tissus	Type de tissu	Thermostat
	Fibres synthétiques p.e. viscose, polyesther	•
	Soie, laine	• •
	Coton, lin	• • •

Exécution

1. Disposer le linge sur la planche à repasser.
2. Repasser les détails (cols, poignets, manches), puis les grandes surfaces.
3. Repasser sur l'endroit et sur l'envers et dans le sens du « droit fil ».
4. Déposer le linge sur le plan de travail ou la corbeille et prendre un autre linge.

Rangement et nettoyage

1. Arrêter le fer (baisser le thermostat), le débrancher (faire attention à la sécurité : le mettre à l'écart de tout risque de brûlure).
2. Ranger la table à repasser.
3. Ranger le linge.

LES CRITÈRES D'ÉVALUATION

- **L'organisation et l'ergonomie** : mise à disposition du matériel ; ordre logique des opérations ; table à repasser à la bonne hauteur.
- **L'hygiène** : respect du circuit propre/sale ; tenue propre.
- **La sécurité** : respect des consignes d'utilisation du fer à repasser.
- **L'économie** : pas d'utilisation de matériel ou de produits non indispensables à la tâche.
- **La communication** : information sur les tâches à effectuer ; zone de repassage balisée.
- **La qualité du résultat :** absence de salissures, de plis et rangement esthétique.

Entraînement 9 Entretien des locaux et des équipements

1. Que permet l'entretien quotidien des locaux et des équipements ?
2. Citer 3 intérêts de l'utilisation d'un chariot de ménage.
3. Où doit être rangé un chariot d'entretien ?
4. Citer 3 opérations d'entretien du chariot.
5. Citer les 3 techniques de dépoussiérage.
6. Quand se fait l'aération de la salle lors du dépoussiérage ?
7. Lors d'un balayage humide, quels sont les matériels et produits nécessaires ?
8. Lors du balayage humide d'une salle où doit être situé le chariot d'entretien ?
9. Comment procéder lors de l'exécution du balayage humide d'une salle ?
10. Quel est l'objectif du lavage ?
11. Lors du lavage des sols, quelle précaution faut-il prendre pour protéger ses mains ?
12. Citer 2 des critères permettant d'évaluer la qualité du résultat d'un lavage de sol.
13. Après un lavage du sol, où doit-on mettre les bandeaux de lavage lors du rangement ?
14. Que permet l'utilisation des produits détergents/désinfectants ?
15. Comment procéder lors de l'exécution du bionettoyage d'un plan de travail ?
16. Quel est le principe d'une stérilisation à froid ?
17. Citer 2 des intérêts du repassage.
18. Citer un intérêt de faire des reprises sur les vêtements.
19. Comment procéder lors du repassage d'une chemise ?
20. Après l'utilisation du fer à repasser, à quoi faut-il faire attention ?

voir corrigé p. 201

Corrigés

Entraînement 5

1 Ce circuit permet de respecter les règles d'hygiène et de sécurité : un côté propre avec les vêtements, le matériel et les produits propres et un côté sale avec la poubelle et la corbeille de linge sale.

2 Pour prendre une charge au sol, il faut se rapprocher et plier les jambes.

3 Le lavage des mains prévient les contaminations manuportées (avec les mains) pour assurer l'hygiène.

4 Le lavage des mains s'effectue au début et à la fin de chaque tâche.

5 Pour le change du nourrisson, il faut déshabiller le bas du corps de l'enfant (déboutonner le bas, s'il porte une grenouillère et la remonter sur l'abdomen de l'enfant en la roulant).

6 Il faut savonner le siège de l'enfant en respectant l'ordre suivant : l'abdomen, les cuisses et les plis de l'aine, les organes génitaux (du pubis vers l'anus, en s'arrêtant avant), le bas du dos, les fesses, puis la région anale.

7 Suite à un change, la transmission doit comporter :

– les tâches qui ont été effectuées ;

– le déroulement du change (coopération de l'enfant ou non, par exemple) ;

– la date et l'heure ;

– les observations éventuelles (présence de rougeurs, d'érythème, de selles liquides…).

8 On peut nettoyer l'œil en allant de l'angle interne de l'œil vers l'angle externe afin de ne pas boucher le canal lacrymal.

9 On peut nettoyer l'œil en allant de l'angle externe vers l'angle interne, pour aller du plus propre au plus sale.

10 L'entée du conduit auditif se nettoie à l'aide d'une fusette sèche.

11 Il faut respecter un bon maintien de l'enfant pour éviter les chutes, ne pas s'absenter, ni s'éloigner du plan de travail.

12 Des critères de qualité du résultat lors de l'aide à la toilette partielle d'un enfant de 3 ans peuvent être : une toilette correcte de l'enfant, la sollicitation de l'enfant en fonction de son degré d'autonomie, la qualité et la pertinence des explications dans l'apprentissage des gestes du quotidien.

13 L'eau du bain du nourrisson doit être à 37 °C.

14 Il faut savonner l'enfant sur le matelas de change, il sera ensuite rincé dans le bain.

15 Pour déshabiller l'enfant, il faut d'abord enlever le bas (déboutonner le bas, si grenouillère), puis ôter le haut.

16 Pour habiller l'enfant, il faut enfiler le haut en élargissant le col puis faire passer les mains dans chaque manche et enfiler le bas.

17 Pour respecter les critères d'économie, il faut lors d'un habillage avec change de vêtements sales, ne pas changer de vêtements si cela n'est pas demandé ou pas nécessaire.

18 On installe l'enfant sur une chaise haute à partir de l'âge de 8 mois jusqu'à 3 ans (l'enfant doit bien se tenir).

19 Les enfants se lavent les mains au début et à la fin du repas.

20 Le débit sur le biberon est réglé grâce aux positions I.II.III sur la tétine qui correspondent à des ouvertures de plus en plus grandes.

Entraînement 6

1 Non, l'adulte ne peut donner un médicament à un enfant qu'à la demande des parents et sur prescription médicale.

2 PSC 1 signifie : Prévention et secours civiques de niveau 1.

3 La formation « Prévention et secours civiques de niveau 1 » remplace l'Attestation de formation aux premiers secours (AFPS).

4 La 1re action du secouriste est la protection : en fonction de l'observation de la situation (risques persistants) le secouriste prend des décisions pour se protéger, protéger la victime et les témoins d'un suraccident.

5 L'examen d'une victime consiste à rechercher les signes de détresse vitale (atteinte des fonctions vitales) qui mettent en danger la victime ou des signes anormaux, ou une brûlure, de plaie, ou des difficultés pour effectuer des mouvements…

6 On vérifie la conscience de la victime en posant des questions, en vérifiant qu'elle parle, en donnant des ordres simples (serrez ma main…).

7 L'alerte consiste à appeler ou à faire appeler, les secours et à transmettre les informations permettant l'intervention des secours (18 : pompiers, 15 : SAMU, 112 : n° européen, l'infirmière scolaire…), le plus rapidement possible.

8 Le message d'alerte contient : le nom et prénom de la personne qui alerte, le lieu de l'accident, la nature de l'accident, le nombre de victimes, l'état de la (ou les) victime(s), les gestes d'urgences entrepris et les risques persistants.

9 Il faut laver la plaie à l'eau et au savon en allant de l'intérieur vers l'extérieur de la plaie.

10 On peut protéger la plaie avec un pansement.

11 si un corps étranger est présent dans une plaie, il ne faut pas le retirer pour éviter tout risque d'aggravation ou de saignement abondant.

12 Si la personne présente une plaie à l'abdomen, il faut mettre la personne à plat sur le dos au sol, cuisses relevées, jambes horizontales.

13 Il faut passer la main de l'enfant brûlé sous l'eau froide pendant au moins 5 minutes et ne rien mettre sur la brûlure (et passer l'alerte).

14 Si un enfant ingère un produit toxique, il faut mettre l'enfant au repos, retrouver l'emballage ou la notice du produit, estimer la quantité prise et contacter le centre antipoison. Il ne faut surtout pas donner de lait ou de l'eau et ne pas faire vomir.

15 L'hyperthermie peut-être due à une poussée dentaire, une vaccination, un coup de chaleur, une maladie.

16 Si l'enfant est en hyperthermie, il faut aérer la pièce, prendre la température de l'enfant, le dévêtir, le faire boire, faire baisser la fièvre (couvrir au besoin de linges humides et frais et donner des médicaments si cela est autorisé par les parents et en présence d'une ordonnance du médecin).

17 La température d'un enfant peut être prise par voie rectale (par le rectum), par voie buccale (par la bouche), par voie axillaire (sous l'aisselle), par la méthode de l'artère temporale (sur le front), par voie tympanique (par l'oreille).

18 Si un enfant présente une plaie qui saigne abondamment au niveau du bras, il faut l'allonger, le rassurer, porter des gants ou mettre un sac plastique sur l'hémorragie (pas de contact avec le sang de la victime) et faire une compression directe sur la plaie (en exerçant une pression directe de la main sur l'endroit qui saigne, quelle que soit la grosseur de la plaie).

19 Si un enfant de 2 ans s'étouffe, il faut pratiquer une désobstruction des voies en donnant 1 à 5 claques dans le dos entre les deux omoplates jusqu'à désobstruction. Si les claques sont inefficaces, il faut faire des compressions abdominales (méthode d'Heimlich) (jusqu'à 5), puis réaliser à nouveau 5 claques dans le dos et ainsi de suite jusqu'à désobstruction et demander un avis médical.

20 En cas d'inconscience et de détresse respiratoire, il faut faire le bouche-à-bouche ou bouche nez puis compresser le cœur. Chez l'enfant (de 1 à 8 ans), il faut faire 5 insufflations puis 30 compressions au milieu de la poitrine avec le talon de la main puis alternativement 2 insufflations pour 30 compressions (jusqu'à l'arrivée des secours ou de la DAE).

Entraînement 7

1 On trouve 4 grandes attitudes en animation : le laisser-faire, le faire faire, le faire avec, favoriser, et donner à faire.

2 Le papier peut être : chiffonné, roulé en boules, déchiré, lacéré, perforé ou troué à l'aide de crayons ou de stylos, découpé.

3 La manipulation du papier ou du carton permet le plaisir de toucher, le plaisir de découvrir et la latéralisation.

4 Chez l'enfant, le dessin est un moyen d'expression, il permet de développer la préhension fine, le tonus musculaire, de développer la créativité, l'attention…

5 La décoration stimule les sens : la vue, l'ouïe, le toucher.

6 Lors de la conduite d'une activité manuelle avec des enfants de 6 ans, l'adulte aide, stimule, vérifie, valorise, encourage, accompagne.

7 Il est possible de peindre avec les mains, peindre avec les pieds, peindre avec des outils.

8 Les tableaux installés verticalement au mur permettent des mouvements très larges pour l'enfant âgé de 18 mois à 2 ans.

9 Peindre avec les mains permet l'exploration de la couleur par la main, le contact direct avec la matière molle, une meilleure connaissance de son schéma corporel.

10 La matière en contact avec la peau de l'enfant peut être la cause d'allergies et de la réticence de certains enfants de se salir.

11 La manipulation de la pâte à sel apporte le plaisir de toucher, le plaisir de découvrir, développe le langage, apprend la différence entre le sel et la farine, permet d'expérimenter les mesures, de se défouler, de développer la motricité…

12 Les déguisements et le masque développent la créativité, l'imaginaire, la communication. Ils permettent de se mettre en scène, d'imiter, de s'extérioriser, de se cacher, de se sentir plus fort, plus beau ou plus belle…

13 Lors de la fabrication d'un masque avec découpage, cutter, ciseaux pointus, agrafeuses ne sont pas à disposition des enfants.

14 Un conte est un récit d'aventures imaginaires. Le conte a un but éducatif.

15 Les comptines permettent à l'enfant de mieux connaître son corps, elles favorisent la mémorisation, elles ont souvent des fonctions utilitaires.

16 L'activité corporelle chez l'enfant développe : la motricité globale, les sens, la connaissance de soi et la confiance en soi, la connaissance de l'autre, la connaissance de l'environnement, la socialisation et elles répondent aussi au besoin de bouger.

17 Les coins jeux permettent aux enfants de se concentrer sur un thème, ils sont rassurants, permettent l'isolement, l'activité, l'imitation, l'imagination, l'autonomie et favorisent la socialisation.

18 Exemples de jeux d'imitation : jouer à la maman, prendre un repas, cuisiner, parler au téléphone, conduire l'auto, se déguiser en adulte, jouer à la poupée, jouer au docteur, à la marchande…

19 Les jeux de groupe permettent : de découvrir la règle et de la respecter, d'apprendre à vivre l'entente, d'évaluer ses compétences et de les dépasser. Ils stimulent le développement du langage, les aptitudes d'écoute et de concentration, favorisent la socialisation et encouragent l'enfant.

20 Exemples de jeux d'extérieur en groupe : jeux de ballons (tomate), balles aux prisonniers, béret, relais, le fermier dans son pré…

Entraînement 8

1 L'épluchage consiste à enlever les parties non comestibles d'une denrée : peau, tige, feuilles, racines…

2 Le lavage consiste à éliminer les impuretés : terre, insectes, poussières… Il se fait par immersion de l'aliment dans l'eau froide.

3 Le taillage consiste à couper les denrées (en tranches, en rondelle, en cubes…) pour une meilleure cuisson et une meilleure présentation.

4 Un couteau économe permet de minimiser l'épaisseur des épluchures.

5 La cuisson permet de faciliter la digestion, améliorer la présentation et les qualités organoleptiques de l'aliment.

6 Cuire un aliment sans l'immerger dans l'eau permet de préserver ses qualités.

7 Il faut mettre l'eau dans le fond de l'autocuiseur, poser les légumes dans le panier métallique et fermer l'appareil.

8 Faire « sauter un aliment », c'est le faire revenir rapidement sur feu vif (la cuisson se fait à la poêle ou à la sauteuse).

9 La marche en avant, c'est la progression du travail dans le même sens pour les opérations d'épluchage, de lavage, de taillage (ne pas mélanger le propre et le sale).

10 La cuisson des légumes peut être vérifiée avec un couteau.

11 Pour faire sauter un aliment, il faut mettre la poêle ou la sauteuse sur le feu avec le corps gras (huile ou margarine), placer l'aliment dans la poêle et faire dorer les 2 faces, puis continuer la cuisson sur feu doux jusqu'à la cuisson désirée.

12 Pour cuire un rôti, il faut l'enfourner dans le four préchauffé (suffisamment chaud).

13 Pour faire la pâte à crêpes, il faut : de la farine, des œufs, de l'huile et du lait.

14 Pour ne pas faire de grumeaux lors de la préparation de la pâte à crêpes, il faut verser la farine dans un saladier et faire une fontaine au milieu pour y mettre les autres ingrédients, puis mélanger en commençant par le centre et ajouter progressivement le lait en incorporant petit à petit la farine.

15 Pour faire une pâte brisée, il faut : de la farine, de la margarine ou du beurre, de l'eau et 1 pincée de sel.

16 Lors de la préparation d'un gâteau, il faut d'abord mélanger dans le saladier les ingrédients comme les œufs, le sucre et le beurre, puis la farine et la levure en dernier.

17 Lors de la préparation d'un biberon, il faut verser les mesures de lait en poudre en les arasant avec le dos du couteau.

18 Pour mélanger le lait en poudre à l'eau du biberon, il faut fermer le biberon et mélanger en roulant le biberon entre les mains.

19 Après avoir fait chauffer le biberon, il faut vérifier la température du lait avant de le donner à l'enfant.

20 Il faut utiliser de l'eau faiblement minéralisée (type Évian) pour préparer le biberon.

Entraînement 9

1 L'entretien quotidien des locaux et des équipements permet de les maintenir dans un bon état de propreté et d'utilisation.

2 Le chariot de ménage permet de transporter en une seule fois le matériel et les produits nécessaires pour effectuer les travaux de ménage, collecter les déchets, constituer un élément de rangement car il peut rester chargé et prêt à l'emploi, permettre une économie de temps et d'énergie.

3 Le chariot d'entretien doit être rangé dans un local bien fermé à clefs, hors de portée des enfants en raison des produits qui restent en place sur le chariot.

4 Les opérations d'entretien du chariot sont : vider le sac-poubelle, vider les seaux, les nettoyer, les rincer, les essuyer, nettoyer les gazes recyclables, les lavettes, les franges du balai avant de les envoyer en blanchisserie et nettoyer le chariot chaque jour (avec les roues).

5 Techniques de dépoussiérage : l'essuyage humide sur les surfaces, le balayage humide sur les sols lisses et secs, le dépoussiérage par aspiration.

6 L'aération de la salle se fait avant ou après le dépoussiérage, mais pas pendant l'activité.

7 Lors d'un balayage humide, il faut : un balai trapèze, une gaze jetable pré-imprégnée d'un agglutinant, une pelle et une poubelle.

8 Lors du balayage humide d'une salle, le chariot d'entretien reste à l'extérieur de la pièce.

9 Lors du balayage humide d'une salle, il faut d'abord faire le détourage, puis le balayage en commençant par le fond de la pièce, et balayer à reculons en tirant le balai vers soi (« à la godille »).

10 Le lavage a pour objectif d'éliminer les salissures et les micro-organismes.

11 Lors du lavage des sols, il faut mettre des gants.

12 L'absence de poussières, de salissures et de traces permet d'évaluer un bon lavage de sol.

13 Après un lavage du sol, il faut mettre les bandeaux au sale (lavage en machine).

14 Les produits détergents désinfectants (dD) permettent de réaliser le nettoyage et la désinfection en même temps.

15 Lors du bio-nettoyage d'un plan de travail, il faut faire le détourage à l'aide d'une lavette imprégnée de solution de détergent-désinfectant, puis passer sur toute la surface par bandes. Rincer ensuite de la même façon avec une lavette imprégnée d'eau (selon les produits, il faut attendre ou non un temps d'action avant de rincer le produit).

16 Une stérilisation à froid est une stérilisation basée sur l'utilisation d'un produit chimique désinfectant (pour les biberons souvent des comprimés de stérilisation).

17 Le repassage défroisse, assainit le linge et facilite le rangement.

18 Les reprises sur les vêtements redonnent vie à du linge ou des vêtements, prolongent leur utilisation, adaptent les vêtements à la personne.

19 Il faut disposer la chemise sur la planche à repasser puis repasser les détails (col, poignets, manches) puis les grandes surfaces, dans le sens du « droit fil ».

20 Après utilisation du fer à repasser, il faut faire attention à la sécurité : le mettre à l'écart de tout risque de brûlure.

EP2

La construction du dossier professionnel

Rappels des textes officiels

Le dossier est le support de l'entretien conduit par le jury lors de l'épreuve EP2.
Il est établi au cours de la formation (en école maternelle, crèche, pouponnière, halte-garderie, centre de loisirs sans hébergement, centre de vacances et tout établissement accueillant de jeunes enfants) ou de l'expérience professionnelle dans ces mêmes milieux auxquels s'ajoute le domicile privé d'exercice.

L'entretien se déroule en deux temps :
– **un exposé** d'une durée de 5 à 10 minutes (au maximum), au cours duquel le candidat présente et justifie le choix des situations analysées dans le dossier ;
– **un entretien** d'une durée de 20 minutes qui permet au jury d'approfondir certains éléments du dossier, de sa présentation et de vérifier la maîtrise des savoirs associés énoncés ci-dessus.

Le dossier n'excède pas **15 pages**, auxquelles peuvent s'ajouter **au maximum 10 pages d'annexes**.
Il comporte :
– la présentation du ou des milieux professionnels dans lesquels le candidat a effectué les périodes de formation ou bien a exercé son activité professionnelle ;
– l'identification des besoins individuels des enfants dans le contexte professionnel ;
– la description de deux activités contribuant au développement et à la socialisation de l'enfant (cf. C372 et C373) en précisant l'organisation du travail, l'aménagement des espaces.

Le dossier est obligatoirement accompagné des attestations relatives aux périodes de formation en milieu professionnel ou des justificatifs de l'expérience professionnelle. Les attestations ou justificatifs précisent les lieux, les durées accomplies, le type de public concerné ainsi que les activités effectuées par le candidat.

Les justificatifs de l'expérience professionnelle de 12 semaines dans le champ professionnel de la petite enfance (0 à 6 ans) doivent être remis avec le dossier relatif à l'épreuve à la date fixée par le recteur. **En l'absence de dossier ou des attestations** (ou justificatifs) fournis à la date fixée par le recteur, **le candidat se verra attribuer la note 0 à cette partie de l'épreuve.**

Le candidat qui présente à nouveau l'épreuve EP2 est autorisé à réutiliser le dossier réalisé au cours de sa formation en milieu professionnel ou à partir de son expérience professionnelle **pour 5 sessions consécutives à son échec à l'examen**.

Dans ce cas, il est dispensé de justifier d'une nouvelle formation en milieu professionnel ou d'une autre activité professionnelle. Il peut faire évoluer le dossier d'une session à l'autre.

Plan du dossier et conseils pour l'entretien

Le dossier professionnel doit suivre un plan. Il est composé de deux parties :
– **une partie présentant la ou les structures** dans laquelle vous travaillez ou dans lesquelles vous avez été stagiaire ;
– **une partie présentant deux activités socio-éducatives** (même si vous n'êtes pas évalué en pratique, vous devrez présenter et analyser une activité socio-éducative que vous aurez mise en place lors de votre expérience en milieu professionnel).

Les phrases doivent être correctes ; il vaut mieux éviter les longues phrases et les longs paragraphes. Le dossier doit être aéré et paginé.

1 L'introduction

Cette introduction vous permet **de vous présenter**, de **présenter votre parcours professionnel**, vos **projets professionnels** (donc vos motivations) suite à l'obtention du CAP Petite enfance.

Vous exposez également les lieux de stage dont il sera question dans le dossier (ou la structure petite enfance dans laquelle vous travaillez si vous êtes salarié).

Cette présentation précise votre statut dans les structures (si vous êtes salarié ou stagiaire), les objectifs de votre formation et votre vision de l'ensemble de votre travail concernant la petite enfance.

2 La présentation des structures (1re partie du dossier)

Pour chaque structure dans laquelle vous aurez exercé, vous présenterez : son nom, son historique, sa situation géographique, son fonctionnement, les usagers de la structure et son personnel.

Son historique

Il s'agit de la date et des circonstances particulières de sa création (suite à une demande des usagers, à une volonté municipale ; une personne en particulier peut être à l'origine de l'ouverture de la structure, il faut alors le préciser), de l'évolution de cette structure (les agrandissements, les changements de statuts…).

Sa situation géographique

Il est important de préciser le lieu d'implantation de la structure que vous présentez, car en fonction de cette situation géographique, le fonctionnement d'une structure sera différent d'un endroit à un autre : les heures d'ouverture, la participation ou non des parents, le type d'activités qui sont proposées, le projet d'établissement, les publics accueillis, les caractéristiques des parents.

Son fonctionnement

La fonction de la structure

Il faut préciser le rôle de la structure et sa fonction première : est-ce un mode de garde ? Est-ce une école ? Est-ce un centre de loisirs ?…. À quelle demande répond-elle auprès des usagers ? Pourquoi a-t-elle été créée ?

Les horaires de la structure

Vous devez présenter les horaires d'ouverture de la structure, les tranches horaires s'il en existe plusieurs. Si la structure fonctionne sur un mode spécifique, il faut le noter (heures d'ouverture très tôt ou très tard pour les parents qui travaillent tôt ou tard, horaires spéciaux pour les crèches hospitalières accueillant les enfants du personnel…).

Les roulements pour les ouvertures ou les fermetures de la structure sont à préciser également (une personne ou deux à l'ouverture, par exemple…).

Le déroulement d'une journée
Dans cette partie, il faut présenter l'organisation de la journée, les « rituels », le découpage horaire des activités, les temps d'accueil, de goûter, de repas, de repos, d'activité physique…

Sa forme juridique
– Si c'est une **personne morale de droit privé**, elle peut être à **but non lucratif** (association) ou **à but lucratif** (crèches privées) ;
– Si c'est une **personne morale de droit public**, elle peut dépendre : de l'État, des collectivités territoriales et leurs groupements, d'établissements publics, ou de groupements d'intérêt public.

Définition

Une personne morale est un groupement de personnes qui se voit reconnaître une existence juridique et qui, à ce titre, a des droits et des obligations.

Il est important d'indiquer le statut de la structure (c'est-à-dire sa forme juridique), car il a des conséquences sur l'ensemble de la structure : sur son financement, son fonctionnement (avec des parents ou non par exemple dans une structure privée parentale), sur le statut des professionnels et leurs qualifications (agents territoriaux ou non…), sur le coût pour les usagers (école privée payante ou publique gratuite…).

Son agrément
Il est intéressant de connaître le type d'agrément que possède une structure pour fonctionner, de savoir qui le délivre, ainsi que les conditions de son renouvellement (la PMI, par exemple pour les structures d'accueil, ou l'agrément des assistantes maternelles).

Son financement
Cela revient à préciser : « de qui la structure reçoit-elle de l'argent ? ».
Ce peut être des parents (le coût de scolarité pour les écoles privées, les frais de garde…), et/ou des financements de la CAF (pour les structures d'accueil) et/ou des collectivités territoriales (structures collectives municipales) et/ou des aides de l'État…

Les usagers

Le nombre d'enfants et leurs âges
Vous devez indiquer le nombre total d'enfants inscrits dans la structure et leurs âges : cela permet d'avoir une idée de l'importance de la structure en terme de capacités d'accueil et de comprendre ensuite le découpage de ces effectifs dans la structure.
Si certains enfants viennent occasionnellement, il faut le faire apparaître dans l'effectif global, mais il faut indiquer le nombre d'enfants pouvant être accueillis chaque jour (souvent ce n'est pas le même pour les structures d'accueil).

Leur répartition dans la structure
À partir du nombre d'enfants, vous pouvez faire apparaître le découpage en groupes d'enfants : en fonction de l'âge, de leur maturité, des activités (nombre de classes, nombre de petites sections, ou bien groupes d'âges pour les crèches : les nourrissons, les 2/3 ans…).

Les conditions à remplir pour être un usager
Certaines conditions sont à remplir par les usagers pour pouvoir être inscrit dans la structure. Elles varient selon le type de structure (école, garderie, centre de loisirs) et selon leur statut (public ou privé). Ce peut être : habiter dans la commune et/ou les deux parents qui travaillent et/ou participer à la vie de la structure en donnant de son temps (structure d'accueil à gestion parentale).

Les documents à fournir
Selon la nature de la structure (le rôle), les documents varient : carnet de santé, livret de famille, certificat médical…

Le personnel

Le nombre
Le nombre de personnels est souvent fonction du nombre d'enfants accueillis ; les agréments obtenus par les structures sont soumis à une obligation réglementaire imposant un nombre de personnes encadrantes en fonction du nombre d'enfants présents.

Leur qualification
Il faut mentionner les qualifications des professionnels pour faire apparaître leur complémentarité. En effet, tous n'ont pas le même rôle, ce qui est important pour répondre aux besoins de l'enfant dans sa globalité. De plus, selon les structures, certaines qualifications sont exigées selon le nombre d'enfants accueillis (par exemple, une infirmière puéricultrice en tant que directrice dans certaines structures d'accueil…).

Leur rôle et les tâches qu'ils effectuent

Il faut expliquer la spécificité de chacun (l'enseignante ne fait pas le travail de l'ATSEM et vis et versa, même si le travail d'équipe existe et que certaines tâches peuvent être communes ou partagées ; l'auxiliaire de puériculture ne fera pas tout à fait le travail d'une éducatrice de jeunes enfants : l'une sera plus axée sur les soins et l'autre sur les activités socio-éducatives...).

Leurs horaires

Ce peut être intéressant de préciser les horaires de chacun s'ils sont différents, en précisant pourquoi : par exemple, l'enseignante est présente pendant le temps scolaire, l'ATSEM est présente pendant et en dehors du temps scolaire (temps de cantine ou temps avant et après la classe pour les tâches d'entretien...).

Une présentation personnelle

Vous pouvez dans cette partie développer votre rôle et les tâches que vous avez effectuées ou que vous effectuez si vous êtes salarié de la structure. Vous pouvez insister sur votre participation dans le travail d'équipe, la manière dont vous vous êtes intégrée si vous êtes stagiaire ; vous pouvez indiquer vos initiatives personnelles, votre implication et la place que les professionnels ont pu vous faire dans les projets...

3 Les activités socio-éducatives (2e partie du dossier)

Vous devez présenter chacune de vos activités en leur donnant un titre (exemple : **Le titre :** « les masques d'Halloween »).

■ L'observation de l'enfant ou du groupe d'enfants

Pour le choix d'une activité, il est judicieux d'avoir observé les enfants avec lesquels l'activité aura lieu. Cette activité sera fonction de leurs particularités (âges, caractères...). De plus, elle ne se fait pas au hasard, elle s'inscrit dans un projet avec l'équipe et en fonction du public : elle doit donc être adaptée au groupe d'enfants à qui elle est destinée. Il est donc important que vous les connaissiez.

Les prénoms et leurs âges

Vous pouvez présenter les enfants en indiquant : leurs prénoms ou les initiales de leur prénoms (en respectant le secret professionnel, sans donner de nom de famille), leurs âges au moment de l'activité, le groupe auquel ils appartiennent (petite section maternelle, les grands...).

Leurs particularités

Ce peut être le temps de présence dans la structure, la date de leur inscription (récente ou non), les activités qu'ils apprécient (des jeux calmes, les dessins, la lecture, des jeux de groupes ou individuels...), leur adaptation à la vie en collectivité (la socialisation), leur place dans la fratrie (s'ils ont des frères et sœurs), leur rythme de vie (les temps de sieste sont importants ou non...).

Les besoins de l'enfant à ces âges

Il est nécessaire de rappeler les besoins propres à la tranche d'âge que vous avez choisie :

- besoin de stimulation motrice et sensorielle ;
- besoin intellectuel (apprendre, développer la curiosité...) ;
- besoin de communication, d'expression...

Selon son âge, un enfant est non autonome (nourrisson) ou semi-autonome (les enfants plus grands) et les besoins et le rôle de l'adulte seront alors différents.

Leurs capacités motrices

Selon leur âge et leur stade de développement, les capacités varient : acquisition ou non de la marche, acquisition de la préhension fine ou globale, de la posture...

Quel est leur schéma corporel ? Que font-ils seul au quotidien (repas, propreté...) ?

Leurs capacités intellectuelles

Les actions de l'enfant sont-elles volontaires ? Pour arriver à son but, utilise-t-il un moyen qu'il connaît ou bien réfléchit-il pour trouver une solution ? Devient-il capable d'imiter sans avoir le modèle devant lui (jeu symbolique par exemple) ? L'enfant raisonne-t-il ? Pose-t-il beaucoup de questions (à partir de 3 ans et jusqu'à 6 ans) ? Quelle est leur maîtrise du langage ? S'expriment-ils ou non correctement ? Quelles sont leurs capacités d'attention ?

■ Le choix de l'activité

En fonction du groupe d'enfants et de leurs particularités (que vous aurez expliquées), vous pouvez justifier l'activité choisie en indiquant qui la propose, si elle fait partie d'un projet de l'équipe...

Il faudra insister sur l'intérêt de cette activité pour ces enfants-là en particuliers : par rapport à ce que vous venez de décrire dans leur présentation, qu'est-ce que cette activité peut leur apporter sur le plan moteur, sensoriel, intellectuel, social ?

La préparation de l'activité

Il s'agit de présenter la manière dont vous avez planifié votre activité. Il faut tenir compte du nombre d'enfants qui participent, prévoir le moment le plus opportun à cette activité et la durée adéquate (en fonction de la tranche d'âge et de leur capacité d'attention), aménager l'espace (l'installation de l'espace), préparer le travail (les documents ou le matériel, le livre ou la liste du matériel et des produits...).
Vous devez penser au déroulement complet de votre activité : comment allez-vous vous y prendre ? Quelles sont les étapes de l'activité ? Que faites-vous faire ou non aux enfants ? Combien de temps prévoyez-vous ?
Il faut penser à un travail de sensibilisation auprès des enfants si c'est une activité sur plusieurs séances qui s'inscrit dans un projet...

La réalisation de l'activité

Vous devez présenter la façon dont vous avez mis en œuvre l'activité que vous aviez prévue : les consignes que vous avez données aux enfants (y compris les consignes de sécurité), la présentation des étapes de la réalisation (votre attitude au cours de l'activité et le comportement des enfants) et la clôture de l'activité.
Pour présenter votre activité vous pouvez vous inspirer des modèles de fiches techniques d'animation (→ Fiches p. 142 à 163).

L'analyse et l'évaluation de l'activité

Il s'agit de développer :
- **les points positifs** dans cette activité : au cours de la préparation, de la réalisation de l'activité, votre manière de mener l'activité, le comportement des enfants... ;
- **les points à améliorer** : sur le déroulement, sur la gestion de l'activité, sur la gestion des enfants ou la difficulté de gestion d'un groupe... ;
- **vos propositions pour améliorer** éventuellement l'activité : utiliser des moyens différents, une organisation différente, un groupe d'enfants plus âgés ou plus jeunes, un nombre plus restreint d'enfants, un mode d'animation différent...

4 La conclusion

Votre conclusion doit vous permettre de faire le bilan de l'ensemble de votre expérience (en stage ou dans la structure où vous exercez), en précisant en quoi cette expérience vous conforte dans votre choix de passer le CAP Petite enfance, ce que vous avez appris, ce que vous avez apprécié...
Vous pouvez également parler de vos impressions personnelles, ce que vous ont apporté les professionnels, les enfants...

5 Quelques conseils pour l'entretien oral

Cet entretien permet au jury de vous questionner sur :
- l'univers professionnel dans lequel vous exercez ou dans lequel vous avez été stagiaire ;
- votre intérêt et vos motivations pour le domaine de la petite enfance ;
- ce qui concerne votre avenir professionnel.

Lors de l'entretien :
- utilisez un langage simple et précis ;
- parlez clairement : ni trop vite, ni trop lentement ;
- adoptez une attitude professionnelle : il est question de votre expérience personnelle de stagiaire ou de salarié de la structure, vous pourrez donc mettre en avant ce que vous savez de cette structure, ce que vous avez acquis avec les enfants, les parents et les professionnels ;
- montrez vos capacités d'analyse des besoins des enfants et vos capacités d'adaptation pour y répondre ;
- soyez attentif aux questions du jury, essayez d'y répondre en vous appuyant sur votre expérience ;
- justifiez le choix des situations que vous avez présenté dans votre dossier.

Sujets corrigés

Épreuve pratique
EP1

CAP – SPÉCIALITÉ PETITE ENFANCE

ÉPREUVE EP1 – Prise en charge de l'enfant à domicile

SUJET N° 1

Première partie, écrite, durée 1 h 30 (20 points)

Sophie X, 30 ans, est assistante maternelle agréée. Elle vient juste d'obtenir son agrément. Elle garde à temps complet Alex, 5 mois, qui pèse 8,6 kg.
La maman d'Alex précise en amenant son fils ce matin à Sophie X, qu'il a eu un vaccin la veille.

LES BESOINS DE L'ENFANT : ALEX (une réponse par case)

Besoin d'hygiène	Soin d'hygiène proposé	Confort lié à ce soin	Sécurité liée à ce soin	Communication liée à ce soin
Besoin d'alimentation	Activité proposée	Confort lié à cette activité	Sécurité liée à cette activité	Communication liée à cette activité

CONTRIBUTION AU DÉVELOPPEMENT ET À LA SOCIALISATION DE L'ENFANT

1. Donner un exemple de jeu pouvant être mis à la disposition d'Alex.
2. De quel type de jeu s'agit-il ?
3. Alex fait claquer sa langue et roule les « r ». Que faites-vous ? Vous le laisser faire sans un mot ou vous lui parlez en le regardant ?
4. Au départ de sa maman, Alex pleure. Que faites-vous ?

SCIENCES MÉDICO-SOCIALES

1. Présenter les caractéristiques des différents modes d'accueil.
2. Indiquer le poids moyen à la naissance.
3. Citer 2 indicateurs de croissance.
4. Définir le mariage.
5. Énoncer 2 conséquences du mariage.
6. Identifier le service chargé de contrôler les assistants maternels.
7. Nommer 3 conditions d'agrément des assistants maternels.

BIOLOGIE

1. Quelles sont les principales voies de pénétration des micro-organismes dans le corps humain ? Donner un exemple pour chaque voie.
2. Citer 4 conditions favorables à la vie et à la multiplication des bactéries.
3. Qu'est-ce qu'un appareil ? Donner un exemple d'appareil.
4. Alex a été vacciné. De quel type d'immunité s'agit-il ? Spécifique ou non spécifique ?

5. Citer 2 intérêts de la vaccination.
6. Annoter ce schéma.

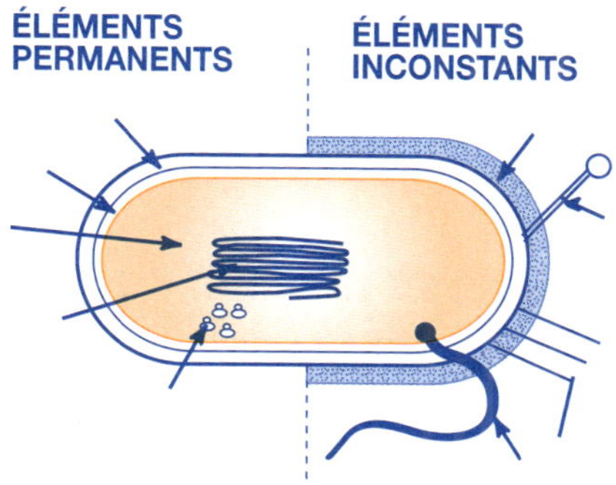

NUTRITION

1. Indiquer les premières dents qui apparaissent.
2. Pourquoi est-il préférable de consommer un jus d'orange immédiatement après sa réalisation ?
3. Citer 2 mesures préventives pour éviter les parasites alimentaires.

TECHNOLOGIE

1. Citer des règles de sécurité à observer lors de l'utilisation des produits d'entretien.
2. Indiquer 2 éléments du logement présentant un risque électrique pour l'enfant. Donner une mesure de prévention pour chacun.

Deuxième partie, pratique, durée 45 minutes au maximum (60 points)

Sophie X, 30 ans, est assistante maternelle agréée ; elle accueille ce matin un nouvel enfant : Julie, 2 ans, qui arrive à 8 heures. Alex (5 mois) arrive à 8h30 et sa maman vous informe qu'elle n'a pas pu lui faire la toilette du visage.
Lors de votre promenade dans l'après midi avec les deux enfants, Julie tombe et s'écorche le genou.

VOUS DEVEZ, DEVANT LE JURY :

– réaliser la toilette du visage d'Alex ;

– agir sur le genou de Julie.

voir corrigé p. 216

CAP – SPÉCIALITÉ PETITE ENFANCE

ÉPREUVE EP1 – Prise en charge de l'enfant à domicile

SUJET N° 2

Première partie, écrite, durée 1 h 30 (20 points)

Vous êtes assistante maternelle agréée et vous accueillez du lundi au vendredi 2 enfants : Camille 30 mois et Alex 6 mois. Vous habitez une maison en centre-ville dont le jardin est clos et possède un portique adapté aux enfants de 2 à 6 ans.

LES BESOINS DE L'ENFANT : CAMILLE (une réponse par case)

Besoin d'hygiène	Soin d'hygiène proposé	Confort lié à ce soin	Sécurité liée à ce soin	Communication liée à ce soin
Besoin d'alimentation	Activité proposée	Confort lié à cette activité	Sécurité liée à cette activité	Communication liée à cette activité

CONTRIBUTION AU DÉVELOPPEMENT ET À LA SOCIALISATION DE L'ENFANT

1. Donner un exemple de jeu à proposer à Camille.
2. De quel type de jeu s'agit-il ?
3. Camille tire les cheveux d'Alex qui se met à pleurer. Que faites-vous ?
  a. Vous lui dites : « ce n'est pas bien, Alex a eu mal, excuse-toi ».
  b. Vous lui tirez les cheveux pour qu'elle comprenne.
  c. Vous la mettez au lit pour la punir.
4. C'est le moment de la sieste ; Camille pleure, elle a perdu son doudou.
  a. Vous mettez Alex en sécurité et vous cherchez le doudou avec Camille.
  b. Vous lui dites que vous n'avez pas le temps de chercher et vous lui proposez une autre peluche.

SCIENCES MÉDICO-SOCIALES

1. Définir l'autorité parentale.
2. Qui peut exercer l'autorité parentale ?
3. Citer 2 mesures de traitement de la pédiculose.
4. De quelle quantité de sommeil a besoin un enfant de 1 an ?
5. Citer 2 exemples pour stimuler le langage chez le jeune enfant.
6. Citer 4 exemples pour stimuler l'apprentissage de la marche.
7. Alex présente un siège rouge. Quel est le nom de cette affection ?
8. Citer 2 causes de l'affection de la peau d'Alex.

BIOLOGIE

1. Pourquoi est-il nécessaire de faire des rappels de vaccins ?
2. Quel est l'intérêt de la vaccination ?

3. Quelle est la différence entre un vaccin et un sérum ?
4. Quelles sont les caractéristiques de la peau d'un enfant ?
5. Citer 3 fonctions de l'organisme.
6. Légender le schéma de la peau.

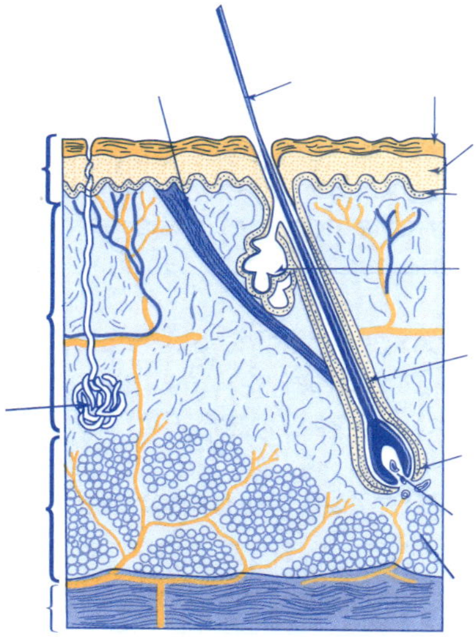

NUTRITION

1. Donner 2 intérêts du lait dans l'alimentation du bébé.
2. Pourquoi passe-t-on du lait 1er âge au lait 2ème âge ?
3. Pourquoi utiliser des laits diététiques infantiles, plutôt que du lait de vache ?

TECHNOLOGIE

1. Préciser les conditions de rangement sécurisé des produits utilisés en milieu familial : médicaments, produits d'entretien.
2. Indiquer ce qui doit être vérifié dans le jardin avant de sortir les enfants *(3 réponses au minimum)*.

Deuxième partie, pratique, durée 45 minutes au maximum (60 points)

Vous êtes assistante maternelle agréée et vous accueillez, du lundi au vendredi, 2 enfants : Camille, 30 mois, et Alex, 6 mois.
Vous possédez tout le matériel nécessaire à l'accueil de jeunes enfants ; les soins d'hygiène sont effectués dans la salle de bains. Aujourd'hui, Camille arrive fatiguée et grognon ; sa mère vous précise qu'ils sont rentrés tard chez eux hier soir. Alex arrive habillé, mais son père vous précise qu'il n'a pas eu son bain hier soir.
Au cours d'un jeu d'eau, Camille glisse et se fait une bosse au front.

VOUS DEVEZ, DEVANT LE JURY :

– réaliser le bain d'Alex ;

– agir sur la bosse de Camille.

voir corrigé p. 219

CAP – SPÉCIALITÉ PETITE ENFANCE
ÉPREUVE EP1 – Prise en charge de l'enfant à domicile **SUJET N° 3**

Première partie, écrite, durée 1 h 30 (20 points)

Vous êtes assistante maternelle agréée et vous gardez à votre domicile les enfants Sanchez 5 jours par semaine (lundi, mardi, jeudi, vendredi et samedi) : Lucas, 5 ans et sa sœur Zoé, 4 mois.
Vous possédez dans le jardin une piscine gonflable.
Madame Sanchez dépose Zoé chez vous à 9 heures, après avoir emmené Lucas à l'école maternelle. Ce matin Zoé est grognon et vous semble fébrile.

LES BESOINS DE L'ENFANT : ZOÉ (une réponse par case)

Besoin d'hygiène	Soin d'hygiène proposé	Confort lié à ce soin	Sécurité liée à ce soin	Communication liée à ce soin
Besoin d'alimentation	Activité proposée	Confort lié à cette activité	Sécurité liée à cette activité	Communication liée à cette activité

CONTRIBUTION AU DÉVELOPPEMENT ET À LA SOCIALISATION DE L'ENFANT

1. Avant le repas, Lucas vous demande des bonbons rangés dans le placard, qu'il ouvre.
- **a.** Vous lui en donnez un.
- **b.** Vous lui dites qu'il va manger, qu'il en aura après ; il se met à hurler, alors vous lui en donnez un.
- **c.** Vous lui dites qu'il va manger, qu'il en aura après ; il se met à hurler, mais vous tenez bon.

2. Quel type de jeu ou d'activité pouvez-vous proposer à Lucas ?

SCIENCES MÉDICO-SOCIALES

1. Citer 3 maladies infantiles et énoncer le germe responsable.
2. Citer les phases d'évolution d'une maladie infectieuse.
3. Citer l'agent responsable de la gale et sa localisation sur le corps.
4. Présenter 3 conditions nécessaires à l'acquisition de la propreté.
5. Quelle est la commission compétente pour l'orientation d'un enfant handicapé ?
6. Quel est le nom de l'allocation pour l'enfant handicapé ?

BIOLOGIE

1. Pourquoi est-il indispensable qu'un enfant dorme ?
2. Citer 4 conditions favorables à l'endormissement de l'enfant.
3. Donner un exemple de trouble du comportement signalant un mauvais fonction-

nement du système nerveux.

4. Quelles sont les 3 couches de la peau ?

5. Nommer la capacité de l'organisme à maintenir sa température corporelle à 37 °C.

6. Annoter le schéma de l'appareil respiratoire.

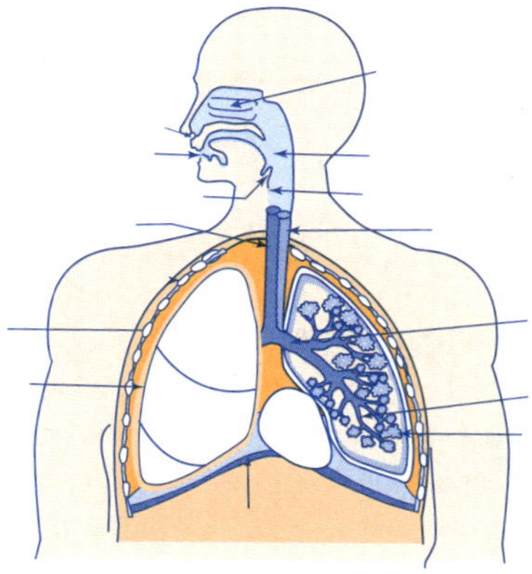

NUTRITION

1. Pourquoi est-il préférable de favoriser le plus longtemps possible l'allaitement maternel ?

2. Quels sont les éléments à prendre en compte pour déterminer le nombre de biberons par jour et la ration journalière de lait ?

3. Indiquer 2 intérêts d'introduire des fruits et des légumes dans l'alimentation du nourrisson.

TECHNOLOGIE

1. À quels risques est exposé un enfant laissé seul dans une cuisine ?

2. Quels sont les moyens de prévention des risques dans une cuisine ?

Deuxième partie, pratique, durée 45 minutes au maximum (60 points)

Vous êtes assistante maternelle agrée et vous gardez à votre domicile les enfants Sanchez : Lucas, 5 ans et sa sœur Zoé, 4 mois, 5 jours par semaine (lundi, mardi, jeudi, vendredi et samedi).

Vous possédez dans le jardin une piscine gonflable.

Madame Sanchez dépose Zoé chez vous à 9 heures, après avoir emmené Lucas à l'école maternelle. Ce matin Zoé est grognon et vous semble fébrile. Vous prenez sa température : elle indique 38,2 °C.

VOUS DEVEZ, DEVANT LE JURY :

– réaliser le change de Zoé (ses selles sont liquides) ;

– prendre la température de Zoé.

voir corrigé p. 221

Corrigés des sujets EP1

Sujet 1

Première partie, écrite, durée 1 h 30 (20 points)

LES BESOINS DE L'ENFANT : ALEX (en italique, les autres réponses possibles)

Besoin d'hygiène	Soin d'hygiène proposé	Confort lié à ce soin	Sécurité liée à ce soin	Communication liée à ce soin
	– Le change. *– La toilette (complète ou partielle).*		– Ne pas s'éloigner du plan de travail et de l'enfant. *– Respect du propre et du sale.*	– Échanger avec l'enfant, expliquer ce que l'on fait, nommer les différentes parties du corps…
Besoin d'alimentation	**Activité proposée**	**Confort lié à cette activité**	**Sécurité liée à cette activité**	**Communication liée à cette activité**
	– Donner le biberon en respectant le rythme de l'enfant. *– Introduire la petite cuillère avec les compotes.* *– Alex tient le biberon (avec l'aide de l'adulte) ou pose ses mains dessus.*	– Installation correcte de l'adulte pour prendre l'enfant dans les bras…	– Table à proximité pour poser le biberon ou la compote… *– Respecter le rythme de l'enfant pour éviter les « fausses routes ».* *– Faire des pauses, faire faire le rot…* *– Bonne installation de l'adulte et bon maintien de l'enfant.*	

CONTRIBUTION AU DÉVELOPPEMENT ET À LA SOCIALISATION DE L'ENFANT

1. Tapis d'éveil, jeux d'éveil, livres en tissu, en plastique, hochets […] peuvent être mis à disposition d'Alex.

2. Il s'agit de jeux d'exploration.

3. Il est important de lui parler, de lui répondre en le regardant.

4. Je le rassure, je lui explique que sa maman va revenir le chercher en fin de journée, je lui donne son « doudou » ou autre objet familier lui rappelant sa maman, les odeurs de son foyer…

SCIENCES MÉDICO-SOCIALES

1. Les différents modes d'accueils :

– **les établissements d'accueil collectif :** les établissements d'accueil des enfants de moins de 4 ans, les établissements « d'accueil collectif régulier », établissements « d'accueil collectif régulier et d'accueil collectif occasionnel », établissements « d'accueil collectif occasionnel » pour des enfants de moins de 6 ans, les jardins d'enfants, les établissements d'accueil parental (gérés par les parents qui participent activement à la garde des enfants), l'accueil familial (assuré par des établissements qui emploient et rémunèrent des assistantes maternelles agréées).

– **l'accueil individuel de l'enfant :** les assistantes maternelles agréées employées par des particuliers sont indépendantes. Les parents sont les employeurs, c'est à eux d'établir un contrat.

– **les centres de loisirs :** ils accueillent des enfants dès 3 ans en dehors du temps scolaire.

2. Le poids moyen à la naissance est de 3,3 kg.

3. La croissance en poids et en taille, l'évolution des proportions des segments du corps et la maturation des os et des dents sont des indicateurs de croissance.

4. Le mariage civil est l'acte juridique qui unit civilement un homme et une femme ayant décidé de vivre ensemble et de se porter secours et assistance.

5. Les conséquences du mariage : se porter secours et assistance ; fidélité ; vivre ensemble ; contribuer aux charges du ménage.

6. Le service chargé de contrôler les assistants maternels est le PMI.

7. Les 3 conditions d'agrément des assistants maternels sont :

– subir un examen médical ;

– être reconnue apte à accueillir des enfants dans le respect des règles d'hygiène corporelle et mentale ;

– disposer d'un logement permettant d'assurer le bien être physique et la sécurité des enfants.

BIOLOGIE

1. Les principales voies de pénétration des micro-organismes dans le corps humain sont :

– la voie sanguine : ex. le SIDA ;
– la voie sexuelle : ex. SIDA, IST… ;
– la voie urinaire : ex. infection urinaire ;
– la voie trans-placentaire ou materno-fœtale : ex. le SIDA, la rubéole ;
– la voie respiratoire : ex. la tuberculose, toute infection ORL (oto-rhino-laryngologie) ;
– la voie digestive : infection digestive.

2. La présence d'humidité, une température à 37 °C, la présence de nutriments, le pH, la présence d'oxygène… sont des conditions favorables à la vie et à la multiplication des bactéries.

3. Un appareil est un ensemble d'organes. Exemples : appareil digestif, appareil cardio-vasculaire, appareil urinaire, appareil locomoteur.

4. Alex a été vacciné. Il s'agit d'une immunité spécifique.

5. La vaccination fournit à l'organisme les antigènes de la maladie pour entraîner la réaction immunitaire et la fabrication de cellules mémoire sans qu'apparaissent les signes gênants de la maladie. Elle n'est pas immédiate, mais elle dure plusieurs années. Elle prévient des maladies graves.

6.

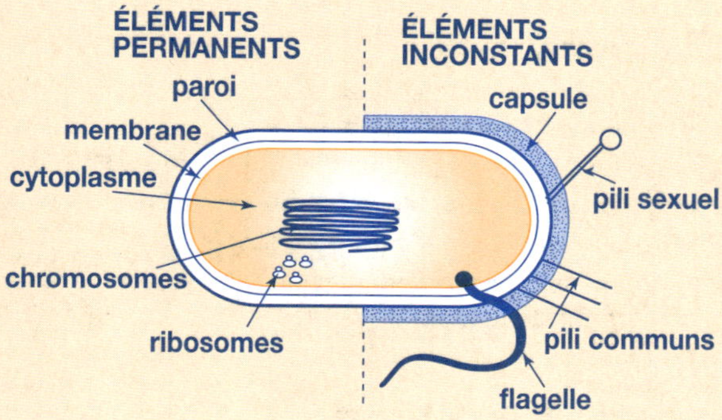

Nutrition

1. Les premières dents qui apparaissent sont les incisives.

2. Il est préférable de consommer un jus d'orange immédiatement après sa réalisation pour éviter la perte de vitamine C.

3. Laver les mains avant les repas, laver correctement les légumes et les fruits, bien cuire les aliments sont des mesures préventives pour éviter les parasites alimentaires.

Technologie

1. Règles de sécurité à observer lors de l'utilisation des produits d'entretien : laisser le produit dans son emballage ; ne pas mélanger les produits, l'utiliser en l'absence des enfants, si nécessaire mettre des gants, bien lire et respecter l'étiquette (rinçage…).

2. Les prises et installations électriques présentent un risque électrique pour l'enfant. Pour les prévenir : mise à la terre, cache-prise, prise sécurisée, respect des normes électriques, débranchement et rangement après usage des appareils électriques.

Deuxième partie, pratique, durée 45 minutes au maximum (60 points)

➤ La 1re tâche : la toilette du visage d'Alex

Analyse de la situation

Qui êtes-vous ? Sophie X. 30 ans, assistante maternelle agréée.
Où ? À votre domicile.
À quel besoin de l'enfant répondez-vous ? Besoins d'hygiène et de confort.
Quelles sont les tâches que vous allez effectuer ? Une toilette du visage.
Qui est l'enfant ? Alex, 5 mois, non autonome (ne participe pas, mais il communique).
Quel est le moment de la journée ? Le matin, à 8 h 30.

Objectif

Assurer l'hygiène, la propreté de la peau et le confort de l'enfant.

Matériels et produits

Matelas de change, poubelle, corbeille de linge sale, serviette, gant de toilette et/ou coton, sérum physiologique si nécessaire pour les yeux ou le nez, thermomètre, un jouet ou le doudou, une lavette, un détergent désinfectant, des vêtements propres (si nécessaire).

Préparation

1. Porter une tenue adaptée.
2. Se laver les mains.
3. Préparer le lieu, fermer les fenêtres.
4. Préparer le matériel et les produits.

→ p. 118

Exécution

1. Prévenir Alex
2. Nettoyer les yeux :

– mouiller le coton ou le gant de toilette (avec de l'eau) ; une main sur le robinet pour faire couler l'eau et une main sur l'abdomen d'Alex ;
– passer le coton ou le gant de l'angle externe de l'œil vers l'angle interne (du plus propre au plus sale), ou en allant de l'angle interne de l'œil vers l'angle externe (pour ne pas boucher le canal lacrymal) ;
– procéder de la même façon pour l'autre œil (en changeant de coton ou avec un autre côté du gant de toilette) ;
– mettre à la poubelle les cotons au fur et à mesure.

3. Nettoyer les oreilles (si nécessaire) à l'aide de fusettes de coton : utiliser une fusette sèche pour l'entrée du conduit auditif ;

– utiliser une fusette mouillée ou un gant mouillé (eau du robinet) pour le pavillon de l'oreille ; répéter le même geste pour l'autre oreille ;
– mettre à la poubelle les fusettes au fur et à mesure.

4. Nettoyer le nez :

– utiliser une fusette de coton humidifiée soit de sérum physiologique soit d'eau du robinet et la faire tourner

dans la narine pour récupérer les sécrétions (jeter la fusette dans la poubelle) ;
– changer de fusette et procéder de la même façon.
❺ Nettoyer le visage :
– mouiller le coton ou le dos du gant de toilette (une main sur Alex et une main pour faire couler l'eau) ;
– nettoyer le front, les ailes du nez, les joues, le menton et la bouche (mettre à la poubelle le coton) ;
– sécher le visage avec la serviette en tapotant.
❻ Installer Alex en sécurité : par exemple sur le transat.

Rangement et nettoyage

❶ Ranger la salle de bains : ranger les produits sortis…
❷ Ne jamais mettre en contact le « propre » et le « sale » ; **mettre le linge « au sale »** au fur et à mesure du côté sale ; **mettre la serviette au sale.**
❸ Nettoyer et désinfecter : le matériel et le plan de travail (matelas de change et baignoire).
❹ Se laver les mains.

Transmission

Transmettre les informations le soir aux parents :
– les tâches qui ont été effectuées : la toilette du visage d'Alex ;
– le déroulement de la toilette (coopération de l'enfant ou non par exemple) ;
– la date et l'heure : le matin à 8 h 30 ;
– les observations éventuelles (narines encombrées, yeux rouges…).

Les critères d'évaluation

– **L'organisation et l'ergonomie :** mise à disposition du matériel et des produits sur le plan de travail, choix de la toilette en position couchée.
– **L'hygiène :** respect du circuit propre/sale ; utilisation de l'eau du robinet pour le visage sans savon.
– **Le confort :** choix de la méthode adaptée à l'âge de l'enfant (coton et/ou gant de toilette pour nettoyer le visage).
– **La sécurité :** bon maintien de l'enfant pour éviter les chutes, pas d'absence ni d'éloignement du plan de travail.
– **L'économie :** pas d'utilisation excessive de cotons ou de sérum si cela n'est pas nécessaire.
– **La communication :** communication orale avec l'enfant tout au long de la tâche et contact des mains favorisé.
– **La qualité du résultat :** toilette correcte de l'enfant (visage, nez, yeux, oreilles propres) ; identification correcte des besoins de l'enfant.

➤ La 2e tâche : le soin du genou de Julie

Analyse de la situation

Qui êtes-vous ? Sophie X, 30 ans, assistante maternelle agréée.
Où ? À l'extérieur lors d'une promenade et au domicile.
À quels besoins de l'enfant répondez-vous ? Besoins d'hygiène et de sécurité.
Quel problème devez-vous résoudre ? Le soin d'une plaie au genou d'un enfant.
Qui est l'enfant ? Julie, 2 ans.
Quel est le moment de la journée ? L'après-midi.

Les objectifs/intérêts

Permettre de soigner une plaie simple.

La technique

❶ Faire asseoir et rassurer Julie.
❷ Se laver les mains.
❸ Préparer le matériel et les produits : un plateau, une compresse ou gant de toilette, une poubelle, un antiseptique non coloré, un pansement.
❹ Mettre des gants jetables.

Exécution

❶ Laver la plaie à l'eau et au savon en allant de l'intérieur vers l'extérieur de la plaie.
❷ Appliquer l'antiseptique soit par vaporisation, soit avec une compresse (de l'intérieur vers l'extérieur).
❸ Protéger la plaie avec un pansement.
❹ Transmission en fin de journée auprès des parents, signalement de la plaie et vérification du vaccin antitétanique.

Les critères d'évaluation

– **L'organisation et l'ergonomie :** détermination des priorités, nouvelle organisation prenant en compte le changement de situation.
– **L'hygiène :** respect du circuit propre/sale.
– **La sécurité :** savoir donner l'alerte.
– **La communication :** respect des procédures d'information des responsables de l'enfant, comportement rassurant vis-à-vis de l'enfant.
– **La qualité du résultat :** maîtrise des gestes, identification correcte des risques, mise en place de moyens de protection adaptés.

Sujet 2

Première partie, écrite, durée 1 h 30 (20 points)

LES BESOINS DE L'ENFANT : CAMILLE *(en italique, les autres réponses possibles)*

Besoin d'hygiène	Soin d'hygiène proposé	Confort lié à ce soin	Sécurité liée à ce soin	Communication liée à ce soin
	– Accompagnement pour aller aux toilettes. – *Aide pour le lavage des mains.* – *Aide pour une toilette partielle.*	– Toilettes adaptées à l'âge et à la taille de l'enfant (ou accessoires à mettre sur la cuvette). – *Lavabo adapté à la taille ou tabouret pour accéder au robinet.*	– Présence de l'adulte près de l'enfant. – Matériel adapté.	– Explications de l'adulte. – *Langage adapté pour l'apprentissage.* – *Geste favorisant le développement de l'autonomie*
Besoin d'alimentation	Activité proposée	Confort lié à cette activité	Sécurité liée à cette activité	Communication liée à cette activité
	– Alimentation diversifiée avec des couverts.	– Présence de l'adulte pour aider à couper.	– Pas de couverts dangereux, table et chaises adaptées aux enfants, respectant des règles de sécurité. – *Présence de l'adulte.*	– Présentation des aliments (les nommer…). – *Indications sur les saveurs.*

CONTRIBUTION AU DÉVELOPPEMENT ET À LA SOCIALISATION DE L'ENFANT

1. Des poupées, des baigneurs, des marchandes, des poussettes […] peuvent être proposés à Camille.
2. Il s'agit d'un jeu d'imitation.
3. Camille tire les cheveux d'Alex qui se met à pleurer. Vous lui dites : « ce n'est pas bien, Alex a eu mal, excuse-toi ».
4. Camille pleure, elle a perdu son doudou. Vous mettez Alex en sécurité et vous cherchez le doudou avec Camille.

SCIENCES MÉDICO-SOCIALES

1. L'autorité parentale est l'ensemble des droits et des devoirs des parents envers leurs enfants mineurs
2. Le père, la mère, ou le tuteur de l'enfant peuvent exercer l'autorité parentale.
3. Mesures de traitement de la pédiculose : cheveux attachés, port d'une coiffe, proscription des échanges de bonnets et de vêtements, limitation des contacts directs avec les têtes.
4. Un enfant de 1 an a besoin de 12 à 14 heures de sommeil en moyenne.
5. Exemples de stimulation du langage chez le jeune enfant : lui parler, lui chanter des comptines, des chansons, lire des histoires…
6. Exemples de stimulation de l'apprentissage de la marche : installer des objets et des meubles bas sur le parcours de l'enfant, proposer un jouet porteur, un trotteur, tenir l'enfant par une main…
7. Alex présente un siège rouge. C'est un érythème fessier.
8. Les causes possibles de l'affection de la peau d'Alex sont : de la fièvre, une poussée dentaire, un manque d'hygiène…

BIOLOGIE

1. Les rappels de vaccins permettent de réactiver la mémoire immunitaire.
2. La vaccination permet de protéger contre certaines maladies.
3. Le vaccin est préventif (il permet de ne pas être malade), tandis que le sérum est curatif (il permet de soigner).
4. La peau de l'enfant est fine et fragile, sensible au soleil, et elle présente une immaturité au niveau des glandes.
5. Fonctions de l'organisme : fonction de nutrition, de relation, d'excrétion, de reproduction et de maintien de l'intégrité de l'organisme.
6.

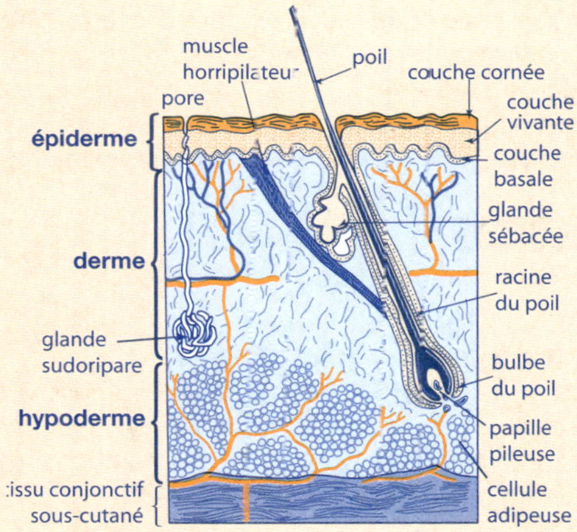

NUTRITION

1. Le lait permet d'hydrater et apporte des protides et du calcium au bébé.

2. Le lait 1er âge n'est plus assez nourrissant pour assurer la croissance du bébé, c'est pourquoi on passe au lait 2e âge.

3. Le lait de vache n'est pas adapté aux besoins du nourrisson et à ses capacités de digestion, c'est pourquoi on utilise des laits diététiques infantiles.

TECHNOLOGIE

1. Les armoires doivent être closes, fermées à clés, hors de portée des enfants ; les produits doivent être laissés dans leur emballage d'origine (avec notice…).

2. Avant de sortir les enfants dans le jardin, il faut vérifier :
- que l'enclos est fermé ;
- qu'il n'y a pas d'outils ni d'objets dangereux ou toxiques ;
- qu'il n'y a pas d'animaux ;
- que les jeux sont sécurisés ;
- que la météo est favorable…

Deuxième partie, pratique, durée 45 minutes au maximum (60 points)

➤ La 1re tâche : le bain d'Alex

Analyse de la situation

Qui êtes-vous ? Assistante maternelle agréée.

Où ? À votre domicile.

À quel besoin de l'enfant répondez-vous ? Besoins d'hygiène et de sécurité.

Quelles sont les tâches que vous allez effectuer ? Le bain d'un nourrisson.

Qui est l'enfant ? Alex, âgé de 6 mois.

Quel est le moment de la journée ? Le matin.

Objectif

Assurer l'hygiène, la propreté de la peau, le confort et le bien être de l'enfant.

Matériel et produits

Un matelas de change, une baignoire, une poubelle, une corbeille de linge sale, un thermomètre pour le bain, 2 serviettes, un gant de toilette, un savon doux, une couche adaptée à l'âge de l'enfant, une brosse à cheveux, un jouet ou le doudou, des vêtements propres (si nécessaire), une lavette, un détergent désinfectant.

Préparation

❶ Porter une tenue adaptée.
❷ Se laver les mains.
❸ Préparer le lieu, fermer les fenêtres.
❹ Préparer le matériel et les produits : remplir la baignoire d'eau à une température de 38 °C (l'eau sera à 37 °C pour le bain ; le niveau d'eau ne doit pas dépasser les 2/3 la baignoire pour un nourrisson).

Exécution

❶ Prévenir Alex et vérifier la température de l'eau.
❷ Déshabiller Alex : s'il a des selles, faire une toilette du siège.
❸ Laver Alex :
- mouiller le gant dans l'eau du bain, l'essorer et mettre une dose de savon (possibilité d'utiliser les mains pour savonner) ;
- laver : la tête, les plis du cou, les aisselles, les bras, les mains, le thorax, le dos, l'abdomen, les pieds, les jambes, les cuisses, les plis inguinaux et le siège (cf. le change) ;
- poser le gant du côté sale et se rincer les mains.

❹ Rincer Alex dans le bain :
- le plonger lentement dans le bain et le maintenir fermement (d'abord les fesses et les jambes) ;
- lâcher les pieds d'Alex en le maintenant correctement sous le bras avec l'autre main ;
- rincer avec la main libre sa tête, les plis du cou.

❺ Sortir Alex du bain :
- le mettre sur la serviette sur le matelas de change (une main sous le bras d'Alex et l'autre main attrapant les pieds) ;
- l'envelopper dans la serviette.

❻ Sécher en tapotant et en insistant dans les plis.
❼ Mettre la couche propre : fixer les adhésifs et passer deux doigts au niveau de l'abdomen et des cuisses pour vérifier si ce n'est pas trop serré.
❽ Rhabiller Alex.
❾ L'installer en sécurité : sur le transat.

Rangement et nettoyage

❶ Ranger la salle de bains : ranger les produits sortis, le matelas, le thermomètre…
❷ Ne jamais mettre en contact le « propre » et le « sale » ; mettre le linge « au sale » au fur et à mesure du côté sale ; mettre les serviettes au sale.
❸ Nettoyer et désinfecter : le matériel et le plan de travail (matelas de change et baignoire).
❹ Se laver les mains.

Transmission

Transmettre les informations :
- les tâches qui ont été effectuées : le bain d'Alex ;
- la date et l'heure : le matin ;
- les observations éventuelles (présence de rougeurs, d'érythème, enfant fiévreux…).

Les critères d'évaluation

- **L'organisation et l'ergonomie :** mise à disposition du matériel et des vêtements sur le plan de travail, choix de l'habillage en position couchée.
- **L'hygiène :** respect du circuit propre/sale.
- **Le confort :** choix de vêtements adaptés à l'âge d'Alex, à son poids, à la saison, à la température, à l'activité prévue ; choix de la couche adaptée à l'âge d'Alex et à son poids.

– **La sécurité :** bon maintien d'Alex pour éviter les chutes (sur le matelas et dans la baignoire), pas d'absence ni d'éloignement du plan de travail.
– **L'économie :** pas de change de vêtements si cela n'est pas demandé (ou pas nécessaire), respect des doses pour l'utilisation des produits (savon, détergent…).
– **La communication :** communication orale avec Alex tout au long de la tâche et contact des mains favorisé.
– **La qualité du résultat :** couche propre, toilette correcte d'Alex, habillage correct (bien boutonné, enfilé dans le bon sens…) ; identification correcte des besoins de l'enfant.

➤ La 2e tâche : le soin de la bosse de Camille

Analyse de la situation

Qui êtes-vous ? Assistante maternelle agréée.
Où ? Au cours d'un jeu d'eau (dans le jardin au domicile).
À quel besoin de l'enfant répondez-vous ? Le besoin de sécurité.
Quel problème devez-vous résoudre ? Le soin d'une bosse au front.
Qui est l'enfant ? Camille, âgée de 30 mois (fatiguée et grognon).
Quel est le moment de la journée ? L'après-midi.

Objectif

Éviter toute complication et surveiller l'état de l'enfant.

Préparation

1. Se laver les mains.
2. Préparer le matériel et les produits : pommade (si autorisation des parents).
3. Prévenir Camille.

Exécution

1. Mettre sur le front des compresses froides, ou un gant de toilette humide et froid, ou un glaçon dans un gant de toilette.
2. N'appliquer une pommade qu'après autorisation des parents et s'il n'y a pas de saignement.
3. Observer l'enfant.

Les critères d'évaluation

– **L'organisation et l'ergonomie :** détermination des priorités, nouvelle organisation prenant en compte le changement de situation.
– **L'hygiène :** respect du circuit propre/sale.
– **La sécurité :** savoir donner l'alerte.
– **La communication :** respect des procédures d'information des responsables de l'enfant, comportement rassurant vis-à-vis de l'enfant.
– **La qualité du résultat :** maîtrise des gestes, identification correcte des risques, mise en place de moyens de protection adaptés.

Sujet 3

■ Première partie, écrite, durée 1 h 30 (20 points)

LES BESOINS DE L'ENFANT : ZOÉ

Besoin d'hygiène	Soin d'hygiène proposé	Confort lié à ce soin	Sécurité liée à ce soin	Communication liée à ce soin
	– Le change. – *Toilette (complète ou partielle).*		– Ne pas s'éloigner du plan de travail et de l'enfant). – *Respect du propre et du sale.*	– Échange avec l'enfant. – *Expliquer ce que l'on fait.* – *Nommer les différentes parties du corps.*
Besoin d'alimentation	**Activité proposée**	**Confort lié à cette activité**	**Sécurité liée à cette activité**	**Communication liée à cette activité**
	– Donner le biberon en respectant le rythme de l'enfant. – *Zoé peut poser ses mains sur le biberon.*	– Installation correcte de l'adulte pour prendre l'enfant dans les bras en position semi-assise.	– Table à proximité pour poser le biberon… – *Respecter le rythme de l'enfant pour éviter les « fausses routes ».* – *Faire des pauses, faire faire le rot…* – *Bonne installation de l'adulte et bon maintien de l'enfant.*	

Contribution au développement et à la socialisation de l'enfant

1. Vous lui dites qu'il va manger, qu'il en aura après ; il se met à hurler, mais vous tenez bon.
2. Vous pouvez proposer à Lucas la lecture d'un livre avec des images ; de jouer au foot, au camion porteur.

Sciences médico-sociales

1. Maladies infantiles :
– la rougeole : le germe responsable est un virus ;
– la varicelle : le germe responsable est un virus ;
– les oreillons : le germe responsable est un virus ;
– la scarlatine : le germe responsable est une bactérie.
2. Les 4 phases d'évolution d'une maladie infectieuse sont : la phase d'incubation, la phase d'invasion, la phase d'état, la phase de guérison.
3. L'agent responsable de la gale est le sarcopte ; il se développe sur les plis des doigts.
4. Conditions nécessaires à l'acquisition de la propreté : une maturité affective, une maturité intellectuelle, une maturité du système nerveux pour la maîtrise des sphincters, une mise sur le pot à heures fixes, l'abandon de la couche…
5. La CDA (Commission des Droits et de l'Autonomie) est la commission compétente pour l'orientation d'un enfant handicapé.
6. L'allocation d'éducation de l'enfant handicapé est la : AEEH.

Biologie

1. Le sommeil permet le développement du système nerveux, la production de l'hormone de croissance et la récupération de la fatigue physique et nerveuse. Il est donc très important qu'un enfant dorme.
2. Conditions favorables à l'endormissement de l'enfant :
– l'absence de bruits ;
– la pénombre ;
– une température adaptée (19 °C environ) ;
– la présence d'un doudou (objet transitionnel) ;
– les activités calmes avant le sommeil ;
– un matelas ferme, pas d'oreiller ni de couverture,
– mettre un turbulette (gigoteuse) ;
– les rituels…
3. L'agressivité, la fatigue, les difficultés de concentration, l'hyperactivité… sont des signaux d'un mauvais fonctionnement du système nerveux.
4. Les 3 couches de la peau sont l'épiderme, le derme et l'hypoderme.
5. La thermorégulation est la capacité de l'organisme à maintenir sa température corporelle à 37 °C.
6.

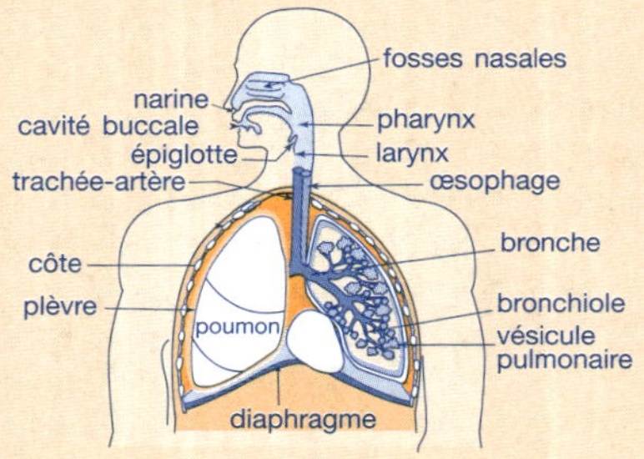

Nutrition

1. Le lait maternel est l'aliment le plus adapté aux besoins de l'enfant et il permet une protection immunitaire, une absence d'allergie, une hygiène mieux respectée (de plus, il est moins coûteux).
2. Pour déterminer le nombre de biberons par jour et la ration journalière de lait, il faut tenir compte des recommandations du médecin, des indications notées sur l'emballage du lait choisi en fonction de l'âge du bébé, de son poids, de son appétit et de son état de santé.
3. Les fruits et les légumes dans l'alimentation apportent des vitamines et des fibres (et évitent la constipation) du nourrisson.

Technologie

1. Un enfant laissé seul dans une cuisine est exposé à des risques de brûlures, de blessures, de chutes, d'asphyxie, d'électrocution…
2. Pour prévenir ces risques, il faut débrancher les appareils, ne pas laisser le matériel, les produits et les objets coupants à disposition des enfants, orienter les manches des casseroles vers l'intérieur. Il est également possible d'installer des plaques de protection pour les fours et les plaques.

■ Deuxième partie, pratique, durée 45 minutes au maximum (60 points)

➤ La 1re tâche : le change de Zoé

Analyse de la situation

Qui êtes-vous ? Assistante maternelle agréée.
Où ? À votre domicile.
À quel besoin de l'enfant répondez-vous ? Besoins d'hygiène et de confort.
Quelles sont les tâches que vous allez effectuer ? Un change (selles liquides).
Qui est l'enfant ? Zoé, âgée de 4 mois (grognon et en état fébrile).
Quel est le moment de la journée ? Le matin, à 9 h.

Objectif

Assurer le confort, l'hygiène, le bien être de l'enfant et prévenir les érythèmes fessiers.

Matériels et produits

Un matelas de change, une baignoire (point d'eau), une poubelle, une corbeille de linge sale, un thermomètre, une serviette, un gant de toilette (ou lingettes jetables à domicile), du papier toilette, un savon doux, une couche adaptée à l'âge de l'enfant, un jouet ou le doudou, des vêtements de rechange si nécessaire, une lavette, un détergent désinfectant.

Préparation

❶ Porter une tenue adaptée.
❷ Se laver les mains.
❸ Préparer le lieu, fermer les fenêtres.
❹ Préparer le matériel et les produits.

Exécution

❶ Prévenir Zoé.
❷ Déshabiller le bas du corps de Zoé (déboutonner le bas si elle porte une grenouillère et la remonter sur son abdomen en la roulant ; si le bas est sale, le mettre dans la corbeille de linge sale).
❸ Essuyer le siège avec les parties propres de la couche ou avec du papier toilette (examiner les selles et l'état de la peau).
❹ Ôter la couche sale en la repliant (enfermer les selles à l'intérieur) et la jeter à la poubelle (garder une main sur Zoé).
❺ Savonner le siège de Zoé : l'abdomen ; les cuisses et les plis de l'aine ; les organes génitaux (du pubis vers l'anus, en s'arrêtant avant) ; le bas du dos ; les fesses, puis la région anale.
❻ Rincer à l'eau dans le même ordre (avec le gant de toilette).
❼ Sécher en tapotant et en insistant dans les plis.
❽ Mettre la couche propre : fixer les adhésifs et passer deux doigts au niveau de l'abdomen et des cuisses pour vérifier si ce n'est pas trop serré.
❾ Rhabiller Zoé.
❿ L'installer en sécurité : sur le transat.

Rangement et nettoyage

❶ Ranger la salle de bains : ranger les produits sortis, le matelas, le thermomètre…
❷ Ne jamais mettre en contact le « propre » et le « sale » ; **mettre le linge « au sale »** au fur et à mesure du côté sale ; **mettre la serviette au sale**.
❸ Nettoyer et désinfecter : le matériel et le plan de travail (matelas de change et baignoire).
❹ Se laver les mains.

Transmission

Transmettre les informations le soir aux parents :
– les tâches qui ont été effectuées : change de Zoé ;
– le déroulement du change (communication de l'enfant ou non) ;
– la date et l'heure : le matin, à 9h ;
– les observations éventuelles : selles liquides, présence de rougeurs ou d'érythème…

Les critères d'évaluation

– **L'organisation et l'ergonomie :** mise à disposition du matériel, des produits et des vêtements de rechange sur le plan de travail, choix du change couché.
– **L'hygiène :** respect du circuit propre/sale.
– **Le confort :** choix de la couche adaptée à l'âge de Zoé, à son poids ; choix des vêtements adaptés à la saison, à la température, à l'activité prévue.
– **La sécurité :** bon maintien de Zoé pour éviter les chutes, pas d'absence, ni d'éloignement du plan de travail.
– **L'économie :** pas de change de vêtements si cela n'est pas demandé (ou pas nécessaire), respect des doses pour l'utilisation des produits (savon, détergent…).
– **La communication :** communication orale avec Zoé tout au long de la tâche et contact des mains favorisé.
– **La qualité du résultat :** couche propre, habillage correct de Zoé (bien boutonné, enfilé dans le bon sens…) ; identification correcte des besoins de l'enfant.

➤ La 2e tâche : la prise de la température de Zoé

Analyse de la situation

Qui êtes-vous ? Une assistante maternelle agréée.
Où exercez-vous ? À votre domicile.
À quel besoin de l'enfant répondez-vous ? Le besoin de sécurité.
Quel problème devez-vous résoudre ? Surveiller la température corporelle d'un nourrisson.
Qui est l'enfant ? Zoé, âgée de 4 mois.
Quel est le moment de la journée ? Le matin, à 9 heures.

Objectif

Prendre la température de l'enfant pour adopter une conduite adaptée à la situation.

Préparation

❶ Se laver les mains.
❷ Préparer le matériel et les produits : un thermomètre (les selles étant liquides, il est préférable d'utiliser un thermomètre tympanique plutôt qu'un thermomètre rectal), une compresse, un embout jetable, une poubelle, un plateau, et un détergent/désinfectant.
❸ Prévenir Zoé.

Exécution

❶ Utiliser un embout propre (ou couvre sonde) à chaque fois, et suivre les directives du fabricant.
❷ Tirer doucement sur l'oreille, vers l'arrière pour libérer la voie jusqu'au tympan.
❸ Insérer doucement le thermomètre jusqu'à ce que le conduit auditif soit entièrement bloqué.
❹ Appuyer sur le bouton et le maintenir enfoncé pendant une seconde.
❺ Retirer le thermomètre et lire la température.
❻ Nettoyer et désinfecter l'embout propre (ou couvre sonde) ou le jeter (embout jetable).
Variation normale de la température : 35,8 °C à 38,0 °C.

Les critères d'évaluation

– **L'organisation et l'ergonomie :** détermination des priorités, nouvelle organisation prenant en compte le changement de situation.
– **L'hygiène :** respect du circuit propre/sale.
– **La sécurité :** savoir donner l'alerte.
– **La communication :** respect des procédures d'information des responsables de l'enfant, comportement rassurant vis-à-vis de l'enfant.
– **La qualité du résultat :** maîtrise des gestes, identification correcte des risques, mise en place de moyens de protection adaptés.

Sujets corrigés

Épreuve pratique
EP3

CAP – SPÉCIALITÉ PETITE ENFANCE

ÉPREUVE EP3 – Techniques de services à l'usager

SUJET N° 1 (sur 80 points)

■ PARTIE PRATIQUE

Vous êtes assistante maternelle à domicile. Vous gardez Julie, 2 ans, Théo, 3 ans et Emma, 3 mois.

1. Vous devez préparer le repas de midi des enfants composé d'une purée de carottes – pommes de Terre – jambon.

Denrées	Quantités	Gamme opératoire
Pommes de terre	0,150 kg	– Préparer et faire cuire les légumes.
Carottes	0,300 kg	
Sel	1 pincée	– Mixer le jambon.
Beurre	0,030 kg	
Persil	3 brins	– Servir à bonne température et présenter
Jambon en tranches	2 tranches	dans 2 assiettes.

2. Vous devez : nettoyer et stériliser à froid les deux biberons d'Emma.

■ PARTIE ÉCRITE — SAVOIRS ASSOCIÉS

3. Répondez aux questions suivantes.

NUTRITION – ALIMENTATION

– Énoncer 3 mesures à respecter pour un enfant de 3 ans obèse.
– Citer un type de régime alimentaire chez un enfant.
– Comment mettre en valeur une préparation culinaire destinée à un enfant ? Donner 2 exemples.

TECHNOLOGIE

– Citer 3 types de produits d'entretien.
– Citer le mode d'action d'un désinfectant.
– Citer 3 informations obligatoires sur l'étiquette de produit alimentaire.

voir corrigé p. 229

CAP – SPÉCIALITÉ PETITE ENFANCE

ÉPREUVE EP3 – Prise en charge de l'enfant à domicile

SUJET N° 2 (sur 80 points)

■ PARTIE PRATIQUE

Vous êtes assistante maternelle à domicile. Vous gardez Lucas 5 ans et Jeanne 3 ans.

1. Vous devez préparer pour le goûter un gâteau au yaourt.

Denrées	Quantités	Gamme opératoire
Yaourt	1	Le pot vous servira de doseur après avoir versé le yaourt.
Sucre	2 pots (yaourt)	
Farine	3 pots	– Mélanger les ingrédients.
Levure chimique	1 sachet	– Verser dans un moule beurré et fariné.
Huile	½ pot	– Cuire 30 minutes à 180 °C (thermostat).
Œufs	2	– Présenter sur un plat.

2. Vous devez : nettoyer le sol du couloir.

■ PARTIE ÉCRITE — SAVOIRS ASSOCIÉS

3. Répondez aux questions suivantes.

NUTRITION – ALIMENTATION

– Quels sont les aliments conseillés en cas de diarrhées ?
– Citer 2 facteurs pouvant influencer les habitudes alimentaires des familles de jeunes enfants.
– Comment éviter l'apparition des caries ? Donner 2 réponses.

TECHNOLOGIE

– Citer 3 formes commerciales des fruits et légumes.
– Citer les 2 techniques d'aération d'une maison.
– Citer les équipements dans lesquels on peut installer un enfant pour lui donner à manger.

voir corrigé p. 230

CAP – SPÉCIALITÉ PETITE ENFANCE
ÉPREUVE EP3 – Prise en charge de l'enfant à domicile **SUJET N° 3 (sur 80 points)**

■ PARTIE PRATIQUE

Vous êtes assistante maternelle à domicile ; vous gardez Romain, 5 ans, et Mila, 3 ans.

1. Vous devez préparer le repas de midi des enfants composé : de crudités.

Denrées	Quantité	Gamme opératoire
Carotte Tomate Brin de persil Huile Vinaigre Sel, poivre	1 1 à disposition à disposition à disposition à disposition	– Laver, éplucher, découper les légumes. – Assaisonner. – Présenter.

2. Vous devez : repasser 3 torchons et coudre un bouton sur le gilet de Romain.

■ PARTIE ÉCRITE — SAVOIRS ASSOCIÉS

3. Répondez aux questions suivantes.

NUTRITION – ALIMENTATION

- Citer le trajet simplifié des aliments dans l'appareil digestif.
- Quels sont les aliments conseillés en cas de constipation ?
- Citer le mode d'action d'un détergent et d'un désinfectant.
- Citer 2 facteurs de variation de la ration alimentaire d'un enfant.

TECHNOLOGIE

- Définir la marche en avant.
- Justifier l'appellation « alimentaire » pour les désinfectants alimentaires.
- Citer le mode d'action d'un détergent/désinfectant.

voir corrigé p. 231

Corrigés des sujets EP3

Sujet 1

Analyse de la situation

Qui êtes-vous ? Une assistante maternelle.
Où ? À votre domicile.
Quelles sont les tâches que vous allez effectuer ? Un repas.
Quels sont les enfants ? Julie, 2 ans, Théo, 3 ans et Emma 3 mois.
Quel est le moment de la journée ? Le midi.

Partie pratique

➤ **La 1re tâche : préparation d'une purée :** de carottes – pommes de Terre – jambon.

Objectifs

Faciliter la digestion, améliorer la présentation et les qualités organoleptiques de l'aliment.

Matériels et produits

Un autocuiseur ou une marmite ou une casserole, une planche à découper, un couteau, un mixeur ou moulin à légumes, 2 assiettes, 0,150 kg de pommes de Terre, 0,300 kg de carottes, 1 pincée de sel, 0,030 kg de beurre, 3 brins de persil et 2 tranches de jambon.

Préparation et organisation

1. Porter une tenue adaptée blouse et charlotte.
2. Se laver les mains.
3. Préparer le lieu.
4. Préparer les denrées et sortir le matériel. → p. 167

Exécution

1. Préparer des légumes : les éplucher, les laver.
2. Les couper en cubes.
3. Mettre un peu d'eau dans l'autocuiseur ou la casserole ; ajouter les pommes de terre et les carottes ; assaisonner de sel, de poivre.
4. Faire chauffer jusqu'à cuisson des légumes.
5. Sortir les légumes et les égoutter.
6. Mixer les légumes en fin de cuisson et le jambon ; ajouter du beurre.
7. Servir à bonne température et présenter dans 2 assiettes (décorer avec du persil).

Rangement et nettoyage

1. Nettoyer et ranger le plan de travail.
2. Laver et essuyer la vaisselle.
3. Ranger le matériel.
4. Se laver les mains.

Les critères d'évaluation

– **L'organisation et l'ergonomie :** respect des consignes, mise à disposition du matériel et des produits sur le plan de travail, respect de la marche en avant (progression de travail dans le même sens pour les opérations d'épluchage, de lavage, de taillage), respect du temps d'exécution, application des modes opératoires.
– **L'hygiène :** respect du circuit propre/sale, tenue propre, lavage des mains dès que nécessaire, plan de travail propre.
– **La sécurité :** utilisation correcte et adaptée de la planche à découper, du couteau (jamais pointe vers le haut), de l'autocuiseur ou de la casserole.
– **L'économie :** utilisation d'un économe ou grattage des légumes, respect des quantités et des dosages.
– **La qualité du résultat :** absence de parties non comestibles, absence de salissures après lavage des légumes, présentation esthétique de la préparation, cuisson correcte des légumes, texture adaptée à l'âge des enfants, contrôle du goût de la préparation, correction des erreurs.

➤ **La 2e tâche : nettoyer et stériliser à froid les deux biberons d'Emma.**

Objectif

Détruire les micro-organismes.

Matériels et produits

Un comprimé de stérilisation pour les biberons, un bac de désinfection, une pince, des gants à usage unique, un tablier.

Préparation

1. Porter une tenue adaptée.
2. Se laver les mains puis mettre les gants.
3. Préparer le lieu.
4. Préparer la solution désinfectante dans le bac de stérilisation (dosage selon les indications de l'étiquette des comprimés).

Exécution

1. Nettoyer le biberon et les parties creuses avec un détergent (« savon vaisselle ») et à l'aide d'un écouvillon : la tétine du biberon, le capuchon, le pas de vis.
2. Rincer à l'eau et faire égoutter.
3. Tremper le matériel dans la solution désinfectante du bac de stérilisation (immerger 10 à 20 minutes selon les produits) et noter la date et l'heure.
4. Rincer et sécher le matériel et reconstituer les biberons (remettre les tétines et les capuchons).

Rangement et nettoyage

1. Nettoyer et désinfecter le bac de désinfection.
2. Désinfecter les écouvillons.
3. Se laver les mains.

Les critères d'évaluation

– **L'organisation et l'ergonomie :** mise à disposition du matériel et des produits, ordre logique des opérations,

respect des locaux et des équipements.
– **L'hygiène :** respect du circuit propre/sale, tenue propre, port de gants (désinfection chimique).
– **La sécurité :** respect des consignes d'utilisation des produits et des appareils ; port de gants.
– **L'économie :** pas d'utilisation de matériel ou de produits non indispensables à la tâche, respect des doses pour l'utilisation du désinfectant (comprimé).
– **La communication :** information sur les tâches à effectuer.
– **La qualité du résultat :** absence de salissures, de traces, entretien et rangement du matériel.

Partie écrite – Savoirs associés

Nutrition – alimentation

– Pour un enfant de 3 ans obèse, limiter les aliments et les boissons sucrées, limiter les aliments gras, augmenter la ration des fruits et des légumes, pratiquer une activité physique…
– Exemple de régime alimentaire chez un enfant : régime sans gluten, régime pour diabétique.
– Pour mettre en valeur une préparation culinaire destinée à un enfant, proposer un cadre agréable, confortable et calme, une présentation du plat soigné (couleur, dessin…), des odeurs et saveurs agréables.

Technologie

– Types de produits d'entretien : les détergents, les détartrants, les abrasifs, les désinfectants, les solvants.
– Un désinfectant agit en détruisant les microorganismes.
– Les informations obligatoires sur l'étiquette de produit alimentaire sont : la dénomination du produit, la date limite de conservation, la date limite d'utilisation après ouverture, le mode d'emploi, la température de conservation, le numéro du lot de fabrication, l'adresse du fabricant, du conditionneur…

Sujet 2

Analyse de la situation

Qui êtes-vous ? Une assistante maternelle.
Où ? À votre domicile.
Quelles sont les tâches que vous allez effectuer ? Une collation.
Qui sont les enfants ? Lucas 5 ans et Jeanne 3 ans.
Quel est le moment de la journée ? Au goûter.

Partie pratique

➤ La 1re tâche : préparation d'un gâteau au yaourt.

Objectif

Obtenir des gâteaux plus légers.

Matériels et produits

Un saladier, un verre mesureur, un moule, 1 pot de yaourt, 2 pots de sucre, 3 pots de farine, 2 œufs, ½ pot d'huile, 1 paquet de levure (parfum vanille ou citron).

Préparation et organisation

1. Porter une tenue adaptée : blouse et charlotte.
2. Se laver les mains.
3. Préparer le lieu.
4. Préparer les denrées et sortir le matériel. → p. 167

Exécution

1. Préchauffer le four pendant 15 minutes.
2. Vider le yaourt dans un saladier, nettoyer le pot à l'eau et bien l'essuyer.
3. Ajouter les 2 œufs et l'huile.
4. Remplir 2 fois le pot de yaourt de sucre et mélanger.
5. Ajouter 3 pots de farine, la levure (et le parfum).
6. Remuer avec la cuillère jusqu'à obtenir une belle pâte.
7. Huiler le moule et verser la pâte.
8. Mettre au four.
9. Laisser cuire 35 à 40 minutes, chaleur moyenne. Vérifier la cuisson avec une lame de couteau qui doit ressortir propre.

Rangement et nettoyage

1. Nettoyer et ranger le plan de travail.
2. Laver et essuyer la vaisselle.
3. Ranger le matériel.
4. Se laver les mains.

Les critères d'évaluation

– **L'organisation et l'ergonomie** : respect des consignes, mise à disposition du matériel et des produits sur le plan de travail, respect de la marche en avant (progression de travail dans le même sens pour les opérations), respect du temps d'exécution, application des modes opératoires.
– **L'hygiène :** respect du circuit propre/sale, tenue propre, lavage des mains dès que nécessaire, plan de travail propre.
– **La sécurité :** utilisation correcte et adaptée du four.
– **L'économie :** utilisation du pot de yaourt, respect des quantités et des dosages.
– **La qualité du résultat :** absence de parties non comestibles, absence de salissures, présentation de la préparation esthétique, cuisson correcte du gâteau, texture adaptée à l'âge des enfants, contrôle du goût de la préparation, correction des erreurs.

➤ La 2e tâche : nettoyer le sol du couloir.

Objectif

Éliminer les salissures et les micro-organismes (le lavage complète le dépoussiérage).

Matériels et produits

Un chariot de lavage, une presse, un seau bleu (solution détergente), un seau rouge (eau de rinçage), un balai de lavage, un bandeau de lavage, des gants.

Préparation

1. Porter une tenue adaptée.
2. Se laver les mains, puis mettre les gants.
3. Préparer le lieu (aérer le couloir si possible).
4. Préparer la solution détergente dans le seau bleu (dosage selon les indications de l'étiquette : 8 litres

pour une dose), remplir le seau rouge d'eau claire, installer les seaux et la presse sur le chariot.

Organisation

Le chariot reste en retrait de la surface du couloir à nettoyer.

Exécution

❶ Tremper le bandeau de lavage dans la solution détergente et essorer en utilisant la presse.
❷ Laver le sol : détourage le long des murs (contour du couloir), puis laver à reculons en tirant le balai vers soi, en faisant des mouvements en S sur le sol (« à la godille »).
❸ Rincer le bandeau dans le seau rouge et essorer (certains produits ne se rincent pas).
❹ Vérifier l'absence de salissures.

Rangement et nettoyage

❶ Mettre les bandeaux au sale (lavage en machine).
❷ Nettoyer et ranger le matériel.
❸ Se laver les mains.

Les critères d'évaluation

– **L'organisation et l'ergonomie** : mise à disposition du matériel et des produits, ordre logique des opérations, respect des locaux et des équipements.
– **L'hygiène** : respect du circuit propre/sale, tenue propre.
– **La sécurité** : respect des consignes d'utilisation des produits et des matériels ; port de gants.
– **L'économie** : pas d'utilisation de matériel ou de produits non indispensables à la tâche, respect des doses pour l'utilisation du détergent, quantité suffisante de détergent en fonction de la surface.
– **La communication** : information sur les tâches à effectuer, zone de lavage balisée.
– **La qualité du résultat** : absence de poussières, de salissures, de traces ; entretien et rangement du matériel.

Partie écrite – Savoirs associés

Nutrition – Alimentation

– En cas de diarrhées, privilégier les carottes, le riz, les bananes mûres, le coca-cola dégazéifié, l'eau.
– Facteurs pouvant influencer les habitudes alimentaires des familles : la religion, la région, le budget, le climat, les coutumes du pays d'origine, le travail des parents, les régimes spécifiques…
– Pour éviter l'apparition des caries, il faut se brosser les dents, consommer peu ou pas de bonbons, de boissons très sucrées…

Technologie

– Les fruits et légumes peuvent être : frais, surgelés, appertisés, conditionnés sous vide.
– Techniques d'aération d'une maison : aération naturelle, aération mécanique.
– On peut installer un enfant pour lui donner à manger dans un transat, une chaise haute, un rehausseur, une petite table.

Sujet 3

Analyse de la situation

Qui êtes-vous ? Une assistante maternelle.
Où ? À votre domicile.
Quelles sont les tâches que vous allez effectuer ? Un repas.
Quels sont les enfants ? Romain âgé de 5 ans et Mila âgée de 3 ans.
Quel est le moment de la journée ? Le midi.

Partie pratique

➤ **La 1re tâche : préparation de crudités.**

Objectif

Améliorer la présentation et les qualités organoleptiques de l'aliment.

Matériels et produits

Un couteau économe, un couteau d'office, une planche à découper, un saladier, une passoire, un bac de lavage ou bassine, une assiette, un bol, du vinaigre, une assiette ou plaque pour la poubelle et un plat de présentation ou une assiette, 1 carotte, 1 tomate, 1 brin de persil, huile, vinaigre, sel et poivre.

Préparation

❶ Porter une tenue adaptée : blouse et charlotte.
❷ Se laver les mains.
❸ Préparer le lieu.
❹ Préparer le matériel et les produits : les denrées et le poste d'épluchage. → p. 167

Exécution

❶ Peler les carottes, vider les déchets et les épluchures à la poubelle et laver la planche à découper.
❷ Laver les carottes, les tomates et le persil.
❸ Râper les carottes au robot ou avec une râpe dans une assiette ; couper les tomates.
❹ Assaisonner : verser le vinaigre et l'huile dans un bol ; fouetter à la main et ajouter le sel et le poivre ; goûter et ajuster au goût.
❺ Disposer les carottes et les tomates dans un plat ou une assiette ; décorer avec du persil et assaisonner.

Rangement et nettoyage

❶ Laver et ranger le matériel.
❷ Nettoyer le plan de travail.
❸ Se laver les mains.

Les critères d'évaluation

– **L'organisation et l'ergonomie** : respect des consignes, mise à disposition du matériel et des produits sur le plan de travail, respect de la marche en avant (progression de travail dans le même sens pour les opérations d'épluchage, de lavage, de taillage), respect du temps d'exécution, application des modes opératoires.
– **L'hygiène** : respect du circuit propre/sale ; tenue propre, lavage des mains dès que nécessaire, plan de travail propre.

– **La sécurité** : utilisation correcte et adaptée de la planche à découper, du couteau (jamais pointe vers le haut).
– **L'économie** : utilisation d'un économe ou grattage des légumes, respect des quantités et des dosages.
– **La qualité du résultat** : absence de parties non comestibles (tomates), absence de salissures après lavage des légumes, présentation de la préparation esthétique, texture adaptée à l'âge des enfants, contrôle du goût de la préparation, correction des erreurs.

➤ La 2e tâche : repasser 3 torchons et coudre un bouton sur le gilet de Romain.

REPASSER 3 TORCHONS :

Objectifs

Défroisser, assainir le linge et faciliter le rangement.

Matériels

Une table à repasser, un fer à repasser, un plan de travail pour déposer le linge repassé ou une corbeille à linge, 3 torchons.

Organisation

Plan de travail ou table à disposition.

Préparation

❶ Porter une tenue adaptée.
❷ Se laver les mains.
❸ Préparer le lieu, la table à repasser à la bonne hauteur, le fer à repasser.
❹ Préparer le matériel et les produits, tri du linge en fonction du textile (position du thermostat).

Exécution

❶ Disposer le torchon à plat sur la planche à repasser.
❷ Repasser les contours puis les grandes surfaces internes.
❸ Repasser dans le sens du « droit fil ».
❹ Déposer le torchon sur le plan de travail ou la corbeille et reprendre le deuxième puis le troisième torchon.

Rangement et nettoyage

❶ Arrêter le fer (baisser le thermostat), le débrancher (faire attention à la sécurité : le mettre à l'écart de tout risque de brûlure).
❷ Ranger la table à repasser.
❸ Ranger les torchons.

Les critères d'évaluation

– **L'organisation et l'ergonomie :** mise à disposition du matériel, ordre logique des opérations, table à repasser à la bonne hauteur, respect des locaux et des équipements.
– **L'hygiène :** respect du circuit propre/sale, tenue propre.
– **La sécurité :** respect des consignes d'utilisation du fer à repasser.
– **L'économie :** pas d'utilisation de matériel ou de produits non indispensables à la tâche.
– **La communication :** information sur les tâches à effectuer, zone de repassage balisée.
– **La qualité du résultat :** absence de salissures, de plis, rangement esthétique, entretien et rangement du matériel.

COUDRE LE BOUTON :

Objectif

Redonner vie à des vêtements.

Matériels

Une aiguille, le bouton du gilet de Romain, du fil de la même couleur que le bouton, des ciseaux, une chaise et une table.

Exécution

❶ Passer l'aiguille et le fil à travers le tissu et le trou du bouton (emplacement de l'ancien bouton).
❷ Faire plusieurs passages jusqu'à ce que le bouton tienne.
❸ Couper le fil et faire un nœud.

Rangement

❶ Ranger le fil, l'aiguille et les ciseaux.
❷ Ranger la table et la chaise.
❸ Ranger le gilet de Romain.

Les critères d'évaluation

– **L'organisation et l'ergonomie :** mise à disposition du matériel, ordre logique des opérations, position assise pour coudre ; respect des locaux et des équipements.
– **L'hygiène :** tenue et mains propres.
– **La sécurité :** rangement des aiguilles hors de portée.
– **L'économie :** pas de gaspillage de fil de couture.
– **La communication :** information aux parents de la couture du bouton de Romain.
– **La qualité du résultat :** bouton bien fixé au gilet, fil de couture non voyant sur le bouton (de la même couleur), entretien et rangement du matériel.

■ Partie écrite – Savoirs associés

NUTRITION – ALIMENTATION

– Trajet simplifié des aliments dans l'appareil digestif : la bouche, l'œsophage, l'estomac, l'intestin, le rectum et l'anus.
– En cas de constipation, privilégier les fruits, les légumes et de l'eau.
– L'âge, la taille, le poids, l'état physiologique et l'activité physique sont des facteurs de variation de la ration alimentaire d'un enfant.

TECHNOLOGIE

– La marche en avant est une suite logique des opérations (de la livraison à la consommation) dans laquelle il ne doit pas y avoir de croisements entre les denrées propres, les denrées souillées et les déchets.
– L'appellation « alimentaire » pour les désinfectants alimentaires signifie que son utilisation est compatible avec la présence d'aliments.
– Le détergent enlève les salissures ; le désinfectant détruit ou inhibe les micro-organismes.

Le référentiel d'examen du CAP petite enfance

Le certificat d'aptitude professionnel est un diplôme national, délivré par le ministre chargé de l'éducation, et qui atteste d'un premier niveau de qualification professionnelle.
Il est classé au niveau V de la nomenclature interministérielle des niveaux de formation.
Les candidats qui n'ont pas obtenu le diplôme conservent, à leur demande et durant cinq années à compter de leur date d'obtention, les notes obtenues ou le bénéfice d'unités constitutives d'un diplôme acquises au titre de la validation des acquis de l'expérience.
Dans cette limite de 5 ans, les candidats peuvent choisir, à chaque session, soit de conserver leurs notes, soit de passer à nouveau l'épreuve. Dans ce second cas, la dernière note obtenue est seule prise en compte.
Dans des conditions fixées par arrêté du Ministre de l'Éducation, les candidats titulaires de certains titres ou diplômes peuvent être dispensés de l'obtention d'une ou de plusieurs unités constitutives du diplôme présenté.
Dans les mêmes conditions, les candidats justifiant de l'obtention de certaines unités ou du bénéfice de certaines épreuves d'un diplôme préparé antérieurement peuvent, dès lors qu'elles sont encore valables, être dispensés de l'obtention d'une ou de plusieurs unités constitutives du diplôme présenté.

Les conditions dans lesquelles le diplôme peut être acquis par la validation des acquis de l'expérience sont fixées par le décret n° 2002-615 du 26 avril 2002, relatif à la validation des acquis de l'expérience pour la délivrance d'une certification professionnelle.

1. Le référentiel des activités professionnelles

Le titulaire du CAP Petite enfance est un professionnel qualifié, compétent pour l'accueil et la garde des jeunes enfants. Avec ses parents et les autres professionnels, il répond aux besoins fondamentaux de l'enfant et contribue à son développement, son éducation et sa socialisation. Il assure, en outre, l'entretien et l'hygiène des différents espaces de vie de l'enfant.

Le titulaire du CAP Petite enfance peut exercer sa profession :
– en milieu familial : à son domicile (comme salarié d'employeur particulier ou de crèche familiale) sous réserve d'être agréé ou au domicile des parents (comme salarié d'employeur particulier ou de services d'aide à domicile) ;
– en structures collectives : en école maternelle (en tant qu'agent territorial spécialisé des écoles maternelles), en crèche collective, en halte-garderie, en garderie périscolaire, en centre de loisirs sans hébergement, en centre de vacances collectif d'enfants et tout établissement d'accueil des jeunes enfants.

Le titulaire du CAP Petite enfance exerce différentes activités pouvant être classées en fonctions, qui revêtent parfois des spécificités liées au contexte professionnel.

Fonctions	Activités en milieu familial	Activités en milieu collectif
Accueil et communication	– préparation de l'accueil des enfants et de leurs parents ; – organisation du logement pour accueillir les enfants ; – création d'un environnement sécurisé ; – dialogue avec les parents ; – observation de l'enfant : écoute de l'enfant, des différents partenaires responsables ; – transmission d'informations aux personnes concernées ; – établissement de relations professionnelles avec les autres partenaires ; – communication avec l'enfant dans tous les moments de la vie quotidienne ; – repérage et information des parents des difficultés, des troubles, des signes de déficiences observés chez l'enfant.	– accueil de l'enfant, des parents ; – observation de l'enfant : écoute de l'enfant, des différents partenaires responsables (parents, professeurs des écoles, directeurs d'établissement…) ; – transmission d'informations aux personnes concernées ; – dialogue et communication avec les enfants dans toutes les activités conduites auprès d'eux ; – sécurisation de l'enfant.

Organisation	– organisation des activités en fonction des besoins du (ou des) enfant(s) ; – gestion des arrivées et des départs successifs des enfants et de leurs parents.	– organisation du travail en fonction des besoins du (ou des) enfant(s), des ressources et des contraintes du milieu, des consignes données ; – gestion des stocks de produits et de matériels.
Réalisations liées aux besoins fondamentaux de l'enfant	– soins d'hygiène et de confort de l'enfant en respectant son rythme de vie ; – préparation des repas et des collations ; – aide à la prise des repas et des collations ; – mise en place des conditions permettant le repos de l'enfant ; – entretien courant des espaces de vie de l'enfant dans le logement ; – aménagement de l'espace ; – sécurisation des espaces de vie de l'enfant ; – soins nécessaires à la santé physique des enfants (dans la limite de ses compétences).	– soins d'hygiène et de confort de l'enfant en respectant son rythme de vie ; – distribution des repas et des collations ; – aide à la prise des repas et des collations ; – mise en place des conditions permettant le repos de l'enfant ; – entretien courant des locaux, des équipements et des espaces de vie de l'enfant ; – aménagement de l'espace ; – sécurisation des espaces de vie de l'enfant.
Accompagnement de l'enfant dans les actes de la vie quotidienne et dans son éducation	– mise en place des conditions de sécurité physiques et affectives de l'enfant en faisant sa place à chacun ; – réponse aux besoins de maternage, de repères des enfants ; – accompagnement de l'enfant dans l'acquisition des fonctions sensorielles et motrices, dans son développement affectif et intellectuel ; – accompagnement de l'enfant dans l'acquisition du langage ; – accompagnement de l'enfant dans l'acquisition de l'autonomie à travers les actes de la vie quotidienne ; – mise en place des conditions favorisant l'expression émotionnelle et affective, sensorielle, motrice et cognitive et le jeu de l'enfant ; – choix et élaboration de jeux adaptés au rythme de développement des enfants ; – participation aux activités des enfants ; – apprentissage des règles de vie sociale.	– accompagnement des enfants dans l'acquisition des fonctions sensorielles et motrices, dans leur développement affectif et intellectuel ; – accompagnement des enfants dans l'acquisition du langage ; – accompagnement des enfants dans l'acquisition de l'autonomie à travers les actes de la vie quotidienne ; – mise en place des conditions favorisant l'expression émotionnelle et affective, sensorielle, motrice et cognitive et le jeu des enfants ; – choix, élaboration de jeux adaptés au rythme de développement des enfants ; participation aux activités des enfants ; – apprentissage des règles de vie sociale.

2. Le règlement d'examen

Ce tableau présente les épreuves ponctuelles pour les candidats qui ne sont pas évalués par contrôle en cours de formation (CCF).

Épreuves	Unités	Coefficient	Mode	Durée
Unités professionnelles				
EP1 : prise en charge de l'enfant à domicile	UP1	4	Ponctuel — écrit et pratique	2 h 15 min
EP2 : accompagnement éducatif de l'enfant	UP2	5 (1)	Ponctuel — oral (+ écrit pour la PSE)	1 h 30 min (2)
EP3 : techniques de services à l'usager	UP3	4	Ponctuel — écrit et pratique	2 h 30 min
Unités générales				
EG1 : français/histoire géographie	UG1	3	Ponctuel — écrit et oral	2 h 15 min
EG2 : mathématiques/sciences	UG2	2	Ponctuel — écrit	2 h
EG3 : éducation physique et sportive(3)	UG3	1	Ponctuel — écrit	

1) Dont coefficient 1 pour la Prévention Santé Environnement (PSE).
(2) Dont 1 heure pour la Prévention Santé Environnement.
(3) Les candidats autres que scolaires et apprentis peuvent demander à être dispensés de l'épreuve d'éducation physique et sportive.

NB : l'évaluation de la PSE est intégrée à l'épreuve d'EP2 ; elle est notée sur 20 points. L'épreuve a pour objectif d'évaluer les compétences du candidat à conduire une démarche d'analyse de situations en appliquant la démarche de résolution de problème et/ou l'approche par le risque, mobiliser des connaissances scientifiques, juridiques et économiques, proposer des mesures de prévention adaptées, et agir de façon efficace face à une situation d'urgence.

3. Définition des épreuves professionnelles

EP1 : prise en charge de l'enfant à domicile

Coefficient : 4

■ Finalités et objectifs de l'épreuve

Elle a pour objectif de vérifier les compétences professionnelles et les savoirs associés liés aux activités professionnelles d'accueil et de prise en charge de jeunes enfants dans le contexte du domicile privé.

■ Contenu

L'épreuve permet d'évaluer les **compétences terminales** mises en œuvre dans le contexte spécifique du domicile privé :

C12 *- Identifier les besoins de l'enfant (dans le contexte professionnel du domicile)*
C25 *- S'adapter à une situation non prévue*
C35 *- Assurer les soins d'hygiène corporelle, le confort de l'enfant*
C36 *- Assurer la prévention et la sécurité*
C37 *- Contribuer au développement et à la socialisation de l'enfant*
- ***C371*** *- Mettre en place une activité ludique pour un enfant*
- ***C374*** *- Contribuer à l'acquisition du langage, de la motricité et à la construction des relations sociales*
- ***C375*** *- Contribuer au développement psychoaffectif de l'enfant*

et les **savoirs associés** suivants :

S1 *- Sciences médico-sociales :*
- ***S1-1*** *- L'enfant :*
  - *Besoins de l'enfant et facteurs de développement*
  - *Troubles et maladies courants de l'enfant*
- ***S1-2*** *- Cadre juridique et institutionnel de l'enfant et de la famille*
  - *Cadre politique et administratif de la France*
  - *Statut juridique de l'enfant et de la famille*
  - *Protection sanitaire et sociale de l'enfant (0 à 6 ans) et de la famille : protection sanitaire*
  - *Modes d'accueil : accueil individuel de l'enfant*
- ***S1-3*** *- communication appliquée au secteur professionnel*

S2 *- Biologie générale et appliquée :*
- ***S2-1*** *- organisation générale du corps humain et fonctions*
- ***S2-2*** *- la peau*
- ***S2-4*** *- les fonctions de nutrition*
- ***S2-5*** *- maintien de l'intégrité de l'organisme*

S3 *- Nutrition/alimentation :*
- ***S3-1*** *- les besoins nutritionnels de l'enfant et apports conseillés en nutriments*
- ***S3-3*** *- les sources nutritionnelles : classification nutritionnelle par groupes*
- ***S3-4*** *- l'alimentation de l'enfant de 0 à 6 ans*

S4 *- Technologie :*
- ***S4-1*** *- qualité de vie dans le logement et prévention des accidents domestiques*

■ Évaluation

Elle porte sur l'évaluation des compétences et des savoirs associés mentionnés ci-dessus.

■ Mode d'évaluation

Ponctuelle : écrite et pratique – durée : 2 h 15 maximum.

■ Première partie écrite : durée 1 h 30 – notée sur 20 points

À partir d'une situation professionnelle au domicile précisant un contexte professionnel simple, le candidat répond à des questions indépendantes ou liées, permettant de vérifier la maîtrise des savoirs associés mentionnés ci-dessus et l'acquisition des compétences C12, C371, C374, C375.

■ Seconde partie pratique : durée 45 minutes au maximum – notée sur 60 points

À partir d'une situation professionnelle de prise en charge d'enfant(s) au domicile privé, il est demandé au candidat :
– de mettre en œuvre une ou des techniques de soins d'hygiène corporelle et/ou de confort ;
– d'assurer la prévention et la sécurité.
Cette partie d'épreuve permet de vérifier les compétences C12, C25, C35, C36.

EP2 : accompagnement éducatif de l'enfant

Coefficient : 4 + PSE coefficient 1

Finalités et objectifs de l'épreuve

Elle a pour objectif de vérifier les compétences professionnelles et les savoirs associés liés aux activités professionnelles d'accueil et de prise en charge de jeunes enfants (écoles maternelles, crèches, pouponnières, halte-garderie, centres de loisirs sans hébergement, centres de vacances et tout établissement accueillant de jeunes enfants, milieu familial).

Contenu

Elle porte sur les **compétences terminales** suivantes :

C11 - Traiter des informations à caractère professionnel
C12 - Identifier les besoins de l'enfant (dans un contexte professionnel)
C21 - Organiser les activités des enfants
C22 - Organiser un programme de travail
C31 - Installer et sécuriser les espaces de vie de l'enfant (jeu, repas, repos)
C32 - Aménager des espaces d'activités collectives
C37 - Contribuer au développement et à la socialisation de l'enfant
- *C372 - Mettre en œuvre des activités de jeu et de loisirs*
- *C373 - Contribuer à l'acquisition de l'autonomie à travers les actes de la vie quotidienne*

C41 - Établir des relations professionnelles
C42 - S'intégrer dans une équipe

et les **savoirs associés** suivants :

S1 - Sciences médico-sociales :
- *S1-1 - L'enfant :*
  - *différents aspects du développement*
  - *maladies chroniques et handicaps de l'enfant*
- *S1-2 - Cadre juridique et institutionnel de l'enfant et de la famille :*
  - *protection sanitaire et sociale de l'enfant (0 à 6 ans) et de la famille : protection sociale*
  - *modes d'accueil : établissements d'accueil collectif et école maternelle*
- *S1-3 - Communication appliquée au secteur professionnel*

S2 - Biologie générale et appliquée :
- *S2-3 - Les fonctions de relation :*
  - *système nerveux : fonctions motrices et sensorielles*
  - *système locomoteur et locomotion*
  - *hygiène de l'appareil locomoteur*

S4 - Technologie :
- *S4-2 - Environnement de l'enfant en collectivités*

Évaluation

Elle porte sur l'évaluation des compétences et des savoirs associés mentionnés ci-dessus.

Mode d'évaluation

Épreuve ponctuelle orale - durée : 30 minutes au maximum.
L'épreuve s'appuie sur un entretien conduit par le jury à partir d'un dossier établi au cours de la formation en écoles maternelles, crèches, pouponnières, haltes-garderies, centres de loisirs sans hébergement, centres de vacances et tout établissement accueillant de jeunes enfants, ou de l'expérience professionnelle dans ces mêmes milieux auxquels s'ajoute le domicile privé d'exercice.
L'entretien se déroule en deux temps :
- un exposé d'une durée de 5 à 10 minutes au maximum au cours duquel le candidat présente et justifie le choix des situations analysées dans le dossier ;
- un entretien d'une durée de 20 minutes qui permet au jury d'approfondir certains éléments du dossier et de sa présentation et de vérifier la maîtrise des savoirs associés énoncés ci-dessus.

Le dossier n'excède pas 15 pages auxquelles peuvent s'ajouter au maximum 10 pages d'annexes.
Il comporte :
- la présentation du ou des milieux professionnels dans lesquels le candidat a effectué les périodes de formation en milieu professionnel ou a exercé son activité professionnelle ;
- l'identification des besoins individuels des enfants dans le contexte professionnel ;

– la description de deux activités contribuant au développement et à la socialisation de l'enfant (cf. C372 et C373) en précisant l'organisation du travail, l'aménagement des espaces.
Le dossier est obligatoirement accompagné des attestations relatives aux périodes de formation en milieu professionnel ou des justificatifs de l'expérience professionnelle. Les attestations ou justificatifs précisent les lieux, les durées accomplies, le type de public concerné ainsi que les activités effectuées par le candidat.
Les justificatifs de l'expérience professionnelle de 12 semaines (sauf positionnement) dans le champ professionnel de la petite enfance (0 à 6 ans) doivent être remis avec le dossier relatif à l'épreuve à la date fixée par le recteur. En l'absence de dossier ou des attestations (ou justificatifs) fournis à la date fixée par le recteur, le candidat se verra attribuer la note 0 à cette partie d'épreuve.
Le candidat qui représente l'épreuve EP2 est autorisé à réutiliser le dossier réalisé au cours de sa formation en milieu professionnel ou peut partir de son expérience professionnelle pour 5 sessions consécutives à son échec à l'examen. Dans ce cas, il est dispensé de justifier d'une nouvelle formation en milieu professionnel ou d'une autre activité professionnelle. Il peut faire évoluer le dossier d'une session à l'autre.

■ Épreuve ponctuelle écrite : 1 heure — coefficient 1

Évaluation de la Prévention Santé Environnement (PSE)

Cette épreuve est écrite et dure 1 heure. Elle est intégrée à l'épreuve EP2 et est notée sur 20 points.
L'évaluation porte notamment sur :
– le respect des étapes de la démarche mise en œuvre ;
– l'exactitude des connaissances ;
– la pertinence des mesures de prévention proposées ;
– l'efficacité de l'action face à une situation d'urgence.

Le sujet se compose de deux parties indépendantes, correspondant l'une aux modules 1 à 3, l'autre au module 4. Chaque partie comporte plusieurs questions sur chacun des modules.
Première partie :
Le sujet sur 10 points comporte plusieurs questions indépendantes ou liées sur les modules correspondants. Il permet d'évaluer des capacités et des connaissances. À partir d'une situation de la vie professionnelle ou quotidienne, le candidat doit notamment appliquer une démarche d'analyse.
Deuxième partie :
Le sujet comporte lui-même deux parties :
– l'une, notée sur 8 points, prend appui sur une situation professionnelle accompagnée d'une documentation. Elle permet d'évaluer l'application de la démarche d'approche par le risque et les connaissances relatives à l'environnement professionnel ;
– l'autre, notée sur 2 points, permet d'expliquer la conduite à tenir dans une situation d'urgence.
En ce qui concerne l'évaluation d'un risque professionnel, elle pourra porter sur un risque dont l'étude n'est pas obligatoire. Dans ce cas, le candidat disposera de documents ressources lui permettant de proposer une démarche de prévention.

■ EP3 : techniques de services à l'usager

Coefficient : 4

■ Finalités et objectifs de l'épreuve

Elle a pour objectif de vérifier les compétences professionnelles et les savoirs associés liés aux activités professionnelles de préparation et de service des collations et des repas ainsi que d'entretien du cadre de vie dans le contexte familial, dans le contexte collectif.
Il s'agit de vérifier que le candidat est capable de mettre en œuvre les techniques de services à l'usager en respectant l'hygiène, la sécurité, les principes d'ergonomie et d'économie, de justifier ses choix technologiques, de gérer et de remettre en état son poste de travail, de contrôler la qualité du travail réalisé.

■ Contenu

Elle porte sur les **compétences terminales** :
C23 *- Gérer un poste de travail*
C33 *- Entretenir les locaux et les équipements*
C34 *- Préparer et servir des collations et des repas*
C38 *- Contrôler la qualité du travail effectué*
et éventuellement sur la compétence ***C24*** *- Gérer les stocks de produits et de matériels*

ainsi que sur les **savoirs associés** suivants :

S3 - Nutrition-alimentation :

S3-2 - Caractéristiques de l'appareil digestif du nourrisson et du jeune enfant
S3-3 - Les sources nutritionnelles : les aliments
Principales propriétés des constituants alimentaires
S3-5 - Les régimes alimentaires de l'enfant
S3-6 - Éducation alimentaire de l'enfant
S3-7 - Contamination alimentaire

S4 - Technologie :

S4-3 - Technologie de services à l'usager

■ Évaluation

Elle porte sur l'évaluation des compétences et des savoirs associés mentionnés ci-dessus.

■ Mode d'évaluation

Épreuve ponctuelle : pratique et écrite — durée : 2 h 30 au maximum.
L'épreuve comporte 3 questions portant sur les savoirs associés énoncés ci-dessus, liées ou non à la partie pratique, et deux 2 types d'activités professionnelles relatives aux compétences de l'unité 3.
– la réalisation et la présentation d'une préparation culinaire destinée à un repas ou éventuellement associée à une collation ; le service de repas et/ou de collations ;
– l'exécution de techniques d'entretien des locaux et des équipements.
Le travail demandé et le degré d'exigences sont ceux du référentiel au niveau terminal.
Le candidat gère en toute autonomie l'organisation de son travail sur le temps de l'épreuve.

4. Les Périodes de Formation en Entreprise (PFE)

■ Objectifs et durée

Les périodes de formation en milieu professionnel sont des phases déterminantes de la formation, car elles permettent :
– d'appréhender concrètement l'organisation des établissements et des services de la petite enfance, leurs personnels et leurs usagers ;
– d'apprendre à travailler en situation réelle, en présence d'usagers, avec les ressources et les contraintes du milieu professionnel ;
– de s'insérer dans une équipe de professionnels ;
– de mettre en œuvre ou d'acquérir, sous la responsabilité d'une personne qualifiée, tout ou partie des compétences définies dans le référentiel du diplôme.
Cette formation en milieu professionnel contribue à développer les capacités d'autonomie et de responsabilité du futur professionnel.

■ Modalités pour les candidats présentant les épreuves ponctuelles (les candidats autres que scolaires et apprentis)

→ Candidat individuel : une expérience professionnelle de 12 semaines dans le champ professionnel de la petite enfance (0 à 6 ans) est indispensable. Cette expérience peut se référer à une ou plusieurs séquences dans une seule ou plusieurs structures.
Les justificatifs de l'expérience professionnelle de 12 semaines dans le champ professionnel de la petite enfance (0 à 6 ans) doivent être remis avec le dossier relatif à l'épreuve EP2 à la date fixée par le Recteur.
En l'absence du dossier ou des justificatifs de l'expérience professionnelle de 12 semaines dans le champ professionnel de la petite enfance, le candidat ne serra pas autorisé à passer l'épreuve et se verra attribuer **la note 0** à cette partie d'épreuve.
→ Candidat dispensé de l'épreuve EP2 : un candidat individuel dispensé de l'épreuve EP2 n'est pas tenu de justifier de l'expérience professionnelle de 12 semaines.

■ Durée minimale des périodes de formation en milieu professionnel

En cas de positionnement (prononcé dans les mêmes conditions que celles définies par l'arrêté du 9 mai 1995 relatif au positionnement en vue de la préparation du baccalauréat, du brevet professionnel et du brevet de technicien supérieur) ou de formation aménagée, la durée minimale de la formation en milieu professionnel est de 8 semaines.

Index

TECHNIQUES PROFESSIONNELLES SANITAIRES

PRÉVENTION ET SÉCURITÉ

TECHNIQUES PROFESSIONNELLES SOCIO-ÉDUCATIVES

TECHNIQUES PROFESSIONNELLES CULINAIRES

ENTRETIEN DES LOCAUX ET DES ÉQUIPEMENTS

N° d'éditeur : 10208280 - LO YENNE - Dépôt légal : juin 2014
Imprimé en France par I.M.E. - 25110 Baume-les-Dames